개정판

코딩 교육의 첫 걸음

스크래치 프로그래밍

Scratch Programming

강오한 著

```
when clicked
forever
    move 10 steps
    if on edge, bounce
```

21세기사

스크래치(Scratch)는 MIT에서 개발한 그래픽 기반의 교육용 프로그래밍 언어이며 멀티미디어, 애니메이션, 게임, 교육 등 다양한 분야의 프로그램 개발에 활용되고 있다. 스크래치는 그래픽 인터페이스 기반으로 쉽고 재미있게 프로그래밍 기본개념을 습득할 수 있으며, 프로젝트 개발을 통하여 창의력과 논리적 사고력을 향상시킬 수 있다. 또한 웹에서 프로젝트를 공유함으로써 다른 사용자들이 공개한 소스를 분석할 수 있고, 자신의 프로젝트에 대한 평가도 받을 수 있어 성취감과 자신감을 키울 수 있는 장점이 있다.

스크래치의 특징은 스크래치의 슬로건인 상상, 프로그래밍, 공유에서 알 수 있다. 이것은 사용자가 창의적이고 자유롭게 상상한 것을 그래픽 인터페이스 기반에서 프로젝트로 제작하고 전 세계 스크래치 사용자와 프로그램 소스를 공유하겠다는 것을 의미한다. 스크래치는 웹 브라우저에서 동작하는 방식이므로 인터넷이 연결된 컴퓨터에서는 온라인으로 프로그래밍 학습이 가능하다. 자신이 제작한 프로젝트는 공유하도록 설정함으로써 리믹스(Remix) 기능을 통하여 다른 사용자가 프로젝트의 스크립트를 확인하고 수정할 수 있다.

이 책은 스크래치 소개부터 게임 프로젝트 제작에 이르기까지 7장으로 구성되어 있으며, 각 장의 내용은 아래와 같다.

1장에서는 스크래치를 소개하는 내용을 다루고 있으며, 수록된 내용은 스크래치 홈페이지 안내와 스크래치의 구성에 관한 것이다. 학습할 세부 내용은 스크래치 메뉴, 블록 팔레트, 스크래치 도구 등이 있으며, 스크래치를 처음 배우는 학습자들에게 필요한 내용이다.

2장에서는 스크래치 프로젝트 제작에 필요한 기본 기능과 프로그램 개념에 관한 내용을 다루고 있다. 수록된 내용은 프로젝트 제작, 스프라이트 제어, 프로그래밍, 도형 그리기로 구성되어 있다. 학습할 세부 내용은 스프라이트 제어에서는 스프라이트 이동, 모양 변화, 키보드와 마우스 입력 처리, 색과 소리 효과를 소개한다. 프로그래밍에서는 변수와 배열의 개념 익히기, 함수, 제어문 활용이 있으며, 도형 그리기에서는 기본 도형을 포함한 다양한 꽃 모양을 표현할 수 있도록 방법을 설명한다.

3장에서는 멀티미디어 기반의 프로젝트 제작 방법을 설명한다. 나비 날아가기, 물고기 구하기, 바다 이야기, 숫자 추측하기, 피아노 만들기를 주제로 스프라이트의 동작, 색상 및 음향 효과를 적용한 프로젝트를 제작한다.

4장에서는 실생활 관련 주제에 대한 애니메이션 프로젝트의 제작 방법을 설명한다. 알람 기능 시계, 풍선 날리기, 다트 놀이, 눈 내리는 풍경, 루브 골드버그 장치를 애니메이션 형태로 구현한다.

5장에서는 문제 해결에 필요한 알고리즘에 관한 내용을 다루고 있으며, 수록된 내용은 수의 이해, 정렬, 탐색에 관한 것이다. 학습할 세부 내용은 수의 이해에서 최대공약수, 소수, 피보나치수열, 진법 변환이며, 정렬과 탐색에서는 삽입정렬, 버블정렬, 퀵정렬, 순차탐색, 이진탐색 알고리즘의 개념과 구현 방법을 설명한다.

6장에서는 스크래치 3.0에서 새롭게 지원하는 확장 기능에 관한 내용을 다룬다. 확장 기능인 텍스트 음성 변환, 번역, 비디오 감지에 대한 블록을 사용하여 프로젝트를 제작한다. 그리고 피지컬 컴퓨팅의 개념을 학습하기 위해 LEGO Education WeDo, micor:bit 장치를 스크래치와 연결하고, 각 장치에서 제공하는 다양한 센서들을 활용하여 프로젝트를 제작한다.

7장에서는 게임 프로그램 제작에 관한 내용을 다루고 있으며, 앞 장에서 학습한 스크래치 기능들을 활용하여 다양한 게임 프로젝트를 제작한다. 제작할 게임 프로그램은 미로 찾기, 벽돌 깨기, 파리 잡기, 장애물 넘기, 메이플스토리가 있다.

본문의 내용과 함께 각 장의 끝에는 본문에서 제작한 프로젝트를 응용하거나 기능을 추가하여 새로운 프로젝트를 제작하도록 하는 다양한 실습문제들이 제시되어 있다. 이 책에서 소개한 프로그래밍과 알고리즘 관련 프로젝트의 제작과 활용을 통해 문제해결력이 향상되기를 기대한다. 또한 멀티미디어, 애니메이션, 피지컬 컴퓨팅 기반의 다양한 프로젝트 제작 실습을 통해 창의력와 컴퓨팅 사고력이 향상되기를 기대한다.

저자

CONTENTS

01 스크래치의 소개

02 스크래치 기초

03 멀티미디어

04 애니메이션

05 알고리즘의 구현

06 스크래치 확장 기능

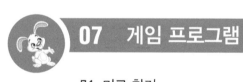
07 게임 프로그램

01

스크래치의 소개

이 장에서는 스크래치 홈페이지의 구성과 스크래치 프로젝트의 개발 환경을 소개한다. 스크래치 홈페이지 구성에서는 회원 가입과 함께 새로운 프로젝트를 만들고 저장하는 기능을 소개한다. 그리고 프로젝트 개발 환경에서는 화면의 구성, 메뉴, 블록 팔레트, 스크래치 도구의 기능을 설명한다.

스크래치(Scratch)는 MIT Media Lab에서 개발한 것으로 애니메이션, 게임, 그림, 음악 등의 기능을 적용할 수 있는 그래픽 기반의 교육용 프로그래밍 툴이다. 스크래치는 그래픽 인터페이스 기반으로 쉽고 재미있게 프로그래밍 기본개념을 습득할 수 있으며, 프로젝트 개발을 통하여 창의력과 논리적 사고력을 향상시킬 수 있다. 또한 웹에서 프로젝트를 공유함으로써 스크래치 사용자들이 공개한 소스 코드를 분석할 수 있고, 자신의 프로젝트에 대한 평가도 받을 수 있어 성취감과 자신감을 키울 수 있는 장점이 있다.

스크래치의 특징은 스크래치 슬로건인 '상상·프로그래밍·공유'에서 알 수 있다. 이것은 사용자가 창의적이고 자유롭게 상상한 것을 그래픽 인터페이스 기반에서 프로그램으로 작성하고 전 세계 스크래치 사용자와 프로그램 소스를 공유하겠다는 것을 의미한다.

웹브라우저에서 스크래치 홈페이지 주소(scratch.mit.edu)를 입력하면 다음 그림과 같은 화면이 나타난다.

스크래치 홈페이지에서 새로운 프로그램을 작성할 수 있으며, 작성한 프로그램을 다른 사용자와 공유하도록 설정할 수 있다. 스크래치 홈페이지 메뉴에서 [만들기]를 클릭하여 새로운 프로그램을 작성할 수 있고, [탐험하기]를 클릭하여 다른 사용자들이 작성한 프로그램을 실행하거나 프로그램의 구조를 확인할 수 있다.

홈페이지에서 화면 오른쪽 상단에 있는 [스크래치 가입]을 클릭하면 스크래치 회원으로 가입하는 화면이 나타난다. 다음 그림과 같이 단계별로 순서에 따라 개인 정보를 입력하면 회원으로 가입할 수 있다.

회원가입이 완료되면 앞에서 입력한 이메일 주소로 회원가입을 확인하는 이메일이 발송된다. 수신된 이메일 내용에 있는 '이메일 주소 확인하기' 버튼을 클릭한다. 다시 스크래치 홈페이지로 가면 화면의 오른쪽 상단에 [로그인] 메뉴가 나타나며, 이것을 클릭하면 사용자 이름과 비밀번호를 사용하여 로그인할 수 있다. 정상적으로 로그인이 되면 다음과 같은 창이 나타난다.

홈페이지에서 [만들기] 메뉴를 클릭하면 다음 그림과 같이 프로젝트를 작성할 수 있는 화면이 나타난다. 화면은 메뉴, 툴바, 블록 팔레트, 스크립트 창, 무대(스테이지), 스프라이트 버튼, 스프라이트 목록 등으로 구성되어 있다.

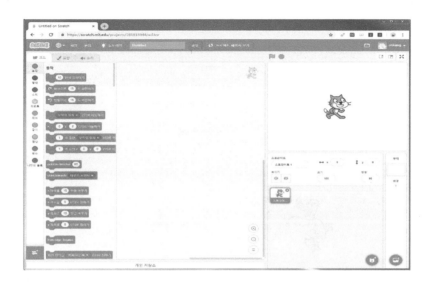

프로젝트 작성 화면에서 오른쪽 상단에 있는 자신의 아이디를 클릭한 후 [내 작업실]을 선택하면 다음 그림과 같이 작업실 상태를 확인할 수 있는 화면이 나타난다. 자신이 작성한 프로젝트들에 대한 정보가 나타나며, 프로젝트의 공유 상태 등을 확인하고 설정할 수 있다.

프로젝트 작성 화면에서 중앙 상단에 있는 [공유] 버튼을 클릭하면 현재 작성하고 있는 프로젝트를 다른 사용자들과 공유할 수 있다. 프로젝트가 공유된 상태에서 [프로젝트 페이지 보기]를 클릭하면 다음 그림과 같이 현재 프로젝트의 사용법에 대한 설명이나 정보를 입력할 수 있는 화면이 나타난다. 이 화면에서 [스크립트 보기]를 클릭하면 프로젝트를 작성하는 이전 화면으로 이동한다.

[프로젝트 페이지 보기] 화면에서 프로젝트 관련 정보를 확인하거나 저장할 수 있다. 화면에 있는 [사용 방법] 영역에는 키 입력이나 스프라이트 제어와 같이 프로젝트 실행을 위해 필요한 설명을 추가할 수 있다. [참고사항 및 참여자] 영역에는 프로젝트 제작이나 제작자에 관한 정보를 저장할 수 있다. 공유 설정된 프로젝트는 [프로젝트 페이지 보기] 화면에 [스튜디오에 추가하기]와 [링크 복사] 버튼이 나타난다. [스튜디오에 추가하기] 버튼을 클릭하면 다른 사용자들이 이 프로젝트를 검색할 수 있도록 스크래치 서버에 공유 정보를 등록한다.

[링크 복사] 버튼을 클릭하면 이 프로젝트가 저장된 곳의 주소가 나타나며, 이를 복사하거나 링크시켜 사용할 수 있다. 그리고 [댓글달기 켜짐/꺼짐]을 설정하여 프로젝트에 대한 댓글 입력 기능을 제어할 수 있다.

사용자들은 [탐험하기] 메뉴에서 프로젝트의 이름을 입력하여 공유 설정된 프로젝트를 바로 검색할 수 있다. [탐험하기] 메뉴를 클릭한 후 검색 영역에 프로젝트 이름을 입력하고 검색하면 다음 그림과 같이 해당 프로젝트가 나타난다.

공유 설정된 프로젝트는 다른 사용자들이 프로젝트에 새로운 기능을 추가하여 리믹스(Remix) 버전을 만들 수 있다. 프로젝트 작성자는 [내 작업실]에서 [공유하지 않기]를 클릭하여 공유 설정을 해제할 수 있다.

1.2 스크래치의 구성

스크래치 홈페이지의 초기화면에서 [만들기] 메뉴를 클릭하면 프로젝트를 작성할 수 있는 화면이 나타난다. 프로젝트 작성 화면은 메뉴, 툴바, 블록 팔레트, 스크립트 창, 무대(스테이지), 스프라이트 버튼, 스프라이트 목록 등으로 구성되어 있다. 다음 그림은 로그인을 한 상태에서 '만들기' 메뉴를 클릭할 때 나타나는 프로젝트 작성 화면이다.

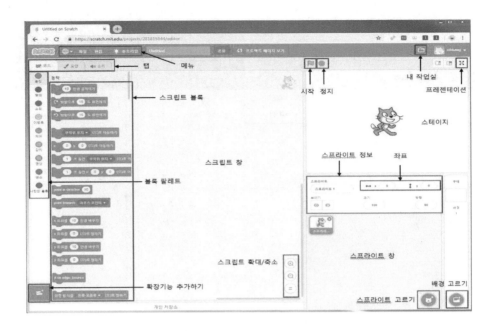

메뉴	언어선택, 파일, 편집, 튜토리얼 항목을 사용할 수 있다.
스크립트 블록	스크립트 제작을 위한 블록을 사용할 수 있다.
탭	스크립트, 모양, 소리를 수정할 수 있는 탭을 선택한다.
프레젠테이션	무대를 프레젠테이션 모드로 볼 수 있다.
시작(녹색 깃발)	스크립트를 실행한다.
스테이지	스프라이트가 스크립트에 따라 동작하는 무대이다.
블록 팔레트	스프라이트에 대한 프로그래밍 할 수 있는 블록들로 구성되어 있다.
스프라이트 고르기	프로젝트를 위한 새로운 객체나 스프라이트를 생성한다.
스프라이트 창	모든 스프라이트의 목록을 보여준다.
스프라이트 정보	스프라이트에 대한 정보를 보여준다.
스크립트 창	블록을 드래그하여 스크립트를 구성하는 창이다.
내 작업실	내가 만든 프로젝트의 목록을 볼 수 있다.

1.2.1 스크래치 메뉴

프로젝트 작성 창에는 4가지 메뉴와 하부 메뉴항목들이 제공된다. 각 메뉴의 세부 기능은 다음과 같다.
1) 🌐 (언어선택) : 스크래치에서 사용할 언어를 설정한다.
2) 파일 : 하위 메뉴로는 [새로 만들기], [저장하기], [내 컴퓨터에서 프로젝트 업로드하기], [컴퓨터에 저장하기], [되돌리기] 등이 있다.

- [새로 만들기]
  작성하고 있는 프로젝트를 닫고 새로운 프로젝트의 작성 상태를 만들어준다.
- [저장하기]
  작성하고 있는 프로젝트를 현재 상태로 작업실에 저장한다.
- [복사본 저장하기]
  현재 작성하고 있는 프로젝트의 복사본을 작업실에 저장한다.
- [내 작업실로 이동하기]
  현재까지 자신이 작성한 프로젝트들이 저장된 작업실로 이동한다
- [Load from your computer]
  내 컴퓨터에 저장된 프로젝트를 수정할 수 있도록 불러온다.
- [컴퓨터에 저장하기]
  현재 작성하고 있는 프로젝트를 내 컴퓨터에 저장한다.

---

3) 편집

- [되돌리기]
  바로 전에 수행한 작업을 취소하고 이전 상태로 만들어준다.
- [터보 모드 켜기]
  프로젝트의 실행 속도를 빠르게 하는 형태로 상태를 바꾼다.

---

4) 도움말 : 홈페이지에서 [튜토리얼] 메뉴를 클릭하면 스크래치 프로그램을 처음 시작하는 사용자를 위해 프로젝트 작성법을 단계별로 설명한다. 또한 초보자들이 사용할 수 있도록 다양한 샘플 프로젝트를 제공한다. 스크래치를 배우는데 도움이 될 수 있는 가이드, 비디오 튜토리얼과 함께 유용한 자료들을 제공한다.

1.2.2 블록 팔레트

블록 팔레트는 스프라이트에 전달할 명령 블록들을 모아 놓은 팔레트이다. 각 명령 블록의 모양이 서로 다르므로 퍼즐 맞추기처럼 블록을 조립하면 스프라이트에 명령을 내릴 수 있다.

스프라이트는 무대 위의 배우와 같은 역할을 하고, 이 배우가 어떤 역할을 하기 위해서는 명령어 스크립트 영역에 적절한 명령 블록을 만들어 주어야 한다. 명령 블록들은 기능에 따라 다음 그림과 같이 9개 그룹인 동작, 형태, 소리, 이벤트, 제어, 감지, 연산, 변수, 나만의 블록으로 분류된다. 블록 팔레트 하단에 있는 [확장 기능 추가하기] 버튼을 클릭하면 음악, 펜, 비디오 감지 등의 기능을 사용할 수 있는 새로운 블록들을 추가할 수 있다.

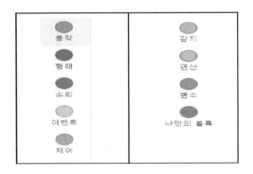

명령 블록은 소속 그룹에 따라 서로 다른 색상으로 구분된다. 예를 들어 제어 그룹을 선택하면 제어 그룹에 속한 명령 블록들이 나타나며, 명령 블록 전체가 노란색으로 표시된다. 그룹을 선택하였을 때 블록 팔레트에 나타나는 명령 블록의 종류와 각각의 기능은 다음과 같다.

① 동작 : 스프라이트의 이동과 방향 전환에 관련된 명령 블록을 나타낸다.

10 만큼 움직이기	주어진 값만큼 앞(+값) 뒤(−값)로 움직임
방향으로 15 도 회전하기	주어진 값만큼 시계 방향으로 회전
방향으로 15 도 회전하기	주어진 값만큼 반시계 방향으로 회전
무작위 위치 ▼ (으)로 이동하기	무대에서 임의의 위치로 이동
x 43 y 49 (으)로 이동하기	스프라이트를 지정된 X, Y좌표로 이동
1 초동안 무작위 위치 ▼ (으)로 이동하기	무대에서 임의의 위치로 1초 동안 이동함
1 초 동안 x 43 y 49 (으)로 이동하기	지정한 시간 동안 지정된 좌표로 움직임

블록	설명
90 도 방향 보기	스프라이트가 지정된 방향을 봄 (0=상,90=우,180=하,-90=좌)
마우스 포인터 ▼ 쪽 보기	스프라이트가 마우스 포인터나 다른 스프라이트 쪽을 바라봄
x 좌표를 10 만큼 바꾸기	현재 X값에서 주어진 값만큼 X좌표를 변경
x 좌표를 43 (으)로 정하기	현재 X값에서 주어진 값으로 지정
y 좌표를 10 만큼 바꾸기	현재 Y값에서 주어진 값만큼 Y좌표를 변경
y 좌표를 49 (으)로 정하기	현재 Y값에서 주어진 값으로 지정
벽에 닿으면 튕기기	스프라이트가 벽에 닿으면 반대 방향으로 전환
회전 방식을 왼쪽-오른쪽 ▼ (으)로 정하기	'벽에 닿으면 튕기기'가 동작할 때 회전 방식을 지정
x 좌표 / y 좌표 / 방향	스프라이트의 현재 X좌표, Y좌표, 방향을 알려줌 체크박스를 체크하면 무대에 X좌표, Y좌표, 방향값을 표시함

② 형태 : 스프라이트의 모양, 크기, 말풍선, 그래픽 효과, 보이기/숨기기, 레이어 위치를 설정할 수 있는 블록을 나타낸다.

블록	설명
안녕! 을(를) 2 초 동안 말하기	지정된 시간만큼 말풍선을 보여주고 사라짐
안녕! 말하기	말풍선으로 스프라이트의 말을 계속 보여주며, 빈 공간일 때는 말풍선을 잠시 사라지게 함
음... 을(를) 2 초 동안 생각하기	지정된 시간만큼 생각풍선을 보여주고 사라짐
음... 생각하기	생각풍선으로 스프라이트의 생각을 계속 보여주며, 빈 공간일 때는 생각풍선을 잠시 사라지게 함
모양을 costume1 ▼ (으)로 바꾸기	스프라이트의 모양을 지정한 모양으로 바꿈
다음 모양으로 바꾸기	스프라이트의 모양 탭의 순서대로 다음 모양으로 바꿈. 현재 마지막 모양이라면 다음 모양은 다시 처음 모양으로 바뀜
배경을 backdrop1 ▼ (으)로 바꾸기	무대의 배경을 지정한 배경으로 바꿈
다음 배경으로 바꾸기	무대의 배경을 순서에 따라 다음 모양으로 바꿈
크기를 10 만큼 바꾸기	스프라이트의 크기를 지정된 값만큼 바꿈
크기를 100 %로 정하기	스프라이트의 크기를 백분율로 설정함 (최초 크기는 100%)
색깔 ▼ 효과를 25 만큼 바꾸기	스프라이트에 그래픽 효과를 지정된 값만큼 바꿈

색깔 ▾ 효과를 0 (으)로 정하기	스프라이트에 그래픽 효과를 지정된 값만큼 줌(0~100)
그래픽 효과 지우기	스프라이트에 지정된 그래픽 효과를 모두 지움
보이기	스프라이트가 무대에 보이게 함
숨기기	스프라이트가 무대에 안 보이게 함
맨 앞쪽 ▾ 으로 순서 바꾸기	스프라이트를 맨 앞쪽으로 이동시킴
앞으로 ▾ 1 단계 보내기	지정한 숫자만큼 앞뒤로 이동시킴
모양 번호 ▾ 배경 번호 ▾ 크기	모양, 배경, 크기를 지정함

③ 소리 : 스프라이트에 등록된 사운드의 재생과 정지, 볼륨과 빠르기 등을 설정할 수 있는 블록을 나타낸다.

Meow ▾ 끝까지 재생하기	소리 재생이 끝날 때까지 기다렸다가 다음 블록을 실행
Meow ▾ 재생하기	선택한 소리를 재생하고, 재생되고 있는 상태에서 다음 블록을 실행
모든 소리 끄기	재생되는 있는 모든 소리를 끔
음 높이 ▾ 효과를 10 만큼 바꾸기	음높이를 지정한 수만큼 변경시킴
음 높이 ▾ 효과를 100 로 정하기	음높이를 지정한 수로 고정시킴
소리 효과 지우기	소리 효과를 사라지게 함
음량을 -10 만큼 바꾸기	볼륨을 높이거나(+값) 낮춤(−값)
음량을 100 % 로 정하기	볼륨을 백분율 값으로 맞춤
음량	음량 값을 넘겨줌

④ 이벤트 : 스크립트를 제어하기 위한 명령, 스크립트의 시작과 종료 등과 관련된 명령 블록을 나타낸다.

▶ 클릭했을 때	녹색 깃발(시작)이 클릭되면 스크립트를 실행
스페이스 ▼ 키를 눌렀을 때	해당하는 키를 누르면 스크립트를 실행
이 스프라이트를 클릭했을 때	해당 스프라이트가 클릭되면 스크립트를 실행
배경이 backdrop1 ▼ (으)로 바뀌었을 때	해당 배경으로 바뀌면 스크립트를 실행
음량 ▼ > 10 일 때	음량/비디오/타이머 값에 따라 스크립트를 실행
메시지1 ▼ 신호를 받았을 때	지정된 방송을 받으면 스크립트를 실행(함수 기능)
메시지1 ▼ 신호 보내기	다른 스프라이트의 스크립트를 연결(함수 호출 기능)
메시지1 ▼ 신호 보내고 기다리기	방송을 받은 스크립트가 실행을 마칠 때까지 기다린 후 다음 블록을 실행

⑤ 제어 : 반복과 조건, 전달 값을 이용한 제어 등과 관련된 명령 블록을 나타낸다.

1 초 기다리기	지정된 시간(초)만큼 기다리고 다음 블록을 실행
10 번 반복하기	내부 블록을 지정된 횟수만큼 반복하여 실행
무한 반복하기	내부 블록을 무한 반복하여 실행
만약 (이)라면	만약 조건이 참이면 내부 블록을 실행
만약 (이)라면 아니면	만약 조건이 참이면 첫 번째 내부 블록을 실행하고, 거짓이면 두 번째 내부 블록을 실행
까지 기다리기	조건이 참이 될 때까지 기다리고 참이면 다음 블록을 실행
까지 반복하기	조건이 참이 될 때까지 내부의 블록을 계속 반복해서 실행하고 참이면 다음 블록을 실행
멈추기 모두 ▼	모든 스크립트 실행을 멈춤
복제되었을 때	복제된 스프라이트에 실행할 명령들이 시작되는 이벤트
나 자신 ▼ 복제하기	선택된 스프라이트 복제
이 복제본 삭제하기	복제한 스프라이트 삭제

⑥ 감지 : 좌표 값을 감지하여 스프라이트의 충돌, 위치나 상태를 검사할 수 있는 블록을 나타낸다.

마우스 포인터 ▼ 에 닿았는가?	스프라이트가 벽이나 마우스 포인터 혹은 다른 스프라이트에 닿으면 참값을 돌려줌
색에 닿았는가?	주어진 색에 닿으면 참값을 돌려줌
색이 색에 닿았는가?	스프라이트의 색이 배경이나 다른 스프라이트의 색과 만나면 참값을 돌려줌
마우스 포인터 ▼ 까지의 거리	마우스 포인터나 다른 스프라이트까지 거리를 알려줌
너 이름이 뭐니? 라고 묻고 기다리기	질문을 하고 입력창에 입력할 때까지 기다림
대답	대답을 넘겨줌(체크박스 있음)
스페이스 ▼ 키를 눌렸는가?	지정된 키를 누르면 참값을 돌려줌
마우스를 클릭했는가?	마우스를 클릭하면 참값을 돌려줌
마우스의 x좌표	마우스 포인터의 X좌표를 알려줌
마우스의 y좌표	마우스 포인터의 Y좌표를 알려줌
드래그 모드를 드래그 할 수 없는 ▼ 상태로 정하기	드래그 기능의 사용 가능 유무를 지정함
음량	컴퓨터 마이크에서 인식한 소리의 볼륨을 알려줌
타이머	실행중인 타이머 값을 넘겨줌(체크박스 있음)
타이머 초기화	타이머를 0으로 설정
무대 ▼ 의 backdrop # ▼	무대의 배경번호, 이름 등을 지정할 수 있음
현재 년 ▼	현재 날짜/시간을 알려줌
2000년 이후 현재까지 날짜 수	2000년 이후 경과한 날짜수를 알려줌
사용자 이름	사용자 이름을 알려줌

⑦ 연산 : 산술 연산, 관계 연산, 논리 연산, 난수 발생 등 연산에 관한 블록을 나타낸다.

◯ + ◯	덧셈
◯ - ◯	뺄셈
◯ * ◯	곱셈
◯ / ◯	나눗셈
1 부터 10 사이의 난수	지정된 범위 안에서 무작위로 하나의 정수 추출
◯ > 50	앞의 값이 지정된 값(50)보다 크면 참
◯ < 50	앞의 값이 지정된 값(50)보다 작으면 참
◯ = 50	앞의 값이 지정된 값(50)과 같으면 참
◀ 그리고 ▶	AND
◀ 또는 ▶	OR
◀ 이(가) 아니다	NOT
가위 와(과) 나무 결합하기	문자열을 결합하기
가위 의 1 번째 글자	문자열의 저장된 위치 글자를 추출
가위 의 길이	문자열의 길이를 구함
가위 이(가) 가 을(를) 포함하는가?	문자열에 특정한 문자가 포함되어 있는지 확인
◯ 나누기 ◯ 의 나머지	나머지 연산
◯ 의 반올림	반올림된 정수를 돌려 줌
제곱값 ▾ ◯	계산된 결과값을 돌려줌

⑧ 변수 : 변수와 리스트를 등록하고, 변수와 리스트 활용에 필요한 명령을 제공하는 블록을 나타낸다.

블록	설명
a	값을 저장할 수 있는 변수를 생성함
a ▼ 을(를) 0 로 정하기	변수에 지정된 값을 설정
a ▼ 을(를) 1 만큼 바꾸기	변수에 지정된 값만큼 증가
a ▼ 변수 보이기	무대에 변수 값을 보이게 함
a ▼ 변수 숨기기	무대에 변수 값을 보이지 않게 숨김
b	값을 저장할 수 있는 리스트를 생성함
항목 을(를) b ▼ 에 추가하기	리스트의 마지막에 지정된 값을 추가하기
1 번째 항목을 b ▼ 에서 삭제하기	리스트에서 지정된 위치의 값을 삭제하기
b ▼ 의 항목을 모두 삭제하기	리스트의 모든 항목을 삭제하기
항목 을(를) b ▼ 리스트의 1 번째에 넣기	리스트의 지정된 위치에 지정된 값을 넣기
b ▼ 리스트의 1 번째 항목	리스트에서 지정한 위치의 항목
b ▼ 리스트에서 항목 항목의 위치	리스트에서 특정 항목의 위치 확인
b ▼ 의 길이	리스트의 크기를 알려줌
b ▼ 이(가) 항목 을(를) 포함하는가?	리스트의 지정된 값이 포함되어 있으면 참
b ▼ 리스트 보이기	무대에 리스트 값을 보이게 함
b ▼ 리스트 숨기기	무대에 리스트 값을 보이지 않게 숨김

⑨ 펜 : '해당 기능 추가하기'에서 '펜' 버튼을 클릭하여 블록들을 추가할 수 있다. 선 그리기, 선 색상 정하기, 선의 그림자 넣기, 선의 굵기 설정, 지우기를 할 수 있는 블록을 나타낸다.

	펜의 색을 설정
	무대 위에서 모든 펜과 도장의 흔적을 지움
	스프라이트 모양이 도장처럼 무대 위에 찍힘
	무대 위에 펜으로 그림
	무대 위에 펜을 떼어 그림이 그려지지 않도록 함
	지정된 값만큼 펜 색을 바꿈
	지정된 값으로 펜 색을 설정(0=빨강, 50=초록, 100=파랑)
	지정된 값으로 펜 굵기를 바꿈
	지정된 값으로 펜 굵기를 설정

1.2.3 스크래치 도구

1) 스프라이트 제어

스크래치에서 스프라이트는 무대에서 움직일 수 있는 특정 대상을 가리킨다. 스테이지가 연극에서 무대라면 스프라이트는 배우라고 할 수 있으며, 3가지 속성인 스크립트, 모양, 소리를 지정하면 그것에 따라 움직이고, 모양을 바꾸며, 소리를 낼 수 있다.

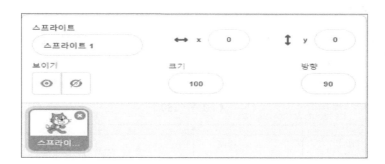

- 스프라이트 : 스프라이트의 이름을 나타내며, 초깃값은 '스프라이트 1'이다.
- x, y : 좌표를 입력하여 무대에서 스프라이트 위치를 지정할 수 있다.
- 크기 : 비율을 입력하여 스프라이트의 크기를 지정할 수 있다. 디자인할 때 만들어진 크기가 100%에 해당한다.
- 방향 : 스프라이트의 방향이나 회전방식을 지정할 수 있다. 스프라이트의 방향은 90(오른쪽),

180(아래쪽), -90(왼쪽), 0(위쪽)과 같이 각도로 지정할 수 있다. 현재 설정된 방향값을 클릭하면 각도를 바꿀 수 있는 창이 나타난다. 여기서 파란색 선을 드래그하여 스프라이트의 방향을 임의로 설정할 수도 있다. 이와 함께 '회전하기', '오른쪽/왼쪽', '회전하지 않기' 아이콘을 클릭하여 스프라이트의 회전방식을 지정할 수 있다.

2) 스크립트/모양/소리 탭

스프라이트에 대한 스크립트, 모양, 소리를 각 탭에서 편집하고 볼 수 있다.

- 코드 탭 : 블록 팔레트에 있는 명령어 블록을 이용하여 스프라이트에 명령을 주는 곳이다.
- 모양 탭 : 하나의 스프라이트에 여러 개의 모양을 가질 수 있도록 하는 탭이며, 스크립트로 제어하여 스프라이트의 모양을 바꿀 수 있다. 모양은 [그리기] 버튼을 이용하여 직접 그릴 수 있고, [모양 고르기] 버튼을 이용하여 스크래치에서 제공하는 이미지를 가져올 수 있으며, 컴퓨터에 카메라를 연결하여 사진을 찍어서 사용할 수도 있다. 그리고 가져온 모양을 편집하거나 복사하여 사용할 수도 있다.
- 소리 탭 : 스프라이트에서 사용할 소리를 가져오는 탭이다. [소리 고르기] 버튼을 사용하여 스크래치에서 제공하는 소리를 가져올 수 있고, 직접 녹음을 해서 사용할 수도 있다. 하나의 스프라이트가 여러 개의 소리를 가질 수 있고, 스크립트에서 이 소리를 제어한다.

3) 실행/중지

- ▶ (실행) : 스크립트를 실행한다.
- ● (정지) : 스크립트의 실행을 모두 중지한다.

4) 마우스 포인터 좌표

무대 중앙의 좌표 값을 기준점인 (x:0, y:0)으로 하며, 가로 길이는 480픽셀, 세로 길이는 360픽셀 크기로 되어 있다. 마우스가 무대 위를 움직일 때마다 마우스 포인터의 좌표 값을 스테이지(무대) 아래에 표시해 준다.

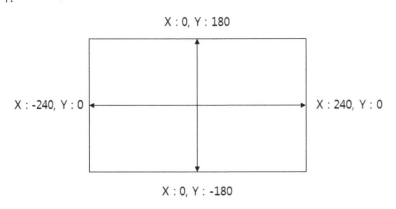

1.3 스크래치의 새로운 기능

스크래치는 웹 브라우저에서 구동하는 방식이므로 프로그램을 다운받지 않아도 인터넷이 연결된 컴퓨터에서는 프로그래밍 학습이 가능하다. 스크래치 프로젝트를 제작할 때 편리하게 사용할 수 있는 유용한 기능들이 제공된다.

1) 자동 저장

스크래치 웹 사이트에 새로운 계정을 만들고 로그인 하면 사용자가 작성한 프로그램이 서버에 자동으로 저장된다. 화면 오른쪽 상단의 계정을 클릭할 때 나타나는 '내 작업실'에서 서버에 저장된 프로젝트 및 작업한 모든 결과를 확인하고 관리할 수 있다.

2) 공유 및 수정

사용자는 다른 사람이 공유하도록 설정한 프로젝트의 스크립트를 볼 수 있으며, 수정하여 저장할 수도 있다. [프로젝트 페이지 보기] 화면에서 프로젝트 관련 정보를 확인할 수 있으며, [스크립트 보기] 버튼을 클릭하면 프로젝트의 스크립트를 볼 수 있다. 자신이 공유 설정한 프로젝트는 다음과 같이 [내 작업실]에서 확인할 수 있다.

3) 벡터 그래픽(vector graphics)

스크래치의 새로운 이미지 편집기에서는 벡터 그래픽 이미지를 사용한다. 즉, 이미지를 다른 크기로 늘리고 줄여도 스프라이트 모양이 깨지지 않는다. '비트맵으로 바꾸기' 버튼을 클릭하면 비트맵 이미지 상태로 편집도 가능하다.

4) 개인 저장소

제작한 배경, 스프라이트, 스크립트를 마우스 드래그로 가져다 놓으면 다른 프로젝트에서 언제든지 가져와 사용할 수 있다.

5) 블록만들기 기능

'나만의 블록' 기능을 활용하여 동일한 작업을 수행하는 기능을 하나의 새로운 블록으로 만들어 스크립트 작성 시 간단하게 활용할 수 있다.

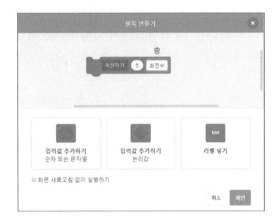
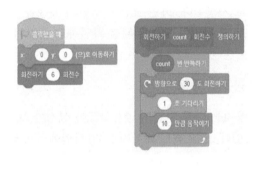

6) 소리 편집

소리 탭을 클릭하면 다음과 같이 스프라이트의 소리를 편집할 수 있는 창이 나타난다. 새로운 소리를 추가하거나 기존 소리를 다양한 형태로 편집할 수 있다. 소리의 모양이 그림으로 나타나며, 그림 아래의 버튼을 클릭하여 현재의 소리의 속도, 크기, 유형을 변경할 수 있다.

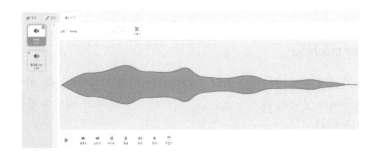

7) 확장 기능

음악, 펜, 비디오 감지, 텍스트 음성 변환, 번역 등이 확장 기능으로 제공된다. 그리고 Makey Makey, 마이크로비트, Lego Mindstorms 등 외부 장치와 연결하여 동작을 제어할 수 있도록 다양한 확장 기능이 제공된다.

최근에 발표된 스크래치 3.0 버전에서는 프로젝트 개발 화면의 구성을 포함하여 기능 측면에서도 다음과 같은 다양한 변화가 이루어졌다.

8) 화면 구성의 변경

① 스프라이트, 스크립트, 블록 팔레트 등 창의 배치가 바뀌었다.
② 스프라이트 정보 표시창의 모양, 위치, 구성이 바뀌었다.
③ 블록 팔레트의 순서와 색깔이 바뀌었다.
④ 그림판과 소리 에디터의 구성이 변경되었다.
    - 그림판에서 한글을 포함한 다양한 언어와 폰트를 사용할 수 있다.
    - 벡터 그림판이 기본으로 사용된다.
    - 그림판에서 모양 중심 맞추기 방법이 수정되었다.
    - 소리 에디터에 다양한 기능들이 추가되었다.

9) 새로운 블록 추가

① 블록에 관련된 기능들이 추가되거나 변경되었다.
    - 블록 팔레트와 블록의 순서 및 색깔이 바뀌었다.
    - '추가 블록'의 이름이 '나만의 블록'으로 바뀌었다.
    - 다음과 같은 새로운 블록들이 추가되었다.

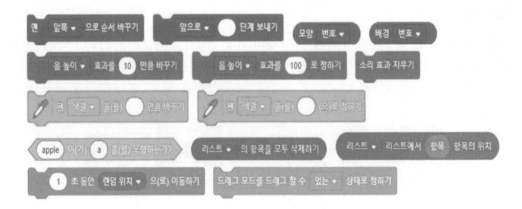

- '~에 닿았는가?' 블록에 새로운 형태의 블록이 추가되었다.
- 지우기 블록이 '모두 지우기' 블록으로 바뀌었다.

10) 새로운 기능 지원

① 스마트폰, 태블릿 등 모바일 기기에서 프로젝트를 만들거나 실행할 수 있다.
② 펜, 비디오 감지, 음악 블록이 확장 기능으로 이동하였다.
③ 텍스트 음성 변환(TTS), 번역, Makey Makey, micro:bit, LEGO Education WeDo 2.0 등이 확장 기능에 추가되었다. 화면의 왼쪽 하단에 있는 '확장 기능 추가하기' 아이콘을 사용하여 필요한 블록을 추가할 수 있다.
④ 온라인에서 스프라이트 선택 후 스프라이트 내보내기/업로드가 가능하다.
⑤ 무대에 배치된 스프라이트의 확대 및 축소 버튼이 삭제되었다.
⑥ 인터넷 익스플로러를 지원하지 않는다.
⑦ 피코보드와 레고 WeDo 1.0을 지원하지 않는다.

실｜습｜문｜제

1 스크래치 홈페이지(scratch.mit.edu)에서 제공하는 중요한 기능들을 설명하라.

2 스크래치 교육을 위한 교수학습 지원 사이트(scratched.gse.harverd.edu)에서 제공하는 중요한 기능들을 설명하라.

3 스크래치 아이디어 사이트(scratch.mit.edu/ideas)에서 제공하는 중요한 학습 자료와 교수학습 계획을 설명하라.

4 스크래치 홈페이지에서 '바로 시작하기'를 클릭하면 스크래치 프로그램을 개발할 수 있는 화면이 나타난다. 화면에서 다음 내용을 처리하여 수행되는 기능을 확인하라.
(1) 메뉴를 구성하는 항목을 확인하고 기능을 설명하라.
(2) 툴바를 구성하는 항목을 확인하고 기능을 설명하라.
(3) 블록 팔레트를 구성하는 그룹은 동작, 이벤트, 형태, 제어, 소리, 관찰, 펜, 연산, 데이터, 추가 블록으로 분류된다. 각 그룹에 속한 명령 블록들의 기능을 설명하라.
(4) 스크립트 창, 무대, 스프라이트 버튼, 스프라이트 목록의 기능을 설명하라.

5 다음 그림에 메뉴, 툴바, 탭, 프레젠테이션 모드, 녹색 깃발, 무대, 블록 팔레트, 스크립트 창, 새 스프라이트, 스프라이트 목록, 스프라이트 정보에 해당하는 부분을 표시하고 각각의 기능을 간단히 설명하라.

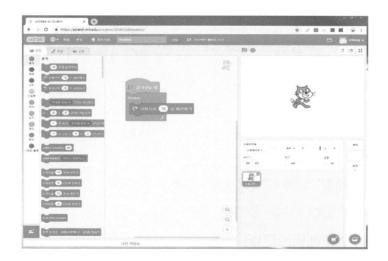

02

스크래치 기초

프로젝트에 새로운 스프라이트를 추가하고, 명령어 스크립트를 작성한 후 프로젝트를 저장하고 실행하는 과정을 설명한다. 스프라이트의 이동과 프로그램의 기본 개념을 학습할 수 있는 간단한 프로젝트를 작성한다.

2.1 프로젝트 제작

스크래치는 상황에 맞는 장면을 연출할 수 있도록 다양한 이미지 파일을 제공한다. 새 프로젝트를 만들 때 이 이미지들을 가져와 새 스프라이트로 추가할 수 있다. 스크래치를 실행하면 무대에 고양이 스프라이트가 나타난다. 새로운 스프라이트를 사용할 경우에는 기존 스프라이트를 삭제한다.

① 프로젝트 작성화면의 [스프라이트 정보] 창에 스프라이트 목록이 있으며, 스크래치를 처음 실행하면 고양이 스프라이트가 나타난다.
② 스프라이트 목록에 보이는 고양이 스프라이트를 마우스 오른쪽 버튼으로 클릭한 후 팝업 메뉴에서 [삭제]를 선택한다.

③ 기존 스프라이트가 삭제되었으므로, 프로젝트에서 사용할 새로운 스프라이트를 추가한다. 스크래치 프로그램은 다양한 그림 및 소리 파일을 제공한다. 새로운 스프라이트를 가져오기 위해 [스프라이트 고르기] 클릭한다.

④ [스프라이트 고르기] 창에서 [판타지]를 클릭한다. [Ghost]을 선택하고 [확인] 버튼을 클릭한다.

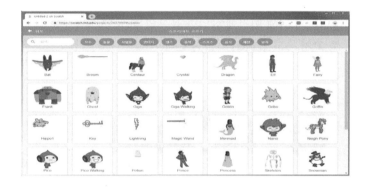

스프라이트는 무대 위의 배우와 같은 역할을 하며, 이 배우가 어떤 역할을 하기 위해서는 명령어 스크립트 영역에 적절한 명령어 블록을 연결해 주어야 한다.

⑤ 명령어 스크립트 영역에 명령어를 배치하기 위해 블록 팔레트에서 이벤트 그룹을 클릭한다.
⑥ 블록 팔레트의 이벤트 그룹에서 아래와 같이 블록을 스크립트 창에 드래그한다.

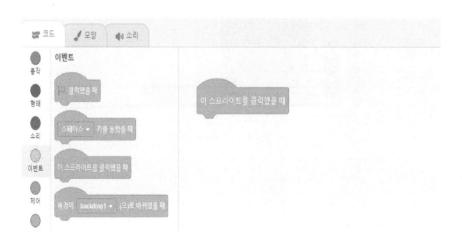

⑦ 블록 팔레트의 형태 그룹에서 다음과 같이 새로운 블록을 먼저 가져온 블록 아래로 드래그하여 배열한다.

⑧ 재미있는 문구를 출력하기 위해 이전에 삽입한 블록의 흰색 텍스트 부분을 클릭한 후 '안녕!'을 '나는 달걀귀신이다' 로 고쳐 쓰고, [Enter] 키를 누른다.

⑨ 지금까지 만든 프로젝트를 저장한다. 스크래치에서 프로젝트는 *.sb3로 저장되며, 저장된 프로젝트는 다시 불러오거나 수정할 수 있다. 작성한 프로젝트를 저장하기 위해 [파일] 메뉴에서 [컴퓨터에 저장하기]를 클릭한다. '다른 이름으로 저장' 대화 상자가 나타나면 새로운 파일이름을 입력하고 [저장] 버튼을 클릭한다.

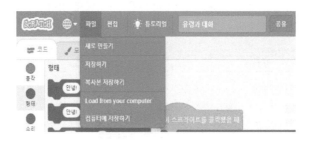

⑩ 작성한 프로젝트를 실행한다. 마우스로 유령 스프라이트를 클릭하면 프로젝트가 실행된다. 작성한 명령어 스크립트는 스프라이트를 클릭했을 때 동작하도록 구성되어 있다.

2.2 스프라이트 제어

2.2.1 하늘로 올라가는 풍선

가. 화면 구성 및 스프라이트 동작

무대에 풍선이 있으며, 시작 버튼을 클릭하면 풍선이 무대의 위쪽 방향으로 이동한다.

나. 기초 작업

1) 스프라이트 목록에서 기존 스프라이트를 선택하고, 마우스 오른쪽을 클릭하여 [삭제]를 선택한다.
2) 새 스프라이트 추가
   ① [스프라이드 고르기] 버튼을 클릭한 후 [스프라이트 고르기] 창에서 [모두]-[Balloon1]를 선택하여 풍선 파일을 불러온다.
   ② [스프라이트 정보] 창에서 스프라이트 이름을 [풍선]으로 바꾼다.
   ③ [스프라이트 정보] 창의 [크기]에 값을 입력하여 스프라이트의 크기를 조절한다.

다. 명령어 스크립트 작성

- 🏳️이 클릭되었을 때, 풍선 스프라이트를 무대 좌표 (0, -100)로 옮긴다.
- 5초 동안 풍선이 (0, 100)로 움직인다.

2.2.2 불을 뿜는 용

이번에 제작할 애니메이션 기능의 프로젝트는 용이 불을 뿜는 모양을 표현하는 것이다.

가. 화면 구성 및 스프라이트 동작

용 모양의 스프라이트가 있으며, 스페이스 키를 누르면 용이 불을 뿜는 것처럼 보인다.

나. 기초 작업

① 기존 스프라이트를 삭제하고, 새 스프라이트인 [판타지]-[Dragon]을 불러온다.
② 무대에 맞게 스프라이트 크기를 조절한다.
③ [모양] 탭을 클릭하면 시로 다른 형태의 스프라이트가 나타나며, 이것들을 사용하여 움직이는 모양을 효과적으로 나타낼 수 있다.

다. 명령어 스크립트 작성

마치 용이 불을 뿜는 것처럼 보이도록 명령어 스크립트를 작성한다. 다음과 같이 두 가지 서로 다른 형태의 스크립트를 만들어 본다.

① 블록 팔레트의 이벤트와 형태 그룹에서 필요한 명령어 블록을 선택한 후 다음과 같이 명령어 스크립트를 작성한다.
② 모양 블록에 있는 아래 화살표를 클릭하여 풀다운 메뉴에서 [dragon-b]와 [dragon-c]의 모양을 선택한다.
③ 동작 사이에 시간 간격을 1초에서 0.5초로 수정한다.

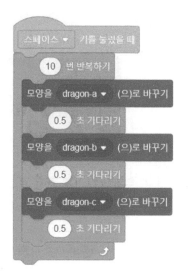

지정한 시간만큼 대기하도록 하는 기능의 블록을 사용하여 스프라이트의 동작과 동작 사이에 시간 간격을 준다. 시간 간격을 두지 않는다면 그림 전환이 빠르게 일어나 두 동작이 구분되지 않으므로 움직이는 동작처럼 보이지 않는다.

2.2.3 앵무새 조정하기

스크래치는 키보드를 이용하여 스프라이트의 움직임을 조정할 수 있는 기능을 제공한다. 스프라이트의 방향을 바꾸는 명령어와 이동시키는 명령어를 결합하면 날아가는 모양을 표현할 수 있다.

가. 화면 구성

키보드의 방향키를 이용해 좌우상하 방향을 바꾸며 날아가는 앵무새의 모양을 표현한다.

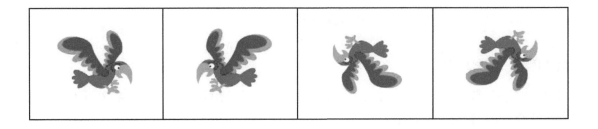

나. 기초 작업

① 블록 팔레트의 이벤트와 동작 그룹의 블록들로 하나의 스크립트를 작성한다.
② 이어서 작성할 스크립트는 명령어 블록의 구성은 같고 키와 방향만 다르다. 이런 경우에 이미 작성해 놓은 블록을 복사해서 사용하면 편리하다. 작성한 스크립트에서 가장 위의 블록을 마우스 오른쪽 버튼으로 클릭한 후 [복사]를 선택한다.

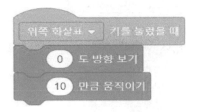

③ 동일한 블록이 생성되면 마우스를 이동시켜 복사한 블록이 위치할 곳을 클릭한다.

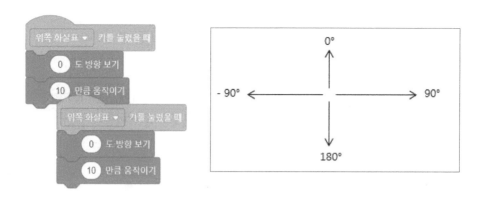

④ 위와 같은 방법으로 명령어 블록을 두 번 더 복사하여 놓는다. 각 블록에서 키와 방향 값을 아래와 같이 변경시킨다.

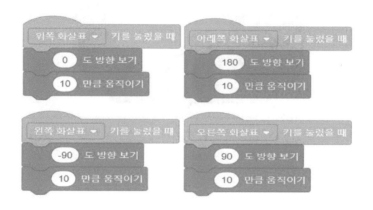

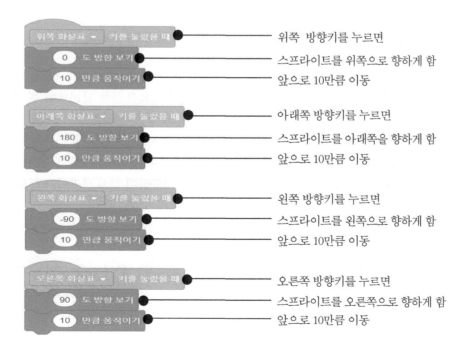

위쪽 방향키를 누르면
스프라이트를 위쪽으로 향하게 함
앞으로 10만큼 이동

아래쪽 방향키를 누르면
스프라이트를 아래쪽을 향하게 함
앞으로 10만큼 이동

왼쪽 방향키를 누르면
스프라이트를 왼쪽으로 향하게 함
앞으로 10만큼 이동

오른쪽 방향키를 누르면
스프라이트를 오른쪽으로 향하게 함
앞으로 10만큼 이동

2.2.4 춤추는 마술사

가. 화면 구성 및 스프라이트 동작

마술사가 마우스 포인터를 따라 움직이는 프로젝트를 만들어 본다. 이때 마술사가 이동한 자취를 따라 펜 라인으로 흔적을 남긴다. 특정한 그림을 생각하면서 마우스 포인터를 움직이면 마술사가 지나간 흔적으로 글씨를 쓰거나 그림을 그릴 수 있다.

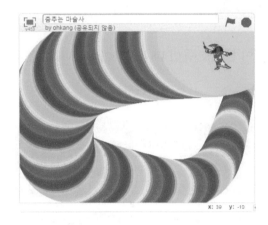

나. 기초 작업

기존 스프라이트를 삭제하고, 스프라이트 [판타지]-[Wizard Girl]을 불러온다.

다. 명령어 스크립트 작성

마술사가 마우스 포인터를 따라 이동하면서 움직인 위치의 흔적을 남기도록 하는 스크립트를 작성한다. 이를 위해 먼저 [확장 기능 추가하기] 버튼을 클릭하여 펜 그룹 블록들을 블록 팔레트에 추가한다.

① 이벤트 그룹의 시작 블록을 스크립트 창에 드래그하고, 펜 그룹에서 [모두 지우기] 블록을 시작 블록에 결합한다. 스크래치에서 제공하는 펜 기능에 관한 명령어 블록은 스프라이트의 자취를 남기는데 많이 사용된다. 그리기를 할 때 펜 그룹의 명령어 블록을 사용하여 선의 색깔이나 선의 굵기를 지정할 수 있다.
② 마술사가 마우스 포인터를 따라가도록 한다. 이를 위해 무한반복 블록에 쪽보기 블록을 결합하고 '마우스 포인터' 쪽 보기로 설정한다.
③ 마우스 포인터 쪽으로 10만큼 움직이도록 블록을 결합하고, 움직이는 중에 선을 그릴 수 있도록 펜 내리기를 결합한다.

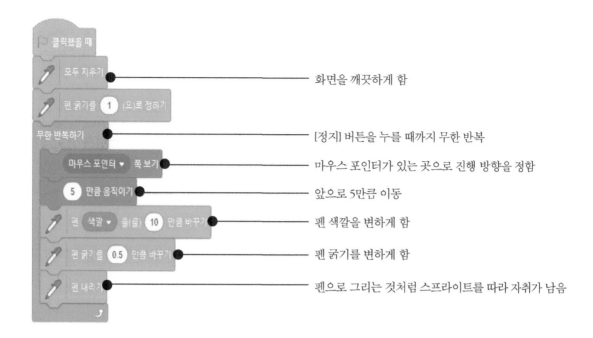

화면을 깨끗하게 함

[정지] 버튼을 누를 때까지 무한 반복

마우스 포인터가 있는 곳으로 진행 방향을 정함

앞으로 5만큼 이동

펜 색깔을 변하게 함

펜 굵기를 변하게 함

펜으로 그리는 것처럼 스프라이트를 따라 자취가 남음

2.2.5 옷 갈아입는 오리

스크래치에서는 색상마다 고유한 값이 지정되어 있으며, 이 값을 이용하여 일정한 패턴으로 스프라이트의 색을 바꿀 수 있다. 또한 소리 파일을 추가하고 재생하는 기능이 있어 그림, 소리, 애니메이션 기능을 결합하여 멀티미디어 프로젝트를 작성할 수 있다.

가. 화면 구성 및 스프라이트 동작

이번 프로젝트에서는 오리가 다양한 색으로 변하고, 음악 파일을 추가하여 음악에 맞춰 옷을 갈아입는 모습을 표현한다.

나. 기초 작업

① 기존 스프라이트를 삭제하고, 스프라이트 [동물]-[Duck] 파일을 불러온다.
② 스크래치에서는 사람, 동물, 악기 등의 다양한 소리 파일을 제공하므로 [소리] 탭을 통해 해당 스프라이트에 소리 재생 효과를 나타낼 수 있다. 삽입된 [Duck] 스프라이트가 선택된 상태에서 [소리]

탭을 클릭하면 소리가 삽입되어 있음을 확인할 수 있다.

③ 두 가지 이상의 서로 다른 소리를 내야하는 경우에는 [소리] 탭에서 새로운 사운드를 추가한다. 프로젝트 실행 시 들려줄 소리는 스크립트의 명령어 블록에서 지정할 수 있다.

다. 명령어 스크립트 작성

새로 추가한 오리 스프라이트와 소리 파일을 이용하여 스프라이트가 음악에 맞춰 다양한 색의 옷으로 갈아입는 스크립트를 작성한다.

① 오리 스프라이트에 다음과 같이 스크립트를 작성한다.

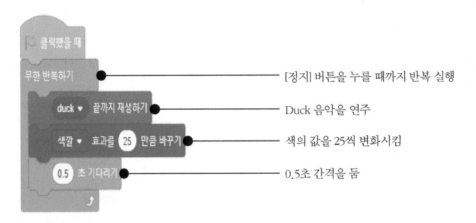

- 무한 반복하기 ──── [정지] 버튼을 누를 때까지 반복 실행
- duck 끝까지 재생하기 ──── Duck 음악을 연주
- 색깔 효과를 25 만큼 바꾸기 ──── 색의 값을 25씩 변화시킴
- 0.5 초 기다리기 ──── 0.5초 간격을 둠

2.2.6 벌과 나비

가. 화면 구성 및 스프라이트 동작

무대에 벌과 나비가 있으며, 나비가 벌이 있는 곳으로 날아간다. 벌은 나비와의 거리가 가까워지면 방향을 바꾸어 날아가고 무대의 가장자리에 닿으면 튕겨져 나온다.

나. 기초 작업

1) 스프라이트 목록에서 스프라이트를 선택하고, 마우스 오른쪽 버튼을 클릭하여 삭제를 선택한다.
2) 새 스프라이트 추가
   ① 스프라이트 저장소에서 [동물]-[Butterfly2]를 가져온 후 이름을 '나비'로 수정한다.
   ② [스프라이트 업로드하기] 버튼을 클릭하여 컴퓨터에 저장된 벌 이미지 파일을 읽어온 후 스프라이트의 이름을 '벌'로 수정한다. 저장소에 없는 스프라이트를 사용할 때는 이미지를 컴퓨터에 미리 저장해 두어야 한다.
   ③ 무대에 맞게 스프라이트의 크기를 조절한다.

다. 명령어 스크립트 작성

나비와 벌 스프라이트가 각각 다음과 같이 움직이도록 스크립트를 작성한다. 나비는 프로젝트의 실행이 정지될 때까지 벌이 있는 방향을 보면서 날아간다. 벌은 실행이 정지될 때까지 무대 위를 날아다닌다. 벌은 날아가다 벽에 닿으면 튕겨져 나오며, 0~5의 임의의 각도로 오른쪽으로 회전한다. 그리고 나비까지의 거리가 20보다 적게 가까워지면 방향을 바꾸어 빠르게 날아간다.

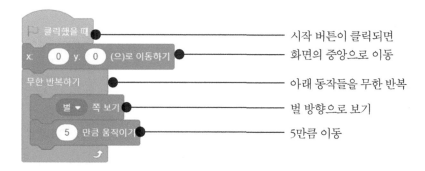

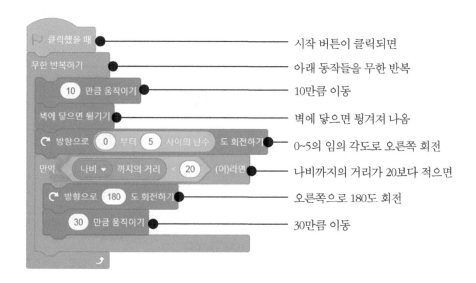

2.2.7 나비 날아가기

한 스프라이트를 구성하는 두 종류의 그림을 번갈아 보여줌으로써 동물의 움직이는 모양을 표현할 수 있다. 나비가 날아다니는 이번 프로젝트에서는 스프라이트의 중심 위치를 확인하는 방법을 학습한다.

가. 화면 구성 및 스프라이트 동작

나비가 날개를 편 모양과 접은 것의 두 가지 형태를 사용하면 날아가는 나비를 표현할 수 있다. 이와 함께 강아지가 뛰어가는 모양을 표현하기 위해 세 가지 모양을 사용한다.

나. 기초 작업

① 기존 스프라이트를 삭제하고, 스프라이트 [동물]-[Butterfly2]를 불러온다.
② [모양] 탭을 클릭하면 [butterfly2-a]와 [butterfly2-b] 이름의 2가지 형태의 나비가 나타난다. 각각의 이름을 '편날개'와 '접은날개'로 수정한다. 이것을 이용하면 나비의 움직이는 형태를 나타낼 수 있다.
③ 나비가 날아가는 형태를 표현하려면 두 나비 모양의 중심이 같은 곳에 있어야 일정한 높이로 날아가는 것처럼 보인다. 나비 모양의 중심이 어디에 있는지 확인한다. 두 가지 모양의 나비를 번갈아 클릭해 보면 일정한 높이에서 나비가 날아가는 것처럼 보인다.

④ 좌위 뒤집기와 상하 뒤집기 버튼을 클릭하여 나비의 방향을 바꿀 수 있다.

다. 명령어 스크립트 작성

① 날아가는 나비를 표현하기 위해 다음과 같은 스크립트를 작성한다. 스프라이트의 모양 탭에서 설정한 이름을 사용하여 형태를 선택한다.

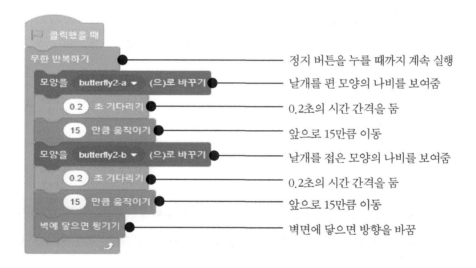

클릭했을 때
무한 반복하기 ——————————————— 정지 버튼을 누를 때까지 계속 실행
모양을 butterfly2-a ▼ (으)로 바꾸기 ——— 날개를 편 모양의 나비를 보여줌
0.2 초 기다리기 ——————————————— 0.2초의 시간 간격을 둠
15 만큼 움직이기 ——————————————— 앞으로 15만큼 이동
모양을 butterfly2-b ▼ (으)로 바꾸기 ——— 날개를 접은 모양의 나비를 보여줌
0.2 초 기다리기 ——————————————— 0.2초의 시간 간격을 둠
15 만큼 움직이기 ——————————————— 앞으로 15만큼 이동
벽에 닿으면 튕기기 ——————————————— 벽면에 닿으면 방향을 바꿈

② 스프라이트가 벽에 닿았을 때 뒤집어지지 않고 좌우로 방향이 바뀌도록 한다. 이를 위해 [스프라이트 정보] 창의 [방향] 값을 클릭한 후 팝업창의 회전방식에서 왼쪽/오른쪽 버튼을 클릭한다. 그리고 벽에 닿았을 때 나비의 날아가는 방향을 각도로 설정하여 지정한다.

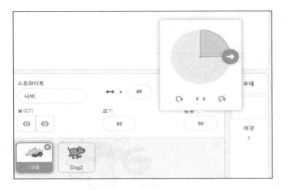 

③ 뛰어가는 강아지를 표현하기 위해 다음과 같이 스크립트를 작성한다. 강아지 스프라이트의 3가지 모양이 순서대로 나타나도록 하는 블록을 사용한다.

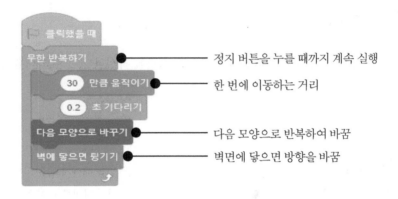

정지 버튼을 누를 때까지 계속 실행
한 번에 이동하는 거리
다음 모양으로 반복하여 바꿈
벽면에 닿으면 방향을 바꿈

2.3 프로그램 기본개념 익히기

2.3.1 변수

문제를 해결하기 위해 제작한 알고리즘을 프로그램으로 만들기 위해서는 명령어를 절차에 따라 나열해야 한다. 이러한 절차는 필요한 데이터를 입력받고, 연산을 수행한 후 결과를 출력하는 과정을 표현한 것이다. 변수는 프로그램 수행 과정에서 변할 수 있는 수를 저장하기 위한 공간이다. 블록 팔레트의 변수 블록에서 [변수 만들기] 버튼을 사용하여 변수를 생성하거나 이름을 지정할 수 있다.

예) 이름이 '변수A'인 변수를 생성한 결과

생성된 변수(예: 변수A)에서 마우스 오른쪽 버튼을 클릭 한 후, [슬라이더]를 선택하면 변수의 값을 설정하거나 변수의 범위를 지정할 수 있다.
여기서는 변수를 생성하고 이것을 스크립트에서 사용하는 방법을 알아보기 위해 사칙연산 기능의 프로젝트를 만든다.

가. 화면 구성 및 스프라이트 동작

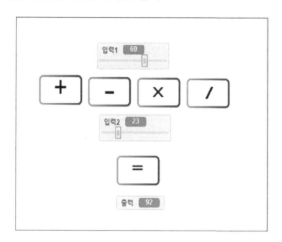

- '입력1'과 '입력2'를 입력받는다.
- 연산자(+, -, ×, ÷)를 선택한다.
- '='를 클릭하면 '출력'에 결과값을 출력한다.

나. 기초 작업

1) 스프라이트 목록에서 스프라이트를 선택하고, 마우스 오른쪽 버튼을 클릭하여 삭제를 선택한다.
2) 새 스프라이트 추가
    ① [스프라이트 고르기] 버튼을 클릭한 후 [스프라이트 고르기] 창에서 [모두]-[Button3]을 선택하여 버튼 파일을 불러온다.
    ② 버튼 편집하기 : [모양] 탭에서 [채우기 색 툴]로 버튼의 색을 바꾸고, [텍스트]로 '+' 표기를 한다.

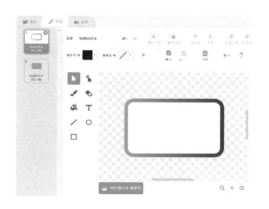 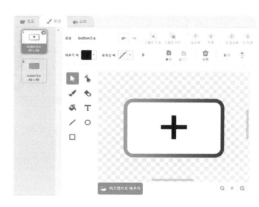

③ 위의 과정을 반복하여 -, ×, /, = 버튼을 만든다.

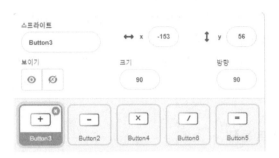

④ 변수 만들기 : 블록 팔레트의 변수 블록에서 [변수 만들기] 버튼을 클릭한다. [새로운 변수] 창의 [새로운 변수 이름]에 '입력1'을 입력하고, [모든 스프라이트에서 사용] 옵션 버튼을 체크한다.

⑤ 위와 같은 방법으로 '입력2', '출력' 변수도 만든다. 다음과 같은 모양의 변수들을 볼 수 있다.

⑥ 무대에 있는 변수들을 더블클릭하여 '입력1', '입력2' 변수는 슬라이더로, '출력' 변수는 보통 읽기 모드로 만든다.

3) 연산 기능을 나타낼 수 있도록 다음과 같이 무대에 스프라이트들을 배치한다.

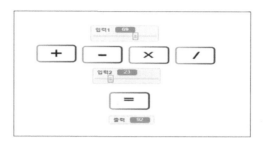

다. 명령어 스크립트 작성

스프라이트 목록에서 해당하는 버튼을 선택한 후 아래와 같이 각각의 스크립트를 작성한다. 동일하거나 비슷한 내용의 스크립트가 여러 개 필요한 경우에는 한 개를 작성한 후 복사하여 만드는 것이 효과적이다. 예를 들면, 아래에서 [더하기] 버튼의 스크립트를 작성한 후 다른 스프라이트의 스크립트는 이것을 복사하여 수정하는 것이 편리하다. 스크립트를 복사하여 사용하는 방법은 다음과 같다.

1) 스크립트 복사

① [더하기] 스크립트에서 마우스 오른쪽 버튼을 클릭한 후 [복사]를 선택한다.
② 복사한 스크립트를 붙여 넣을 스프라이트를 [스프라이트 목록]에서 찾아 클릭한다.
③ [스크립트 창]에서 스크립트의 일부 블록의 내용을 수정한다.

2) 스크립트 작성

① 더하기 버튼 스크립트

- '더하기' 버튼을 클릭하였을 때 '입력1'과 '입력2'를 더한 값을 '출력' 변수에 저장한다.
- 출력 변수는 숨긴다.

② 빼기 버튼 스크립트

- '빼기' 버튼을 클릭하였을 때 '입력1'에서 '입력2'를 뺀 값을 '출력' 변수에 저장한다.
- 출력 변수는 숨긴다.

③ 곱하기 버튼 스크립트

- '곱하기' 버튼을 클릭하였을 때 '입력1'과 '입력2'를 곱한 값을 '출력' 변수에 저장한다.
- 출력 변수는 숨긴다.

④ 나누기 버튼 스크립트

- '나누기' 버튼을 클릭하였을 때 '입력1'을 '입력2'로 나눈 값을 '출력' 변수에 저장한다.
- 출력 변수는 숨긴다.

⑤ 등호 버튼 스크립트

- 출력 변수를 보여준다.
  즉, 계산한 결과 값을 보여준다.

라. 프로그램 실행하기

입력1과 입력2의 값을 슬라이더로 설정한다. 더하기, 빼기, 곱하기, 나누기 버튼 중에서 한 개를 클릭한 후 등호 버튼을 클릭하면 계산 결과가 표시된 출력 버튼이 나타난다.

2.3.2 리스트

블록 팔레트의 [변수] 블록에서 [리스트 만들기] 버튼을 사용하여 리스트를 생성하거나 이름을 지정할 수 있다. 생성된 리스트에서 왼쪽 하단의 '+' 버튼을 눌러서 리스트 내에 새로운 항목을 추가할 수 있다.

예) 이름이 '리스트A'인 리스트를 생성한 결과

가. 화면 구성 및 스프라이트 동작

- 리스트의 첫번째 항목 값과 두번째 항목값을 입력받는다.
- 시작 버튼을 누르면 두개의 값을 더한 후 결과를 리스트의 세번째 항목에 출력한다.

나. 기초 작업

블록 팔레트의 [변수] 블록에서 [리스트 만들기] 버튼을 클릭한 후 이름이 '계산기'인 리스트를 생성한다. '+' 버튼을 눌러서 1번 위치에 14를 입력하고, 2번 위치에 6을 입력한다.

다. 스크립트 작성하기

① 블록 팔레트의 [변수] 블록의 리스트와 [제어] 블록, [연산] 블록을 클릭한 후 명령어 블록을 선택하여 다음과 같은 스크립트를 작성한다.

② 스크립트에서 [계산기] 리스트의 항목 위치는 숫자를 입력하여 지정할 수 있다.

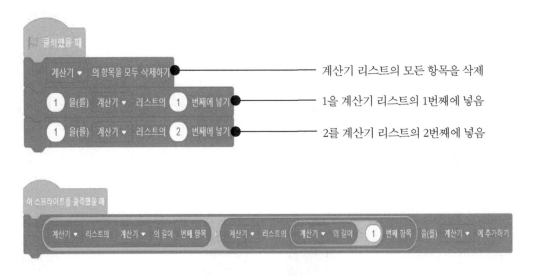

2.3.3 제어문

가. 조건문

조건문은 주어진 조건이 만족되었을 때와 만족되지 않았을 때를 구분하여 작업을 수행할 때 사용된다.

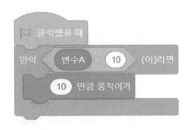

- ⚑ 이 클릭되었을 때 만약 변수 A의 값이 10보다 작다면 해당 스프라이트를 10만큼 움직인다.

- ⚑ 이 클릭 되었을 때 만약 변수 A의 값이 10보다 작다면 해당 스프라이트를 10만큼 움직이고, 그렇지 않다면 -10만큼 움직인다.

나. 반복문

반복문은 주어진 조건이 만족될 때까지 또는 무한 반복하여 수행하는 것으로 C언어의 for문이나 while문처럼 반복하여 실행한다.

- 📢 이 클릭되었을 때 해당 스프라이트를 10만큼 무한 반복하여 움직인다.

- 📢 이 클릭되었을 때 해당 스프라이트를 10만큼 10회 반복하여 움직인다. 100만큼 움직인 것과 같은 결과가 나타난다.

- 📢 이 클릭되었을 때 해당 스프라이트가 벽에 닿기 전까지 10만큼 반복하여 움직인다.

2.3.4 함수

가. 나만의 블록

스크립트 간에 메시지를 전달하거나 데이터를 전달하는 방식으로 함수 기능을 구현할 수 있다. 이벤트 그룹의 [신호 보내기]와 [신호를 받았을 때] 블록을 사용하면 스프라이트 간의 동작을 제어할 수 있다. 그리고 [나만의 블록]의 [블록 만들기] 기능으로 함수를 정의하고 이를 매개변수와 함께 호출할 수 있다.

다음 그림은 [블록 만들기] 창에서 블록의 이름, 입력값, 라벨을 추가하는 것을 나타낸 것이다. 블록의 이름에는 '회전하기'를 입력하고, 입력값은 '숫자 또는 문자열'을 선택한 후 'count'를 입력한다. 그리고 라벨에는 '회전수'를 입력하고, 확인 버튼을 클릭한다.

새로 정의한 [회전하기] 함수를 사용하여 프로젝트를 제작해보자. 프로젝트에는 로봇과 나비 스프라이트가 있으며, 시작 버튼을 클릭하면 로봇이 360도 회전하고 이어서 나비가 날아가도록 한다. 이를 위해 프로젝트가 시작되면 로봇은 '4'를 매개변수로 하여 함수를 호출한다. 호출된 함수는 매개변수를 count로 받고 스크립트를 실행한다.

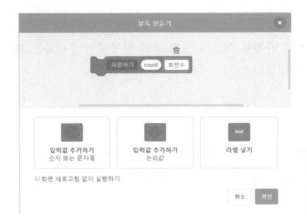

다음 스크립트는 앞에서 만든 회전하기 블록의 기능을 정의한 스크립트와 이를 호출하는 스크립트를 나타낸 것이다. 정의하기 블록에 있는 count 변수는 마우스로 드래그하여 다른 블록에서 사용할 수 있다.

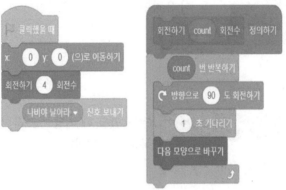

함수의 실행이 종료되면 로봇 스프라이트는 [신호 보내기] 블록을 사용하여 나비에게 '나비야 날아라'라는 메시지를 보낸다. 나비는 [신호를 받았을 때] 블록으로 이 메시지를 받으며, 다음과 같은 스크립트로 날아가는 동작을 구현한다.

2.4 도형 그리기

2.4.1 기본 도형 그리기

여러 가지 스프라이트를 추가한 후 각각의 스프라이트를 클릭하면 서로 다른 다양한 도형이 나타나
도록 한다.

가. 화면 구성 및 스프라이트 동작

다음 그림과 같이 6개의 스프라이트를 추가하고, 스프라이트를 클릭하면 정사각형, 직사각형, 원, 별,
삼각형, 오각형, 육각형의 도형을 그린다.

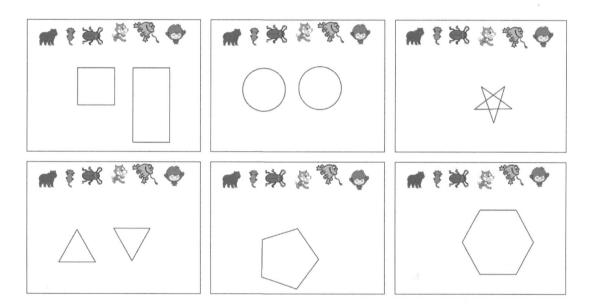

나. 기초 작업

① 스프라이트 저장소에서 6종류의 스프라이트를 불러온다. cat, cat2, bear, beetle, frog, nano를 무대
에 배치시킨다.
② 무대에 맞게 스프라이트의 크기를 조절한다.

다. 명령어 스크립트 작성

스프라이트를 클릭하면 각 스프라이트별로 다양한 도형을 그릴 수 있는 명령어 스크립트를 작성한
다. 이를 위해 먼저 다각형(n 각형)에서 한 내각의 크기를 구하는 방법을 알아보자. 3각형의 내각의

합은 180°라는 것을 알고 있다. 다각형이 3각형 몇 개로 구성되는지를 알아보자. 5각형은 3각형 3개로 분리할 수 있으며, 6각형은 3각형 4개로 분리할 수 있다. 따라서 다각형의 내각의 합을 구하는 식은 180°×(n-2)와 같이 나타낼 수 있다. 이 식을 적용하면 5각형의 내각의 합은 540°, 6각형의 내각의 합은 720°이다. 따라서 5각형의 한 내각의 크기는 108°, 6각형의 한 내각의 크기는 120°이다.

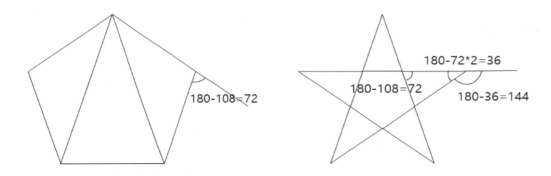

(1) 정사각형/직사각형 그리기

cat 스프라이트를 클릭하면 정사각형과 직사각형 모양이 나타나도록 스크립트를 작성한다.

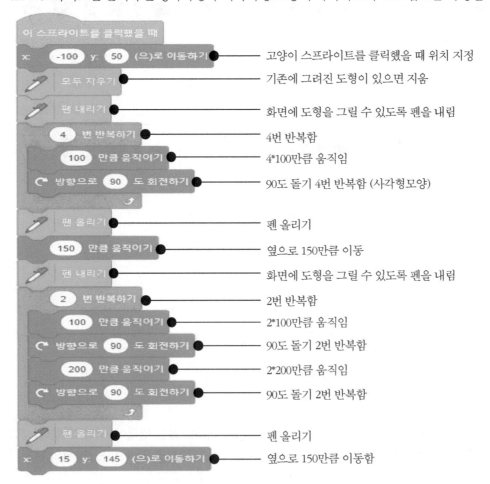

(2) 원 그리기

cat2 스프라이트를 클릭하면 원 모양을 그릴 수 있도록 스크립트를 작성한다. 1만큼 움직이고 1도 회전하기를 360번 반복해본 후 모양을 확인해보자.

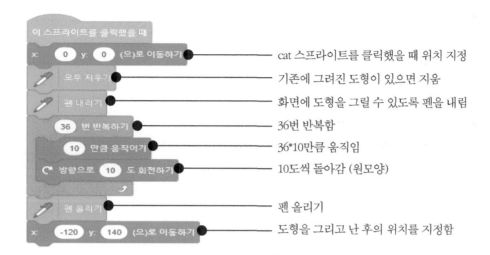

	cat 스프라이트를 클릭했을 때 위치 지정
	기존에 그려진 도형이 있으면 지움
	화면에 도형을 그릴 수 있도록 펜을 내림
	36번 반복함
	36*10만큼 움직임
	10도씩 돌아감 (원모양)
	펜 올리기
	도형을 그리고 난 후의 위치를 지정함

(3) 별 모양 그리기

bear 스프라이트를 클릭하면 별 모양을 그릴 수 있도록 스크립트를 작성한다.

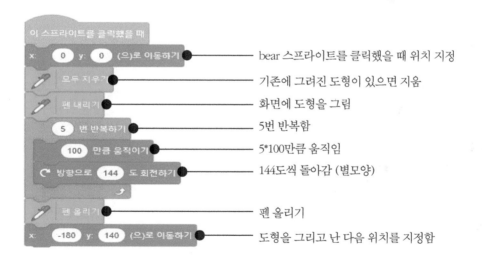

	bear 스프라이트를 클릭했을 때 위치 지정
	기존에 그려진 도형이 있으면 지움
	화면에 도형을 그림
	5번 반복함
	5*100만큼 움직임
	144도씩 돌아감 (별모양)
	펜 올리기
	도형을 그리고 난 다음 위치를 지정함

(4) 역삼각형 그리기

beetle 스프라이트를 클릭하면 역삼각형 모양을 그릴 수 있도록 스크립트를 작성한다. 왼쪽 방향으로 돌기를 하여 삼각형 모양을 나타낼 수 있다.

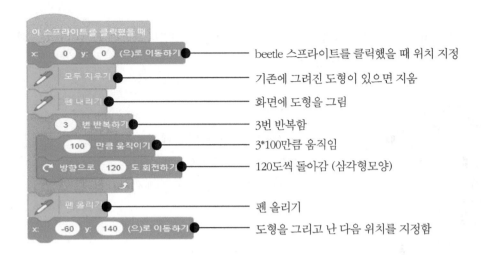

— beetle 스프라이트를 클릭했을 때 위치 지정

— 기존에 그려진 도형이 있으면 지움

— 화면에 도형을 그림

— 3번 반복함

— 3*100만큼 움직임

— 120도씩 돌아감 (삼각형모양)

— 펜 올리기

— 도형을 그리고 난 다음 위치를 지정함

(5) 오각형 그리기

frog 스프라이트를 클릭하면 오각형 모양이 나타나도록 스크립트를 작성한다.

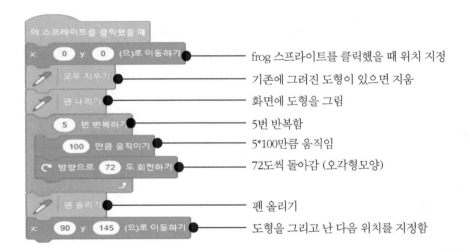

— frog 스프라이트를 클릭했을 때 위치 지정

— 기존에 그려진 도형이 있으면 지움

— 화면에 도형을 그림

— 5번 반복함

— 5*100만큼 움직임

— 72도씩 돌아감 (오각형모양)

— 펜 올리기

— 도형을 그리고 난 다음 위치를 지정함

(6) 육각형 그리기

nano 스프라이트를 클릭하면 육각형 모양을 그릴 수 있도록 스크립트를 작성한다.

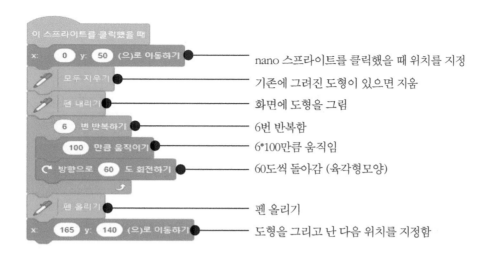

nano 스프라이트를 클릭했을 때 위치를 지정
기존에 그려진 도형이 있으면 지움
화면에 도형을 그림
6번 반복함
6*100만큼 움직임
60도씩 돌아감 (육각형모양)
펜 올리기
도형을 그리고 난 다음 위치를 지정함

2.4.2 꽃 그리기

1) 반복문 활용

가. 명령어 스크립트 작성

이벤트, 펜, 제어, 동작 그룹에서 블록들을 드래그하여 다음과 같이 스크립트를 작성한다.

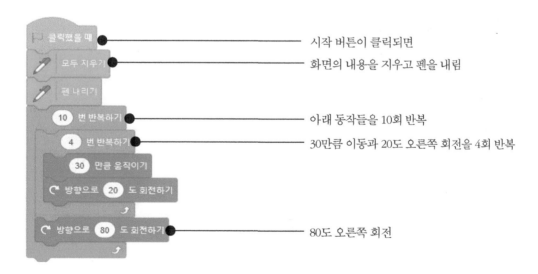

시작 버튼이 클릭되면
화면의 내용을 지우고 펜을 내림

아래 동작들을 10회 반복
30만큼 이동과 20도 오른쪽 회전을 4회 반복

80도 오른쪽 회전

나. 프로젝트 실행하기

스크래치 화면에서 시작 버튼을 클릭하면 다음 화면과 같이 꽃 모양이 그려지는 것을 확인할 수 있다.

2) 컬러 꽃 그리기

가. 명령어 스크립트 작성

이벤트, 펜, 제어, 동작 그룹에서 블록들을 드래그하여 다음과 같이 스크립트를 작성한다.

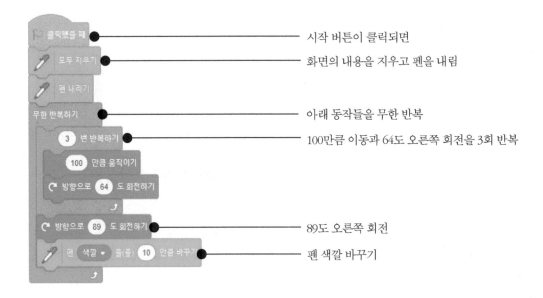

시작 버튼이 클릭되면

화면의 내용을 지우고 펜을 내림

아래 동작들을 무한 반복

100만큼 이동과 64도 오른쪽 회전을 3회 반복

89도 오른쪽 회전

펜 색깔 바꾸기

다. 프로젝트 실행하기

스크래치 화면에서 시작 버튼을 클릭하면 아래와 같이 꽃이 그려지는 것을 확인할 수 있다.

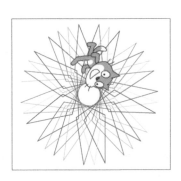

실 | 습 | 문 | 제

1 스프라이트 디자인

모양 탭을 선택하면 저장소에서 기존 스프라이트를 가져오거나 새로운 스프라이트를 만들 수 있다. 스프라이트를 수정하거나 새로 만들 때는 다음과 같은 디자인 툴을 사용할 수 있다. 스프라이트 디자인 툴을 사용하여 물고기와 같은 새로운 스프라이트를 만들어보자.

스프라이트 디자인 화면	디자인 툴
	① 선택 ① 그룹화 적용
	② 형태 고치기 ② 그룹화 해제
	③ 붓 ③ 앞으로
	④ 지우개 ④ 뒤로
	⑤ 색칠하기 ⑤ 맨 앞으로
	⑥ 텍스트 ⑥ 맨 뒤로
	⑦ 선 ⑦ 복사
	⑧ 원 ⑧ 붙이기
	⑨ 직사각형 ⑨ 좌우반전
	⑩ 중심설정 마크 ⑩ 상하반전

①, ⑧번을 사용하여 물고기 몸체를 만든다.
①, ⑦번을 사용하여 지느러미와 꼬리를 만든다.
①, ⑦, ⑧번을 사용하여 눈, 아가미, 비늘을 만든다.
⑤번을 사용하여 색깔을 칠해준다. 채우기 색에서 원하는 색을 선택할 수 있다.
②을 사용하여 크기를 알맞게 조절한다.
⑨번을 사용하여 물고기 모양을 좌우로 반전시킨다.
①번을 사용하여 물고기 모양 전체를 선택한 후 ⑩번에 맞춰준다.
스프라이트의 모양에서 마우스 오른쪽 버튼을 클릭하면 스프라이트를 삭제하거나 복사할 수 있다.

2 무대에서 비치볼이 날아가다가 벽에 닿으면 튕겨서 나온다. 다음 순서에 따라서 프로젝트를 제작하고 스크립트를 사용하여 동작을 설명하라.

가. 기초 작업

1) 스프라이트 목록에서 스프라이트를 선택하고, 마우스 오른쪽을 클릭하여 삭제를 선택한다.

2) 새 스프라이트 추가
   ① [스프라이트 고르기] 버튼을 클릭한 후 [스프라이트 고르기] 창에서 [모두]-[Beachball]을 선택하여 파일을 불러온다.
   ② 무대에 맞게 스프라이트의 크기를 조절한다.
   ③ 방향 조정 : 좌우뿐만 아니라 다양한 움직임을 표현하기 위해서 [스프라이트 정보] 창에서 방향을 다시 설정한다. 마우스로 '방향' 입력 영역을 클릭한다. 팝업창의 화살표를 누른 상태에서 회전시켜 원하는 각도로 방향을 설정할 수 있다.

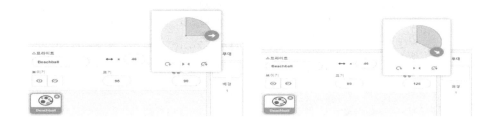

나. 명령어 스크립트 작성

- ▶ 이 클릭 되었을 때, 비치볼 스프라이트를 무대 좌표 (0, 0)로 옮긴다.
- 10만큼 무한 반복하며 움직이다가 벽에 닿으면 튕겨서 반대 방향으로 계속하여 움직인다.

다. 프로젝트 수정

1) 위에서 만든 프로젝트에 비치볼 스프라이트 2개를 추가하고, 3개의 비치볼이 서로 다른 크기, 속도, 방향으로 움직이도록 스크립트를 작성하라.

2) 변수를 사용하여 3개 비치볼의 날아가는 속도를 조절하도록 한다. 비치볼1, 비치볼2, 비치볼3으로 변수를 생성하고 '슬라이더'를 사용하여 변수 값을 바꾸면 그에 따라 비치볼의 날아가는 속도가 바뀌도록 하라.

3) 비치볼 스프라이트 3개를 추가한 후 '비치볼 속도'로 리스트를 만든다. 비치볼의 날아가는 속도로 사용할 3개의 숫자를 리스트에 저장한다. 각 비치볼이 리스트에 저장된 3개의 숫자에 맞추어 날아가도록 스크립트를 작성하라.

4) 반복문과 조건문을 사용하여 비치볼이 5번, 10번 벽에 닿았을 때 날아가는 속도를 현재 속도의 50%로 줄어들도록 스크립트를 작성하라.

3 본문에서 학습한 나비가 날아가는 애니메이션 프로젝트에서 서로 다른 날개 모양을 나타내기 위해 변수를 사용할 수 있다. 나비가 날개 짓을 하며 날아다니는 모양을 나타내기 위해 '시간' 변수를 만들고 다음 스크립트를 만든다.

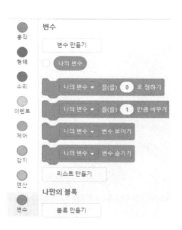

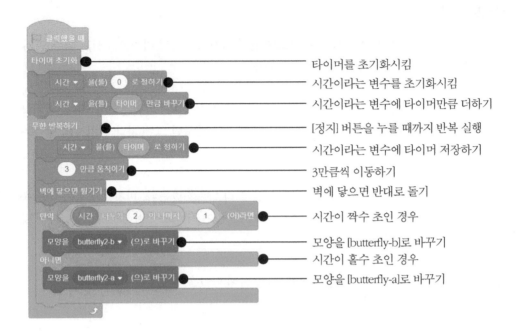

블록	설명
타이머 초기화	타이머를 초기화시킴
시간 ▼ 을(를) 0 로 정하기	시간이라는 변수를 초기화시킴
시간 ▼ 을(를) 타이머 만큼 바꾸기	시간이라는 변수에 타이머만큼 더하기
무한 반복하기	[정지] 버튼을 누를 때까지 반복 실행
시간 ▼ 을(를) 타이머 로 정하기	시간이라는 변수에 타이머 저장하기
3 만큼 움직이기	3만큼씩 이동하기
벽에 닿으면 튕기기	벽에 닿으면 반대로 돌기
만약 시간 나누기 2 의 나머지 1 (이)라면	시간이 짝수 초인 경우
모양을 butterfly2-b ▼ (으)로 바꾸기	모양을 [butterfly-b]로 바꾸기
아니면	시간이 홀수 초인 경우
모양을 butterfly2-a ▼ (으)로 바꾸기	모양을 [butterfly-a]로 바꾸기

❹ 다음과 같은 명령어 스크립트를 작성하여 실행시킨 후 나타나는 도형의 모양을 확인하라. 그리고 새로운 모양의 도형을 구상하고 프로젝트를 제작하라.

1) 참고 이미지와 스크립트

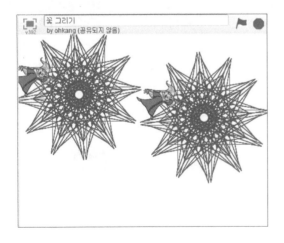

2) 참고 이미지와 스크립트

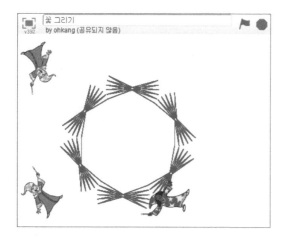

3) 참고 이미지와 스크립트

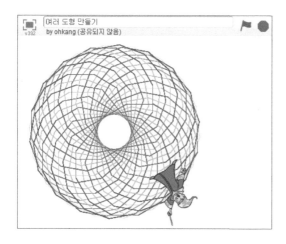

5 다음 스크립트를 참조하여 꽃잎의 개수를 입력받고 꽃을 그리는 프로젝트를 작성하라. 한 개의 꽃잎 스프라이트를 디자인하여 사용한다.

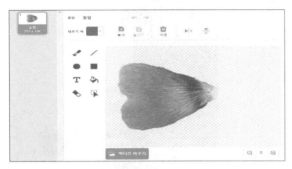 

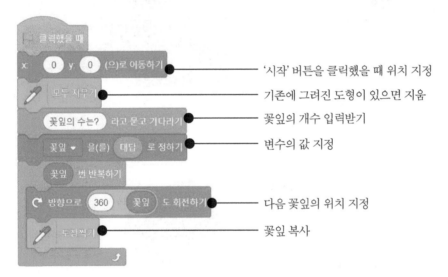

- '시작' 버튼을 클릭했을 때 위치 지정
- 기존에 그려진 도형이 있으면 지움
- 꽃잎의 개수 입력받기
- 변수의 값 지정
- 다음 꽃잎의 위치 지정
- 꽃잎 복사

6 선의 개수와 각도를 입력하면 원하는 도형을 그릴 수 있도록 프로젝트를 작성하라.

가. 화면 구성 및 스프라이트 동작

나. 명령어 스크립트 작성

선의 개수를 입력받고 각도를 입력받아 원하는 모양의 도형을 그리는 스크립트를 작성한다.

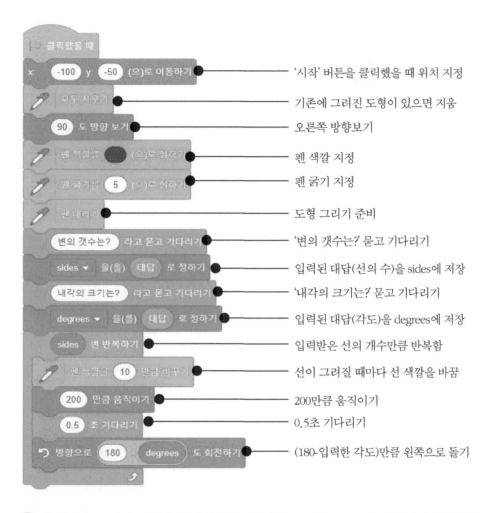

⑦ 꼭지점수와 변의 길이를 입력받아 정다각형을 그리는 프로젝트를 '나만의 블록'을 사용하여 함수 형태로 작성하라. 정다각형을 그리는 함수는 꼭지점수와 변의 길이를 매개변수로 전달받는다. 함수에서는 한 변의 길이만큼 이동하고 (360÷꼭지점수) 각도만큼 회전하는 것을 반복하도록 스크립트를 작성한다.

03

멀티미디어

여기서는 스크래치를 이용하여 멀티미디어 기능을 갖는 프로젝트 제작 방법을 학습한다. 다양한 형태의 이미지를 나타내는 기능, 피아노로 음악을 연주하는 기능, 객체의 이동을 표현한 애니메이션 기능 등을 구현하는 프로젝트를 제작한다.

다양한 소리를 재생하기 위해서 소리 그룹에 속한 명령 블록을 사용할 수 있다. 그래픽 효과를 주기 위해서 형태 그룹에 속한 명령 블록을 사용할 수 있다. 이러한 명령블록들은 스크래치에서 제공하는 다양한 멀티미디어 기능을 구현하는데 사용된다.

3.1 나비 이야기

앞에서 학습한 여러 가지 스크립트를 활용하여 꽃밭에 나비를 비롯한 여러 마리의 곤충들이 날아다니는 애니메이션 프로젝트를 만들어 본다.

가. 화면 구성 및 스프라이트 동작

한 마리의 나비 스프라이트에 두 가지 이상의 모양을 사용하면 날개 짓하는 애니메이션도 만들 수 있다. 두 마리의 나비와 한 마리의 잠자리가 각각 서로 다른 방향과 속도로 날아다닌다. 한 마리의 나비는 마우스 포인터 쪽으로 날아오며, 날아온 위치에 선을 긋는다. 한 마리의 잠자리는 날아다니다가 다른 나비를 만나면 '안녕!!' 이라는 말을 한다.

나. 기초 작업

① 여러 마리의 곤충이 자유롭게 날아다니는 것을 표현하기 위해 [동물]-[Butterfly1], [동물]-[Butterfly2], [동물]-[Dragonfly]의 스프라이트 파일을 불러온다.
② 나비의 [모양] 탭을 클릭하면 서로 다른 2가지 스프라이트 모양이 나타난다. 이것을 사용하면 움직이는 모양을 효과적으로 나타낼 수 있음을 확인할 수 있다.
③ 무대 스프라이트를 선택한 후 배경고르기 버튼을 클릭하여 [실외]-[flowers]를 가져온다.
④ 스크래치에서는 사람, 동물, 악기 등의 다양한 소리 파일을 제공하므로 [소리 고르기] 탭을 사용하여 해당 스프라이트에 소리 재생 효과를 나타낼 수 있다. 무대가 선택된 상태에서 [소리 고르기] 탭을 클릭한다.

⑤ 소리 파일을 불러오기 위해 [소리 고르기] 탭에서 [소리 고르기] 버튼을 클릭하고, [반복]-[garden]을 선택한다.

⑥ [소리] 탭에 [Garden] 사운드가 삽입된 것을 볼 수 있다.

⑦ 스프라이트의 모양과 움직임이 자연스럽도록 속성값을 수정할 수 있다. 나비와 잠자리가 벽에 닿았을 때 튕겨 나오는 각도와 회전 형태를 설정할 수 있다. 스프라이트 정보창에서 '방향' 값을 클릭하여 각도를 임의의 값으로 설정하고, 회전 형태를 '회전하기'로 지정한다. 나비와 잠자리가 앞쪽을 향하여 날아가도록 모양을 변경할 수 있다. 스프라이트의 모양 탭을 클릭한 후 그림 편집기에서 나비와 잠자리의 모양이 90도 방향을 향하도록 회전시켜 준다.

다. 명령어 스크립트 작성

새로 추가한 스프라이트들과 소리 파일을 이용해 나비들이 배경 음악과 함께 날아다니는 모양을 표현한다.

① [butterfly1], [butterfly2], [Dragonfly] 스프라이트에 다음과 같이 명령어 스크립트를 작성한다.

② 나비의 날아가는 모양을 나타내기 위해 [butterfly1] 스프라이트에 '시간' 변수를 사용한다. 타이머의 시간이 짝수인 경우와 홀수인 경우로 구분하여 날개 모양이 서로 다른 나비를 나타낸다.

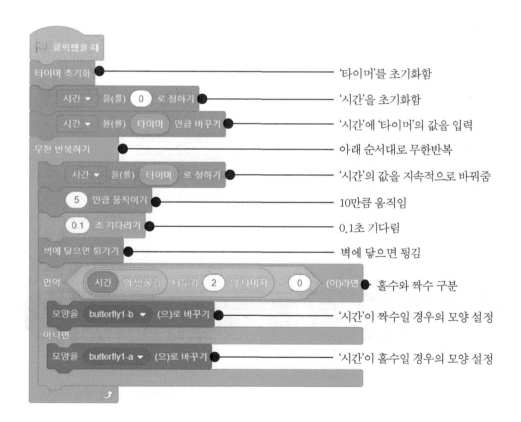

③ [butterfly2] 스프라이트는 선을 긋기 위해 펜 그룹의 블록들을 사용한다.

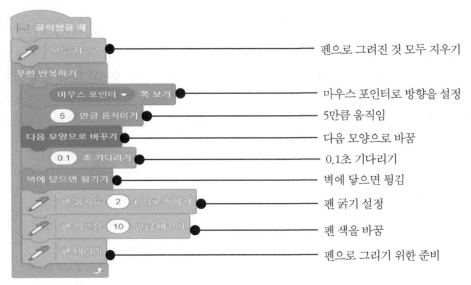

펜으로 그려진 것 모두 지우기

마우스 포인터로 방향을 설정

5만큼 움직임

다음 모양으로 바꿈

0.1초 기다리기

벽에 닿으면 튕김

펜 굵기 설정

펜 색을 바꿈

펜으로 그리기 위한 준비

④ [Dragonfly] 스프라이트는 나비를 만나면 '안녕!!' 이라는 말을 한다.

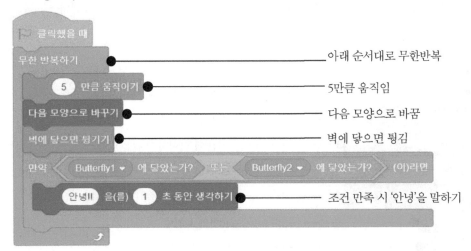

아래 순서대로 무한반복

5만큼 움직임

다음 모양으로 바꿈

벽에 닿으면 튕김

조건 만족 시 '안녕'을 말하기

3.2 물고기 구하기

여기서는 마우스 포인터의 위치를 활용하는 간단한 게임 프로젝트를 제작한다. 이 프로젝트에서는 그림판을 사용하여 스프라이트를 만들며, 시간을 설정하고 게임 중에 스프라이트의 크기를 바꾸는 방법을 학습한다.

가. 화면 구성 및 스프라이트 동작

마우스의 동작으로 물고기가 상어의 공격을 피하도록 한다. 상어와 물고기 스프라이트를 사용하며, 상어가 물고기를 쫓아오고 마우스 포인터를 이용하여 물고기가 상어에 잡히지 않도록 한다.

나. 기초 작업

기존 스프라이트를 삭제하고, 아래와 같은 순서로 물고기와 상어 스프라이트를 추가한다.

① [무대]에서 새로운 배경을 추가하기 위해 [실외]-[underwater1]을 불러온다.
② 기존의 스프라이트를 삭제하고, 물고기를 잡는 스프라이트인 [동물]-[Shark2]를 가져온다.
③ [모양] 탭을 클릭하면 [Shark2-b]와 [Shark2-c]가 추가되어 있음을 확인할 수 있다.
④ 물고기 스프라이트를 직접 만들기 위해 [붓]을 클릭한다.
⑤ [모양] 탭에서 다음과 같은 물고기를 그려서 스프라이트로 추가한다.

⑥ 게임에서 이겼을 때와 졌을 때를 나타내기 위해 '이겼다!', '졌다!' 스프라이트를 만들어서 추가한다.

⑦ 배경음악은 게임을 하는 동안 계속 재생되도록 한다. 배경음악을 추가하기 위해 Shark2 스프라이트에 [소리 고르기] 탭을 클릭하여 소리를 추가한다.
⑧ [반복]-[Techno]를 선택하고, 소리가 삽입되었음을 확인한다.

다. 명령어 스크립트 작성

마우스 포인터 위치에 물고기가 있고 물고기를 잡아먹기 위해 상어가 따라온다. 시간이 흘러 20초가 지나면 상어가 커지고, 40초가 경과되면 게임이 끝나도록 스크립트를 작성한다.

1) 물고기 스프라이트가 마우스 포인터가 있는 위치로 이동하도록 아래와 같이 스크립트를 작성한다.

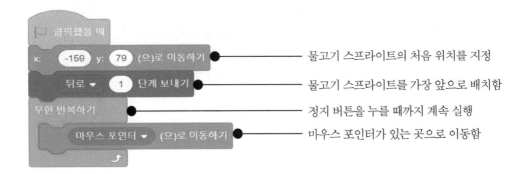

2) 상어 스프라이트에 효과음을 넣기 위해 아래와 같은 스크립트를 작성한다.

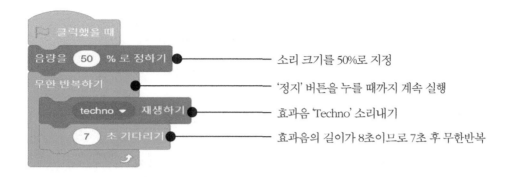

소리 크기를 50%로 지정

'정지' 버튼을 누를 때까지 계속 실행

효과음 'Techno' 소리내기

효과음의 길이가 8초이므로 7초 후 무한반복

3) 상어 스프라이트에 물고기를 향해 이동하는 스크립트를 작성한다.

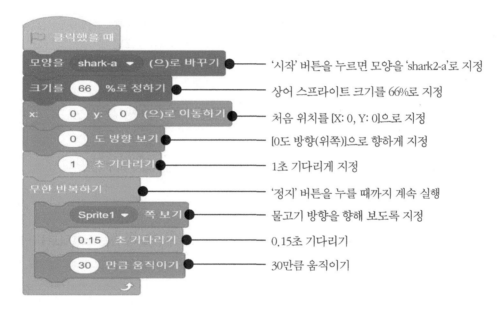

'시작' 버튼을 누르면 모양을 'shark2-a'로 지정

상어 스프라이트 크기를 66%로 지정

처음 위치를 [X: 0, Y: 0]으로 지정

[0도 방향(위쪽)]으로 향하게 지정

1초 기다리게 지정

'정지' 버튼을 누를 때까지 계속 실행

물고기 방향을 향해 보도록 지정

0.15초 기다리기

30만큼 움직이기

4) 게임에서 이겼을 때 나오는 문구의 스프라이트에 아래와 같은 스크립트를 작성한다.

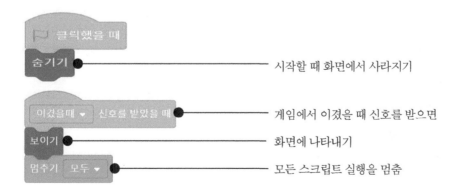

시작할 때 화면에서 사라지기

게임에서 이겼을 때 신호를 받으면

화면에 나타내기

모든 스크립트 실행을 멈춤

5) 게임에서 졌을 때 나오는 문구의 스프라이트에 아래와 같은 스크립트를 작성한다.

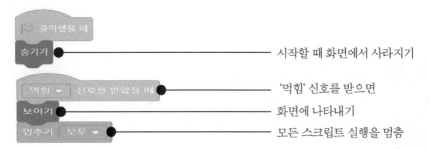

시작할 때 화면에서 사라지기

'먹힘' 신호를 받으면

화면에 나타내기

모든 스크립트 실행을 멈춤

6) 물고기가 상어 스프라이트에 닿으면 게임이 끝난다. 물고기와의 거리가 180 이하이면 상어 모양을 [shark2-b]로 바꾸고, 그렇지 않으면 [shark2-a]로 바꾸는 스크립트를 작성한다.

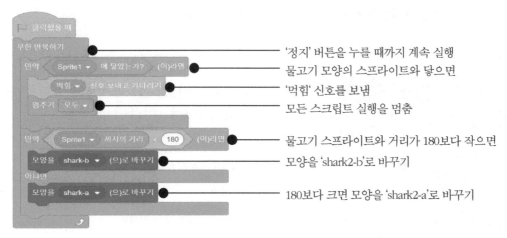

'정지' 버튼을 누를 때까지 계속 실행

물고기 모양의 스프라이트와 닿으면

'먹힘' 신호를 보냄

모든 스크립트 실행을 멈춤

물고기 스프라이트와 거리가 180보다 작으면

모양을 'shark2-b'로 바꾸기

180보다 크면 모양을 'shark2-a'로 바꾸기

7) 시간이 20초가 경과되면 상어 크기가 120%가 되고, 40초가 지나면 게임을 멈추는 스크립트를 작성한다.

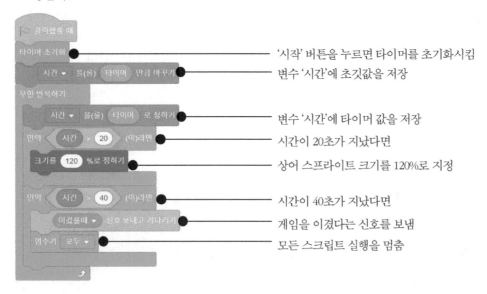

'시작' 버튼을 누르면 타이머를 초기화시킴

변수 '시간'에 초깃값을 저장

변수 '시간'에 타이머 값을 저장

시간이 20초가 지났다면

상어 스프라이트 크기를 120%로 지정

시간이 40초가 지났다면

게임을 이겼다는 신호를 보냄

모든 스크립트 실행을 멈춤

라. 프로젝트 실행

시작 버튼을 클릭하고 마우스를 움직이면 물고기가 마우스 포인터를 따라 이동한다. 상어는 물고기 방향으로 이동하며, 물고기와의 거리가 가까워지면 입을 크게 벌리고, 게임을 시작한 후 20초가 지나면 크기가 커진다. 상어의 공격을 피하여 40초가 경과되면 게임을 이기게 되고 승리하였다는 메시지가 나타난다.

3.3 바다 이야기

여기서는 앞에서 만든 프로젝트와 같이 마우스 포인터의 위치를 활용하는 간단한 게임 프로젝트를 제작한다. 이 프로젝트에서는 복제하기 기능으로 스프라이트를 복제하고, 시간을 설정하여 게임 중에 스프라이트의 크기를 바꾸는 방법을 학습한다.

가. 화면 구성 및 스프라이트 동작

마우스의 동작으로 물고기가 상어의 공격을 피하도록 한다. 상어와 물고기 스프라이트를 사용하며, 상어가 물고기를 쫓아오고 마우스 포인터를 이용하여 물고기가 상어에 잡히지 않도록 한다. 상어가 물고기에 가까이 가면 물고기를 잡기 위해 입을 벌린 모양으로 바뀐다. 게임을 시작하고 10초가 경과되면 상어가 커지고, 30초 동안 상어에 잡히지 않으면 게임에서 승리한다.

나. 기초 작업

기존 스프라이트를 삭제하고 물고기, 상어, 종료, 게, 불가사리 스프라이트를 추가한다.

① [무대]에서 새로운 배경을 추가하기 위해 [실외]-[underwater2] 파일을 불러온다.
② 기존의 스프라이트를 삭제하고, 물고기를 잡는 스프라이트인 [동물]-[Shark2]를 가져온다.
③ [모양] 탭을 클릭하면 [Shark2-b]와 [Shark2-c]가 추가되어 있음을 확인할 수 있다.
④ 물고기 스프라이트를 직접 만들기 위해 [스프라이트 고르기]-[그리기]를 클릭한다.
⑤ [모양] 탭에서 자신만의 물고기를 그려서 스프라이트로 추가한다.
⑥ 불가사리와 게 스프라이트를 추가한다.
⑦ 게임에서 이겼을 때와 졌을 때를 나타내기 위해 '종료' 스프라이트를 디자인하여 추가한다.
⑧ 게임을 하는 동안 계속 배경음악이 나오도록 한다. 무대 스프라이트에 [소리] 탭을 클릭하여 소리를 추가한다.
⑨ 모든 스프라이트를 추가한 후 스프라이트 창을 확인한다.

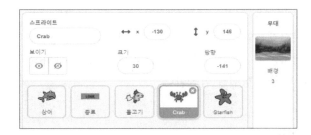

다. 명령어 스크립트 작성

마우스 포인터 위치에 물고기가 있고, 물고기를 잡아먹기 위해 상어가 따라온다. 시간이 흘러 10초가 지나면 상어가 커지고, 30초가 경과되면 게임이 끝나도록 스크립트를 작성한다.

1) 변수 만들기

시간을 기록하기 위해 시스템의 타이머를 사용하고 '시간' 변수에 저장한다.

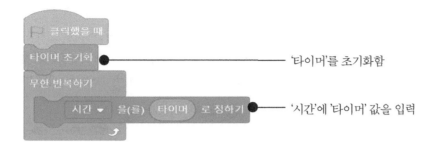

'타이머'를 초기화함

'시간'에 '타이머' 값을 입력

2) 물고기 스프라이트

물고기가 마우스 포인터가 있는 위치로 이동하며 상어에 닿으면 게임이 끝난다. 게임을 시작하고 30초가 지나면 게임에서 이기고 실행을 멈춘다.

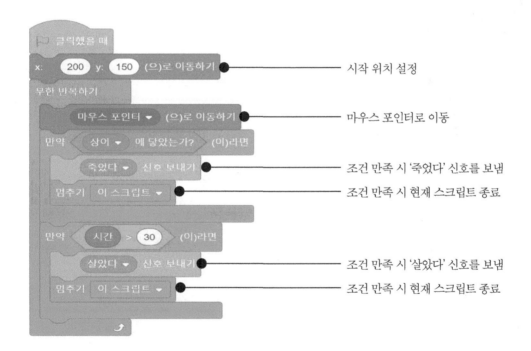

시작 위치 설정

마우스 포인터로 이동

조건 만족 시 '죽었다' 신호를 보냄

조건 만족 시 현재 스크립트 종료

조건 만족 시 '살았다' 신호를 보냄

조건 만족 시 현재 스크립트 종료

3) 상어 스프라이트

물고기를 향해 이동하는 스크립트를 작성한다. 상어의 모양, 크기, 위치, 방향을 설정한 후 물고기 쪽으로 움직이도록 한다. 게임을 시작한 후 시간이 10초가 경과되면 상어 크기가 60%에서 80%로 커진다. 물고기와의 거리가 150 이하이면 상어 모양을 [shark2-b]로 바꾸고, 그렇지 않으면 [shark2-a]로 바꾼다.

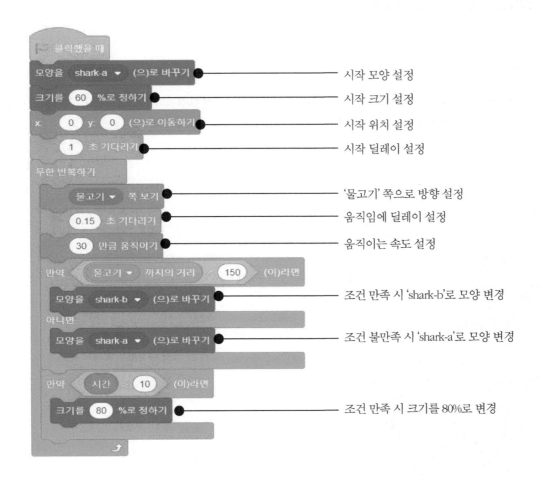

스크립트	설명
모양을 shark-a (으)로 바꾸기	시작 모양 설정
크기를 60 %로 정하기	시작 크기 설정
x: 0 y: 0 (으)로 이동하기	시작 위치 설정
1 초 기다리기	시작 딜레이 설정
물고기 쪽 보기	'물고기' 쪽으로 방향 설정
0.15 초 기다리기	움직임에 딜레이 설정
30 만큼 움직이기	움직이는 속도 설정
만약 물고기 까지의 거리 < 150 (이)라면 모양을 shark-b (으)로 바꾸기	조건 만족 시 'shark-b'로 모양 변경
아니면 모양을 shark-a (으)로 바꾸기	조건 불만족 시 'shark-a'로 모양 변경
만약 시간 > 10 (이)라면 크기를 80 %로 정하기	조건 만족 시 크기를 80%로 변경

4) 게 스프라이트

게의 이동을 위해 다음과 같은 스크립트를 작성한다. 게가 벽에 닿으면 자기 자신을 복제한다. 복제된 게는 임의의 위치에 나타나고, 모양을 계속 바꾼다.

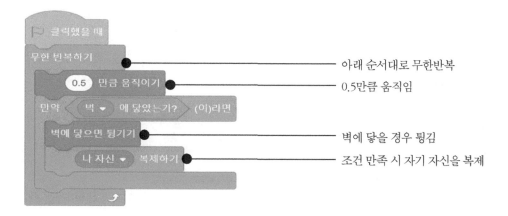

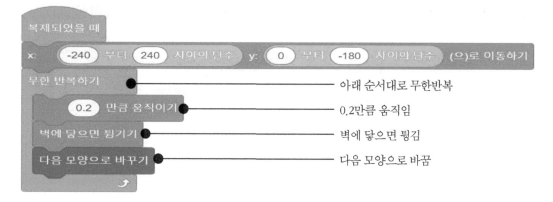

5) 불가사리 스프라이트

불가사리의 이동에 대한 스크립트를 작성한다. 벽에 닿으면 튕겨 나오고, 5도씩 오른쪽으로 회전한다.

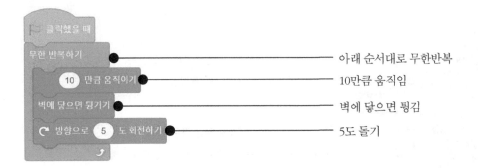

아래 순서대로 무한반복
10만큼 움직임
벽에 닿으면 튕김
5도 돌기

6) 게임 종료

게임에서 이겼을 때와 졌을 때 나타나는 스프라이트에 각각 다음과 같은 스크립트를 작성한다.

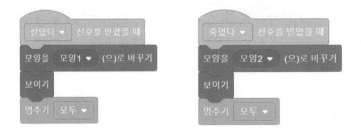

7) 배경 스프라이트

효과음을 넣기 위해 스크립트를 작성한다. 게임이 끝날 때까지 반복하여 소리를 낸다.

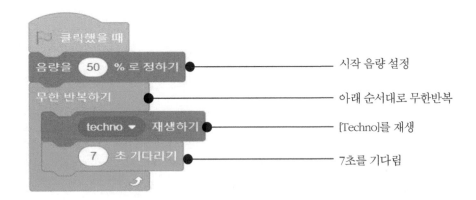

시작 음량 설정
아래 순서대로 무한반복
[Techno]를 재생
7초를 기다림

3.4 숫자 추측하기

여기서는 숫자를 맞추는 간단한 게임 프로젝트를 제작한다. 먼저 스프라이트가 0~9까지 10개의 숫자 중에서 1개를 선택한다. 사용자가 추측하여 스프라이트가 선택한 숫자를 맞추는 게임이다.

가. 화면 구성 및 스프라이트 동작

숫자를 선택하는 스크립트와 10개의 숫자 버튼이 필요하다. 사용자가 숫자 버튼을 클릭하였을 때 스프라이트가 선택한 숫자가 맞는지 아닌지를 판단하는 스크립트를 제작한다.

나. 기초 작업

기존 스프라이트를 삭제하고, 숫자를 선택할 스프라이트와 숫자를 표시할 버튼 스프라이트를 생성한다.

① [무대]에서 새로운 배경을 추가하기 위해 [실외]-[wall1]을 불러온다.
② 기존 스프라이트를 삭제하고, 숫자를 선택할 스프라이트인 [판타지]-[gobo]를 가져 온다.
③ 사용자가 추측한 숫자를 알려주기 위한 숫자 버튼을 추가한다. 스프라이트의 [모두]-[Button3]을 가져온다.
④ 버튼 스프라이트의 크기를 조절하고 색을 수정한다.
⑤ 버튼 위에 숫자를 입력한 후 [확인] 버튼을 클릭한다.

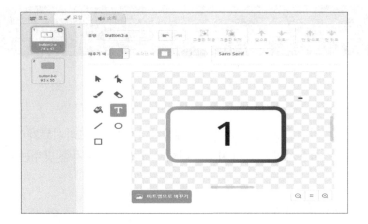

⑥ 위와 같은 방법으로 0~9까지 숫자 버튼을 만들고 스프라이트 창에 숫자 버튼을 배치한다.

⑦ 게임에서 숫자를 맞췄을 경우와 틀렸을 때의 들려줄 소리를 [소리] 탭을 사용하여 추가한다. 숫자 버튼을 눌렀을 때 소리가 나도록 한다.

⑧ 위의 과정을 반복하여 10개의 숫자 스프라이트에 소리를 추가한다.

다. 명령어 스크립트 작성

새로 가져온 스프라이트들과 소리 파일을 이용해 숫자를 생각하고 그 숫자를 맞추는 스크립트를 작성한다. 스크립트에는 [신호 보내기]와 [신호를 받을 때]의 명령어 블록이 포함되어 있다.

① gobo 스프라이트에서 변수 그룹의 [변수 만들기]로 '못맞춘갯수', '랜덤수', '추측!' 이라는 변수를 생성한다.

② 숫자 '0' 버튼 스프라이트에 다음과 같이 스크립트를 작성한다.

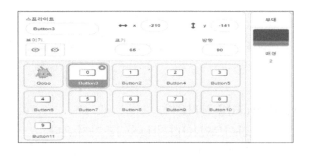
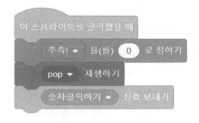

③ 위와 같은 방법으로 10개의 숫자 스프라이트에 스크립트를 작성한다. 이때 '추측!'에는 각 버튼의 숫자를 지정해야 한다.

④ 게임을 시작하기 전에 'gobo' 스프라이트에 게임 방법을 설명하고, 추측한 횟수를 알기 위해 '못맞
춘갯수'를 0으로 초기화하고, '랜덤수'에 0~9 사이의 난수를 저장한다.

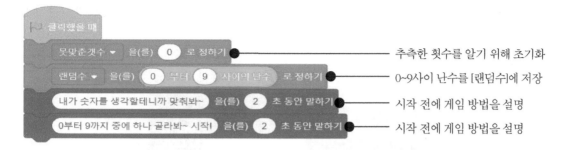

블록	설명
못맞춘갯수 ▼ 을(를) 0 로 정하기	── 추측한 횟수를 알기 위해 초기화
랜덤수 ▼ 을(를) 0 부터 9 사이의 난수 로 정하기	── 0~9사이 난수를 [랜덤수]에 저장
내가 숫자를 생각할테니까 맞춰봐~ 을(를) 2 초 동안 말하기	── 시작 전에 게임 방법을 설명
0부터 9까지 중에 하나 골라봐~ 시작! 을(를) 2 초 동안 말하기	── 시작 전에 게임 방법을 설명

⑤ 추측한 숫자를 맞추기 위해 버튼을 클릭하여 숫자를 확인할 때마다 1씩 더하고, 추측한 수와 랜덤
수가 같다면 맞추었다는 것을 알려준다. 못 맞춘 경우에는 gobo 스프라이트의 모양을 바꾸고 추
측한 수를 맞추도록 도움을 주는 멘트를 알려준다.

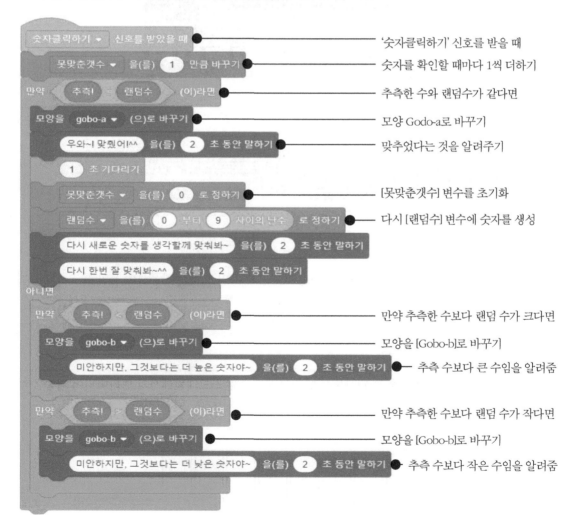

블록	설명
숫자클릭하기 ▼ 신호를 받았을 때	── '숫자클릭하기' 신호를 받을 때
못맞춘갯수 ▼ 을(를) 1 만큼 바꾸기	── 숫자를 확인할 때마다 1씩 더하기
만약 추측! = 랜덤수 (이)라면	── 추측한 수와 랜덤수가 같다면
모양을 gobo-a ▼ (으)로 바꾸기	── 모양 Godo-a로 바꾸기
우와~! 맞췄어!^^ 을(를) 2 초 동안 말하기	── 맞추었다는 것을 알려주기
1 초 기다리기	
못맞춘갯수 ▼ 을(를) 0 로 정하기	── [못맞춘갯수] 변수를 초기화
랜덤수 ▼ 을(를) 0 부터 9 사이의 난수 로 정하기	── 다시 [랜덤수] 변수에 숫자를 생성
다시 새로운 숫자를 생각할께 맞춰봐~ 을(를) 2 초 동안 말하기	
다시 한번 잘 맞춰봐~^^ 을(를) 2 초 동안 말하기	
아니면	
만약 추측! < 랜덤수 (이)라면	── 만약 추측한 수보다 랜덤 수가 크다면
모양을 gobo-b ▼ (으)로 바꾸기	── 모양을 [Gobo-b]로 바꾸기
미안하지만, 그것보다는 더 높은 숫자야~ 을(를) 2 초 동안 말하기	── 추측 수보다 큰 수임을 알려줌
만약 추측! > 랜덤수 (이)라면	── 만약 추측한 수보다 랜덤 수가 작다면
모양을 gobo-b ▼ (으)로 바꾸기	── 모양을 [Gobo-b]로 바꾸기
미안하지만, 그것보다는 더 낮은 숫자야~ 을(를) 2 초 동안 말하기	── 추측 수보다 작은 수임을 알려줌

라. 프로젝트 실행

프로젝트를 실행하면 다음과 같이 스프라이트가 추측한 숫자를 맞추도록 안내하는 멘트가 나온다. 멘트에 따라 숫자를 맞추기 위해 버튼을 클릭하면 추측한 숫자가 더 큰 숫자인지 작은 숫자인지 알려주어 추측한 숫자를 찾을 수 있도록 한다.

3.5 피아노 만들기

스크래치를 사용하여 멀티미디어의 중요한 구성요소 중 하나인 소리를 활용하여 음악 프로젝트를 개발할 수 있다.

가. 화면 구성 및 스프라이트 동작

여기서는 연주할 때 많이 사용하는 피아노를 만들어 봄으로써 스크래치에서의 멀티미디어 기능을 학습하도록 한다.

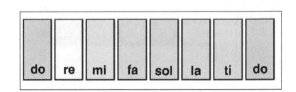

나.기초 작업

기존의 스프라이트를 삭제하고, 스크래치에서 제공하는 그림 그리기 기능을 이용하여 피아노의 건반을 직접 디자인한다.

① 건반에 해당하는 스프라이트를 직접 만들어야 한다. [스프라이트 고르기] - [그리기] 버튼을 클릭한 후 [모양] 탭에서 적당한 크기로 사각형을 만든다.
② [텍스트]를 이용해 적당한 크기로 'do'를 입력한다.
③ [채우기 색]을 이용해 사각형 안을 자신이 원하는 색으로 채워 넣는다.
④ 스프라이트 이름인 'Sprite1'을 '도'로 바꾼다.

⑤ 스프라이트에서 마우스 오른쪽 버튼을 클릭하여 스프라이트를 복사한다.
⑥ 복사한 스프라이트를 수정하여 '레', '미', '파', '솔', '라', '시', '도'를 디자인한다.

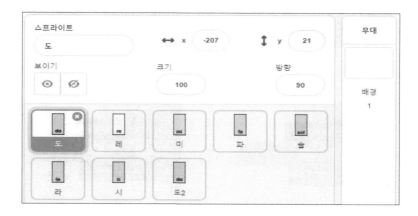

다. 명령어 스크립트 작성

무대에는 피아노 건반이 나타난 것을 볼 수 있다. 각 해당 키보드를 눌렀을 때 건반에 피아노 소리가 나오며, 건반 색상이 바뀌는 명령어 스크립트를 작성한다. 아래와 같이 '도', '레', '미', '파', '솔', '라', '시', '도'에 명령어 스크립트를 제작한다.

라. 프로젝트 실행

명령어 스크립트에서 지정한 키를 입력하면 스크래치 화면에서 사운드와 함께 건반 색상이 바뀌는 것을 확인할 수 있다.

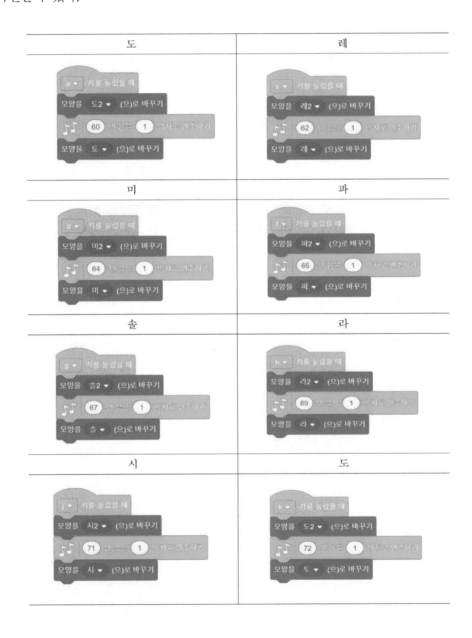

실 | 습 | 문 | 제

1 이 실습에서는 sin 파형의 모양을 제어하는 프로젝트를 제작한다. 키보드로 유령이 날아가는 방향을 제어할 수 있고, 유령이 무대의 끝에 닿으면 그것을 확인하는 기능이 있다. 그리고 유령이 sin 파형으로 날아가도록 하며, sin 함수 '$y = a\sin bx$'에서 a와 b의 값은 변수로 만들고 값을 설정할 수 있도록 한다.

가. 화면 구성

 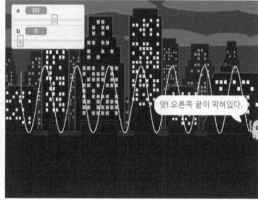

나. 기초 작업

① 스프라이트 [판타지]-[Ghost]를 불러온다.
② 무대에 맞게 스프라이트 크기를 조절한다.
③ 서로 다른 2가지 스프라이트 모양이 추가되어 있기 때문에 움직이는 모양을 효과적으로 나타낼 수 있다.
④ 소리를 삽입하기 위해 [소리] 탭에서 새로운 소리를 추가한다. [동물]-[Meow]을 선택하여 [확인] 버튼을 클릭한다. [Meow] 소리가 삽입된 것을 확인한다.
⑤ 무대 배경을 바꾸기 위해 [무대]를 클릭한다. [실외]-[Night City]를 불러온다.
⑥ 변수 a와 b를 만들고, 변수값 설정을 위해 슬라이더 형태로 무대에 나타나도록 한다.

다. 명령어 스크립트 작성

1) 다음과 같이 스크립트를 작성하여 방향키로 유령 스프라이트의 방향을 바꾸는 기능을 추가한다. 네 방향의 방향키를 누를 때 각 방향을 보도록 스크립트를 작성한다.

- '→' 방향키 눌렀을 때 오른쪽 방향 보기
- '←' 방향키 눌렀을 때 왼쪽 방향 보기
- '↑' 방향키 눌렀을 때 위쪽 방향 보기
- '↓' 방향키 눌렀을 때 아래쪽 방향 보기

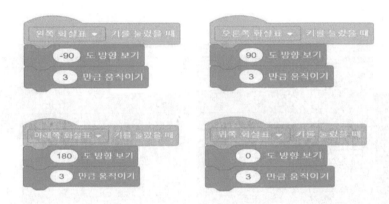

2) 키보드에서 S키를 입력하면 유령이 왼쪽 무대 끝에서 오른쪽 방향으로 sin 함수의 파형으로 이동하도록 스크립트를 작성한다. 그리고 유령의 이동 경로에는 선을 그어서 파형이 나타나도록 한다. sin 함수 '$y = a \sin bx$'에서 변수인 a와 b의 값을 변경하면서 파형의 변화를 관찰한다.

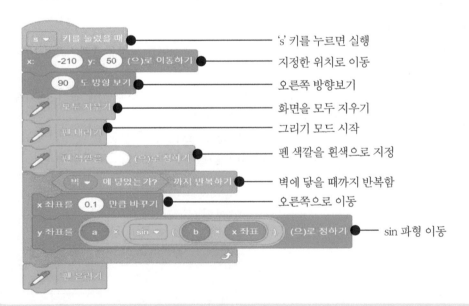

3) 스프라이트가 벽에 닿으면 어느 방향인지 말하는 기능을 추가한다.

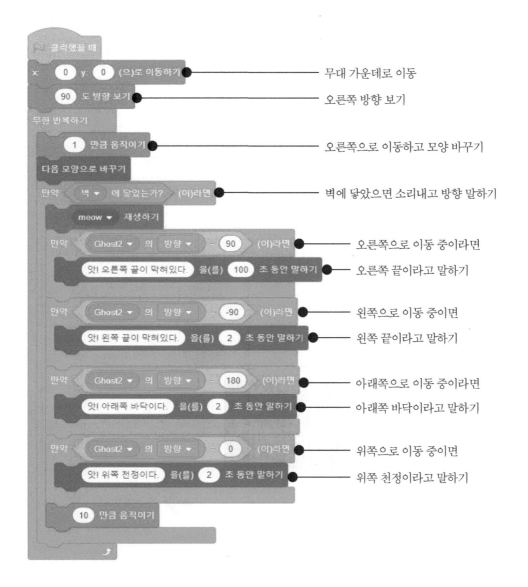

무대 가운데로 이동

오른쪽 방향 보기

오른쪽으로 이동하고 모양 바꾸기

벽에 닿았으면 소리내고 방향 말하기

오른쪽으로 이동 중이라면

오른쪽 끝이라고 말하기

왼쪽으로 이동 중이면

왼쪽 끝이라고 말하기

아래쪽으로 이동 중이라면

아래쪽 바닥이라고 말하기

위쪽으로 이동 중이면

위쪽 천정이라고 말하기

라. 프로젝트 실행

프로젝트가 실행되면 유령이 날아가며, 무대의 끝인 벽 쪽으로 근접했을 때 소리 및 말풍선이 나타나는 것을 알 수 있다. 키보드 화살표를 이용하여 스프라이트를 원하는 방향으로 이동시킬 수 있으며, 벽에 닿으면 무대의 어느 쪽 벽인지를 알려주는 말풍선이 나타나는 것을 확인할 수 있다. 그리고 키보드의 s키를 입력하면 스프라이트가 sin 파형으로 이동하는 것을 볼 수 있다.

2 이 실습에서는 컴퓨터에 저장되어 있는 명화 이미지를 스크래치 프로젝트에 추가한 후 앨범을 제작한다.

가. 화면 구성 및 스프라이트 동작

프로젝트가 실행된 후 지정한 시간이 경과되거나 버튼을 클릭하면 새로운 명화를 보여주는 기능을 스크립트로 작성한다.

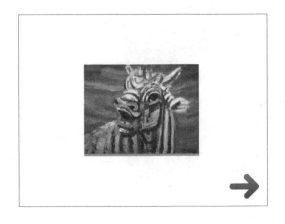

나.기초 작업

① 컴퓨터의 파일 탐색기에서 '명화' 폴더를 만들고 여러 개의 그림들을 찾아서 폴더에 저장한다.

② 무대 스프라이트를 선택하고 [배경] 탭을 클릭한 후 [배경 업로드하기] 아이콘을 클릭한다.

③ 명화 이미지가 저장된 폴더에서 첫번째 그림 파일을 불러온다.

④ 위와 같은 방법으로 나머지 이미지들을 모두 가져온다. [배경] 탭에 이미지들이 삽입된 것을 확인할 수 있다.

⑤ 스프라이트 라이브러리에서 [모두]-[Arrow1]을 새 스프라이트로 불러온다.

⑥ 그림 모양의 스프라이트가 움직일 때 적당한 배경음악이 나오도록 배경음악을 추가하기 위해 [소리] 탭을 클릭한다. [반복]-[Eggs]를 선택한다.

다. 명령어 스크립트 작성

시작 버튼을 누르면 3초마다 화면이 바뀌고, 화살표 기호의 버튼을 클릭하면 새로운 이미지가 나타나도록 동작하는 스크립트를 작성한다.

1) 시작 버튼을 눌렀을 때 3초의 시간을 두고 새로운 이미지로 바뀌는 스크립트를 작성한다.

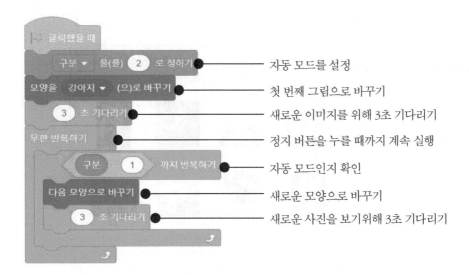

— 자동 모드를 설정
— 첫 번째 그림으로 바꾸기
— 새로운 이미지를 위해 3초 기다리기
— 정지 버튼을 누를 때까지 계속 실행
— 자동 모드인지 확인
— 새로운 모양으로 바꾸기
— 새로운 사진을 보기위해 3초 기다리기

2) 스프라이트가 다음 모양으로 바로 바뀌는 스크립트를 작성한다.

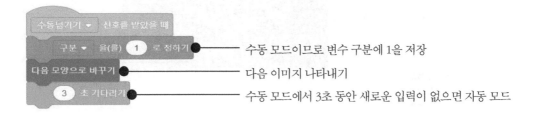

— 수동 모드이므로 변수 구분에 1을 저장
— 다음 이미지 나타내기
— 수동 모드에서 3초 동안 새로운 입력이 없으면 자동 모드

3) 화살표 기호의 버튼을 클릭하면 수동으로 넘기기라고 방송하는 스크립트를 작성한다.

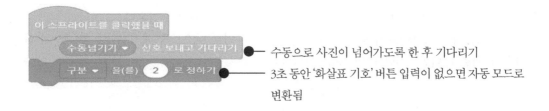

— 수동으로 사진이 넘어가도록 한 후 기다리기
— 3초 동안 '화살표 기호' 버튼 입력이 없으면 자동 모드로 변환됨

3 본문에서 제작한 '물고기 구하기' 프로젝트를 참조하여 다음과 같은 물고기 프로젝트를 제작한다.

가. 화면 구성 및 스프라이트 동작

물고기 잡기 게임 프로젝트를 제작하기 위해 바다 속 배경, 물고기, 상어 등의 스프라이트를 사용한다.

나. 기초 작업

① 기존 스프라이트를 삭제하고, 스프라이트 [동물]-[Fish], [Fish], [Shark] 파일을 불러온다. 물고기가 죽을 때 효과를 주는 스프라이트를 만든다.

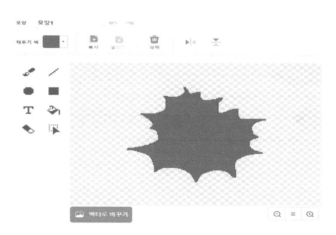

② 배경에 [실외]-[underwater2] 파일을 불러온다.
③ 점수, 레벨을 저장하기 위한 변수를 추가한다.

다. 명령어 스크립트 작성

상어 스프라이트는 마우스 쪽 방향을 보며 움직인다. 마우스를 움직여서 상어가 물고기를 잡아 먹도록 하며, 상어가 물고기에 닿으면 물고기를 잡고 점수가 올라간다. 물고기 스프라이트는 임의의 방향으로 움직이며, 점수가 높아지면 레벨이 증가하고 물고기의 움직임 속도가 빨라진다.

1) 상어 스프라이트 스크립트

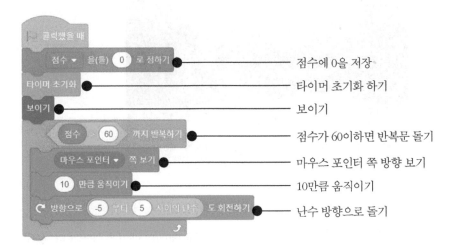

2) 피 스프라이트 스크립트

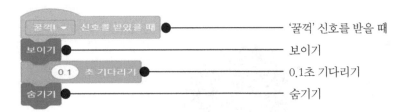

3) 물고기 스프라이트 스크립트

블록	설명
클릭했을 때	
점수 ▼ 을(를) 0 로 정하기	
레벨 ▼ 을(를) 1 로 정하기	점수와 레벨에 초기 값을 정함
타이머 초기화	
보이기	
점수 > 20 까지 반복하기	점수 20이하면 반복하기
5 만큼 움직이기	5만큼씩 움직이기
↻ 방향으로 -2 부터 2 사이의 난수 도 회전하기	난수만큼 오른쪽 방향으로 돌기
벽에 닿으면 튕기기	벽에 닿으면 튕기기
만약 Shark ▼ 에 닿았는가? (이)라면	상어에 닿았으면
꿀꺽! ▼ 신호 보내기	'꿀꺽!' 방송하기
점수 ▼ 을(를) 1 만큼 바꾸기	점수에 1씩 누적하기
숨기기	
1 부터 2 사이의 난수 초 기다리기	1~2의 난수 초만큼 기다리기
x: -200 부터 200 사이의 난수 y: -150 부터 150 사이의 난수 (으)로 이동하기	
보이기	보이기

블록	설명
점수 > 40 까지 반복하기	점수가 40이하면 반복하기
레벨 ▼ 을(를) 2 로 정하기	레벨에 2를 저장
10 만큼 움직이기	10만큼씩 움직이기
↻ 방향으로 -2 부터 2 사이의 난수 도 회전하기	난수만큼 오른쪽 방향으로 돌기
벽에 닿으면 튕기기	벽에 닿으면 튕기기
만약 Shark ▼ 에 닿았는가? (이)라면	상어에 닿았으면
꿀꺽! ▼ 신호 보내기	'꿀꺽!' 신호 보내기
점수 ▼ 을(를) 1 만큼 바꾸기	점수에 1씩 누적하기
숨기기	
1 부터 2 사이의 난수 초 기다리기	1~2의 난수 초만큼 기다리기
x: -200 부터 200 사이의 난수 y: -150 부터 150 사이의 난수 (으)로 이동하기	
보이기	

스크립트 계속 ▶

스크립트 계속 ▶

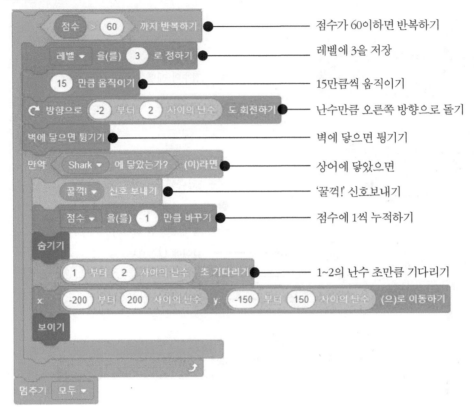

점수 > 60 까지 반복하기 ●————— 점수가 60이하면 반복하기

레벨 ▼ 을(를) 3 로 정하기 ●————— 레벨에 3을 저장

15 만큼 움직이기 ●————— 15만큼씩 움직이기

↻ 방향으로 -2 부터 2 사이의 난수 도 회전하기 ●————— 난수만큼 오른쪽 방향으로 돌기

벽에 닿으면 튕기기 ●————— 벽에 닿으면 튕기기

만약 Shark ▼ 에 닿았는가? (이)라면 ●————— 상어에 닿았으면

꿀꺽! ▼ 신호 보내기 ●————— '꿀꺽!' 신호보내기

점수 ▼ 을(를) 1 만큼 바꾸기 ●————— 점수에 1씩 누적하기

숨기기

1 부터 2 사이의 난수 초 기다리기 ●————— 1~2의 난수 초만큼 기다리기

x: -200 부터 200 사이의 난수 y: -150 부터 150 사이의 난수 (으)로 이동하기

보이기

멈추기 모두 ▼

04

애니메이션

애니메이션은 사물의 움직이는 모습을 짧은 시간에 반복하여 포착한 후 그것을 빠르게 재생하여 동작을 나타내는 것으로 만화나 영화에서 활용되고 있다. 스크래치에서도 이러한 원리를 이용하여 동물의 뛰는 모습이나 날아가는 모습을 표현할 수 있다. 여기서는 애니메이션에 관련된 프로젝트를 제작하면서 애니메이션 효과를 내는 명령어 블록에 대해 학습한다.

여기서는 알람 기능을 갖는 시계를 제작한다. 이 프로젝트에서는 시계의 시, 분, 초를 나타내기 위한 변수들을 사용하며, 알람 시간의 설정을 위한 변수들을 사용한다.

가. 화면 구성 및 스프라이트 동작

프로젝트가 시작되면 화면에 시침, 분침, 초침을 갖는 시계가 나타나며, 시간을 초기화하고 알람 시간을 설정할 수 있는 스프라이트가 나타난다. 현재 시각을 설정하기 위해서 시, 분, 초의 변수를 사용하며, 알람 시각을 설정하기 위해 알람(시), 알람(분)의 변수를 사용한다.

나. 기초 작업

기존 스프라이트를 삭제하고 시계, 시, 분, 초, 알람, 초기화 스프라이트를 추가한다.

① 시계의 바탕, 시침, 분침, 초침으로 사용할 스프라이트를 디자인 한다.
② 알람, 초기화 스프라이트는 저장소에서 가져온다.
③ 알람 스프라이트에는 닭 울음의 소리를 추가한다.
④ 시, 분, 초의 변수를 만들고, 알람을 위한 알람(시), 알람(분)의 변수를 만든다.

다. 명령어 스크립트 작성

초기화, 시계 배경, 알람 시간 설정을 위한 스크립트를 작성한다.

1) 초기화 스크립트

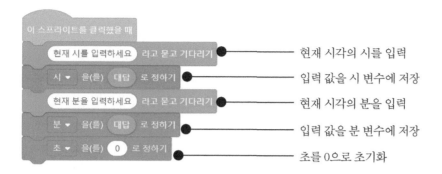

- 현재 시각의 시를 입력
- 입력 값을 시 변수에 저장
- 현재 시각의 분을 입력
- 입력 값을 분 변수에 저장
- 초를 0으로 초기화

2) 시계 배경 스크립트

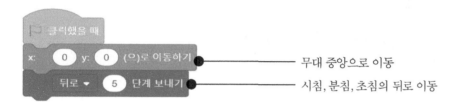

- 무대 중앙으로 이동
- 시침, 분침, 초침의 뒤로 이동

3) 알람 설정 스크립트

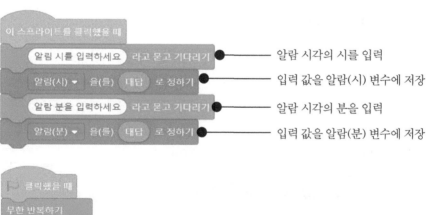

- 알람 시각의 시를 입력
- 입력 값을 알람(시) 변수에 저장
- 알람 시각의 분을 입력
- 입력 값을 알람(분) 변수에 저장

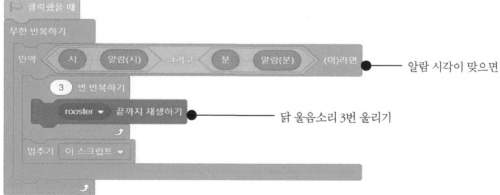

- 알람 시각이 맞으면
- 닭 울음소리 3번 울리기

4) 시침, 분침, 초침의 스크립트

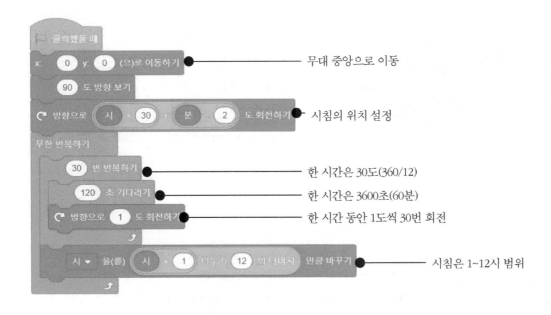

무대 중앙으로 이동

시침의 위치 설정

한 시간은 30도(360/12)

한 시간은 3600초(60분)

한 시간 동안 1도씩 30번 회전

시침은 1~12시 범위

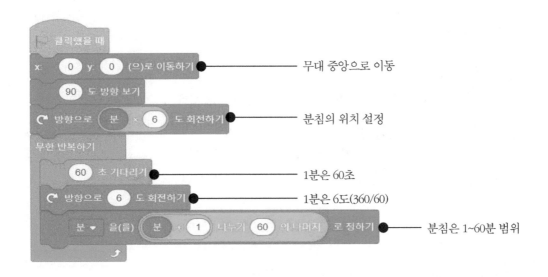

무대 중앙으로 이동

분침의 위치 설정

1분은 60초

1분은 6도(360/60)

분침은 1~60분 범위

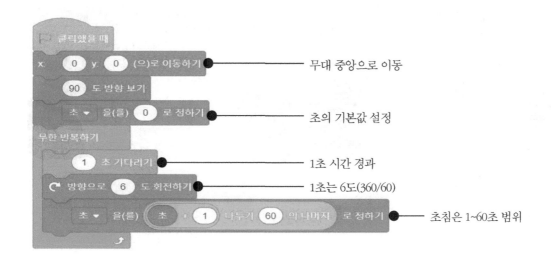

무대 중앙으로 이동

초의 기본값 설정

1초 시간 경과

1초는 6도(360/60)

초침은 1~60초 범위

4.2 풍선 날리기

여기서는 마우스 포인터의 위치를 활용하는 간단한 애니메이션 프로젝트를 제작한다. 이 프로젝트에서는 여러 가지 변수들을 사용하여 변수의 값에 따른 스프라이트의 동작과 형태 변화를 제어한다.

가. 화면 구성 및 스프라이트 동작

마우스의 동작으로 풍선과 바람이 어떻게 움직이는지 확인한다. 바람, 부력, 색깔 변수를 사용하여 각 변수의 값이 바뀔 때마다 풍선과 바람의 움직이는 방향과 속도가 결정된다.

바람 변수는 풍선의 좌우 방향 이동을 제어하는 것으로, 0값을 기준으로 음수의 값이 커지면 풍선은 왼쪽으로 움직이고, 양수의 값이 커지면 풍선은 오른쪽으로 움직인다. 부력 변수는 풍선의 상하 이동을 제어하는 것으로, 0값을 기준으로 양의 값이 커지면 풍선은 하늘 쪽으로 더 높이 뜨게 되고, 음의 값이 커지면 바다 쪽으로 내려오게 된다. 색깔 변수는 값을 변경하면 색이 바뀌게 된다.

나. 기초 작업

기존 스프라이트를 삭제하고 다음과 같이 풍선, 실, 바람 스프라이트를 추가한다.

① [무대]에서 새로운 배경을 추가하기 위해 [실외]-[winter-lights] 파일을 불러온다.
② 풍선과 실을 그려서 스프라이트로 추가한다.
③ 서로 다른 3가지 모양을 갖는 바람 스프라이트를 디자인하여 추가한다.
④ 게임을 하는 동안 계속 배경음악이 나오도록 무대에 [소리] 탭에서 [음악]-[xylo3]를 선택한다.

다. 명령어 스크립트 작성

마우스 포인터 위치에 풍선이 있고 바람, 부력, 색깔 변수의 값이 변경될 때마다 풍선의 움직임과 형태가 변경된다.

1) 무대

무대에서 배경음악을 설정해준다.

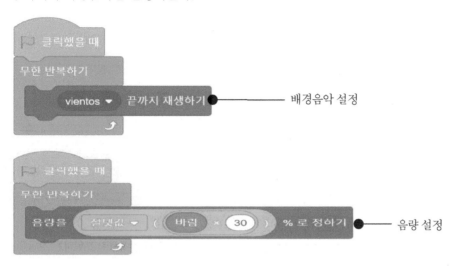

배경음악 설정

음량 설정

2) 변수 만들기

바람, 부력, 색깔 변수를 만들고 초기화 시켜준다.

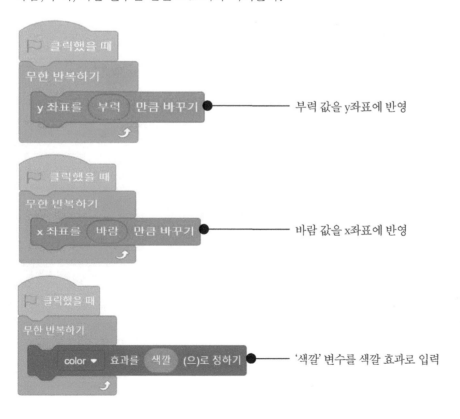

부력 값을 y좌표에 반영

바람 값을 x좌표에 반영

'색깔' 변수를 색깔 효과로 입력

3) 풍선 스프라이트

풍선 스프라이트는 바람과 부력, 색깔에 따라 출력 값이 바뀐다.

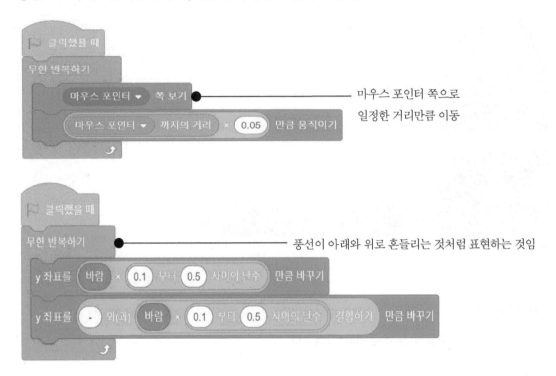

마우스 포인터 쪽으로
일정한 거리만큼 이동

풍선이 아래와 위로 흔들리는 것처럼 표현하는 것임

4) 바람 스프라이트

바람 값이 변경될 때 마다 스프라이트의 이동 방향과 속도가 달라지도록 설정한다.

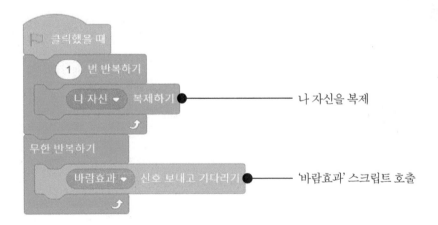

나 자신을 복제

'바람효과' 스크립트 호출

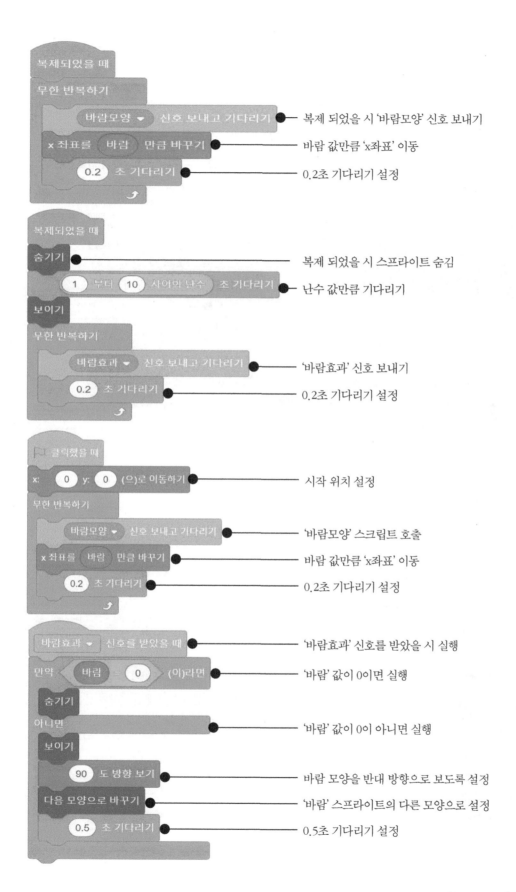

복제되었을 때

무한 반복하기

바람모양 ▼ 신호 보내고 기다리기 ———————— 복제 되었을 시 '바람모양' 신호 보내기

x 좌표를 바람 만큼 바꾸기 ———————— 바람 값만큼 'x좌표' 이동

0.2 초 기다리기 ———————— 0.2초 기다리기 설정

복제되었을 때

숨기기 ———————— 복제 되었을 시 스프라이트 숨김

1 부터 10 사이의 난수 초 기다리기 ———————— 난수 값만큼 기다리기

보이기

무한 반복하기

바람효과 ▼ 신호 보내고 기다리기 ———————— '바람효과' 신호 보내기

0.2 초 기다리기 ———————— 0.2초 기다리기 설정

클릭했을 때

x: 0 y: 0 (으)로 이동하기 ———————— 시작 위치 설정

무한 반복하기

바람모양 ▼ 신호 보내고 기다리기 ———————— '바람모양' 스크립트 호출

x 좌표를 바람 만큼 바꾸기 ———————— 바람 값만큼 'x좌표' 이동

0.2 초 기다리기 ———————— 0.2초 기다리기 설정

바람효과 ▼ 신호를 받았을 때 ———————— '바람효과' 신호를 받았을 시 실행

만약 바람 = 0 (이)라면 ———————— '바람' 값이 0이면 실행

숨기기

아니면 ———————— '바람' 값이 0이 아니면 실행

보이기

90 도 방향 보기 ———————— 바람 모양을 반대 방향으로 보도록 설정

다음 모양으로 바꾸기 ———————— '바람' 스프라이트의 다른 모양으로 설정

0.5 초 기다리기 ———————— 0.5초 기다리기 설정

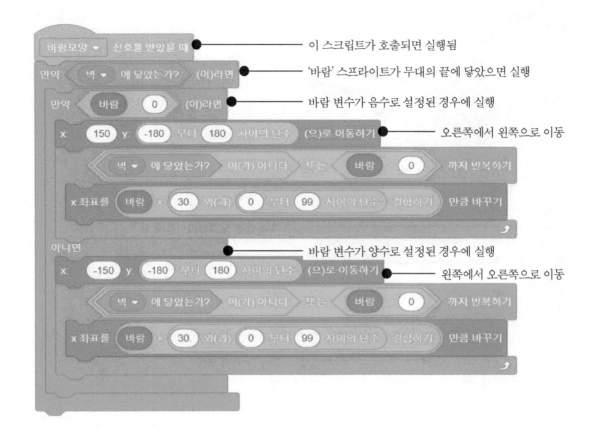

이 스크립트가 호출되면 실행됨

'바람' 스프라이트가 무대의 끝에 닿았으면 실행

바람 변수가 음수로 설정된 경우에 실행

오른쪽에서 왼쪽으로 이동

바람 변수가 양수로 설정된 경우에 실행

왼쪽에서 오른쪽으로 이동

5) 실 스프라이트

마우스 포인터를 따라 다니며 풍선과 마우스 포인터까지 선을 그려준다.

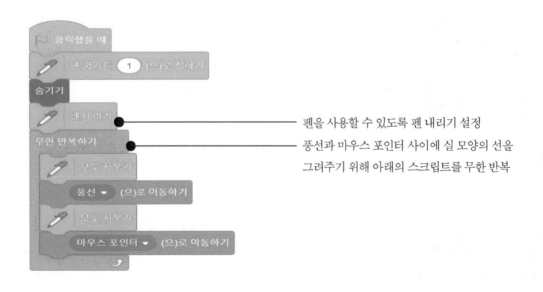

펜을 사용할 수 있도록 펜 내리기 설정

풍선과 마우스 포인터 사이에 실 모양의 선을
그려주기 위해 아래의 스크립트를 무한 반복

4.3 다트 놀이

다음에 제작할 프로젝트는 다트를 던져서 과일을 맞추는 과정을 애니메이션으로 구성해본다.

가. 화면 구성 및 스프라이트 동작

프로젝트를 시작하면 어떤 과일을 맞출 것인지 선택하도록 한다. 이후 다트를 클릭하면 다트판의 목표물로 다트가 이동하여 과일을 맞춘다. 선택한 과일을 맞추면 성공하고 다른 과일을 맞추면 실패하는 것으로 판정한다. 다트를 클릭하면 다트판의 과일은 바뀌게 되고, 다트는 선택한 과일을 맞추기 위해 다트판으로 이동한다.

나. 기초 작업

새로운 스프라이트인 Wizard, 목표물, 다트, 다트판을 추가한다. 목표물 스프라이트는 4가지의 과일 모양을 갖도록 한다.

① [무대]에서 새로운 배경을 추가하기 위해 [실내]-[room1] 파일을 불러온다.
② 다트와 다트판 모양의 스프라이트로 추가한다.
③ 목표물 스프라이트의 모양은 사과, 귤, 감, 배의 4가지로 만든다.
④ '과일' 리스트를 만들고 사과, 귤, 감, 배를 리스트 항목으로 추가한다.

다. 명령어 스크립트 작성

1) Wizard 스프라이트

다트를 던져서 어떤 과일을 맞출 것인지 선택하도록 한다. 선택한 과일을 맞추면 명중한 것이고, 못 맞추면 실패한 것이라는 말을 하게 된다.

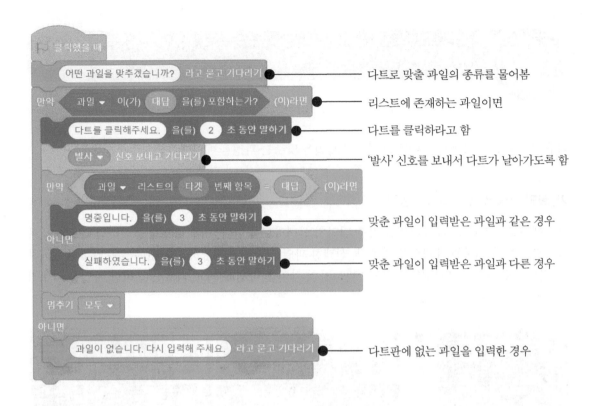

다트로 맞출 과일의 종류를 물어봄

리스트에 존재하는 과일이면

다트를 클릭하라고 함

'발사' 신호를 보내서 다트가 날아가도록 함

맞춘 과일이 입력받은 과일과 같은 경우

맞춘 과일이 입력받은 과일과 다른 경우

다트판에 없는 과일을 입력한 경우

2) 목표물 스프라이트

목표물인 과일의 모양을 4가지 중에서 임의로 선택하여 나타나도록 한다. 다트가 날아와 목표물에 닿으면 스크립트의 동작이 중지된다.

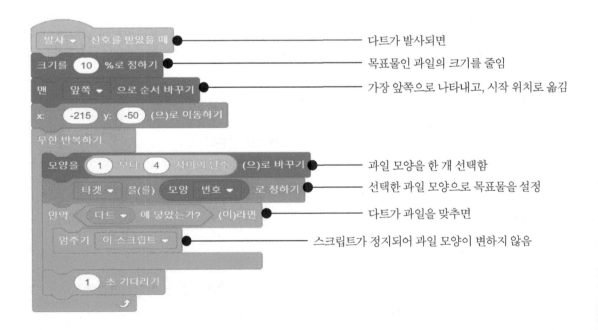

다트가 발사되면

목표물인 과일의 크기를 줄임

가장 앞쪽으로 나타내고, 시작 위치로 옮김

과일 모양을 한 개 선택함

선택한 과일 모양으로 목표물을 설정

다트가 과일을 맞추면

스크립트가 정지되어 과일 모양이 변하지 않음

3) 다트 스프라이트

프로젝트가 실행되면 다트가 무대의 지정된 위치에 나타나고 목표물을 향하게 된다. 다트가 클릭되면 목표물 쪽으로 이동하게 되며, 목표물에 닿으면 스크립트 실행이 중지된다. 다트가 목표물을 향하여 날아갈 때 각도를 주어 곡선으로 이동하도록 한다.

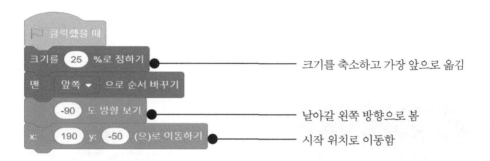

크기를 축소하고 가장 앞으로 옮김

날아갈 왼쪽 방향으로 봄

시작 위치로 이동함

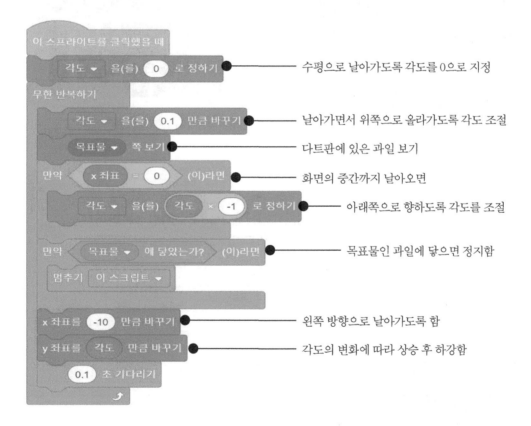

수평으로 날아가도록 각도를 0으로 지정

날아가면서 위쪽으로 올라가도록 각도 조절

다트판에 있는 과일 보기

화면의 중간까지 날아오면

아래쪽으로 향하도록 각도를 조절

목표물인 과일에 닿으면 정지함

왼쪽 방향으로 날아가도록 함

각도의 변화에 따라 상승 후 하강함

4.4 눈 내리는 풍경

이번 프로젝트에서는 눈이 내리는 겨울 풍경을 멀티미디어를 사용한 애니메이션으로 구성해본다.

가. 화면 구성

나. 스크립트 작성

1) 다음은 눈사람 스프라이트의 움직임을 스크립트를 나타낸 것이다. 눈사람 스프라이트는 2개의 모양이 있으며, 0.5초 간격으로 스프라이트의 모양을 바꾼다.

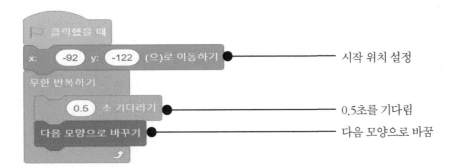

시작 위치 설정

0.5초를 기다림

다음 모양으로 바꿈

2) 다음은 첫 번째 눈송이 스프라이트의 움직임을 스크립트로 나타낸 것이다. 한 개의 눈송이 스프라이트를 디자인한 후 복제기능을 사용하여 많은 눈을 만든다.

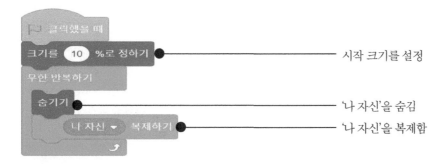

시작 크기를 설정

'나 자신'을 숨김

'나 자신'을 복제함

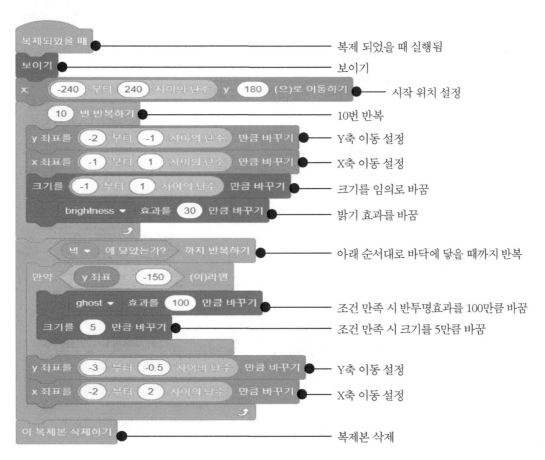

복제 되었을 때 실행됨

보이기

시작 위치 설정

10번 반복

Y축 이동 설정

X축 이동 설정

크기를 임의로 바꿈

밝기 효과를 바꿈

아래 순서대로 바닥에 닿을 때까지 반복

조건 만족 시 반투명효과를 100만큼 바꿈

조건 만족 시 크기를 5만큼 바꿈

Y축 이동 설정

X축 이동 설정

복제본 삭제

3) 다음은 두 번째 눈송이 스프라이트의 움직임을 스크럼트를 나타낸 것이다. 한 개의 스프라이트를 디자인한 후 복제기능을 사용하여 많은 눈을 만든다.

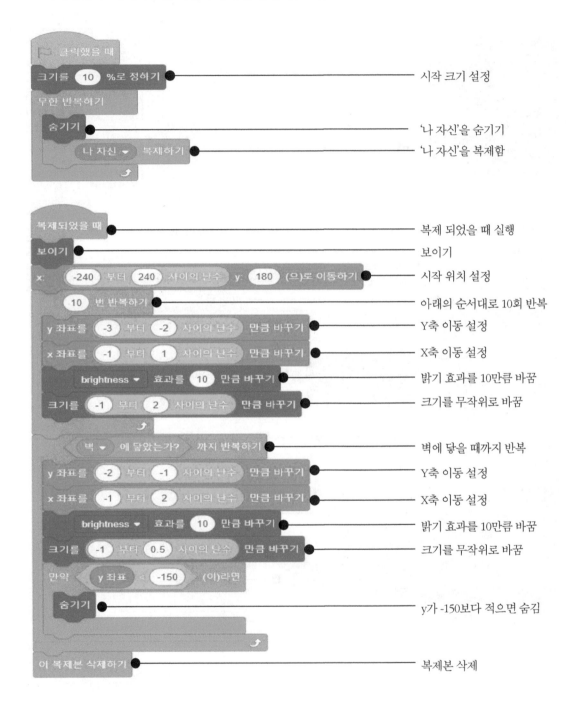

4) 다음은 배경 스프라이트의 스크립트를 나타낸 것이다. 프로젝트가 실행되는 동안 음악이 나오며, 10초 간격으로 배경이 바뀐다.

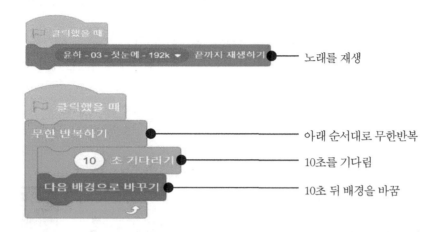

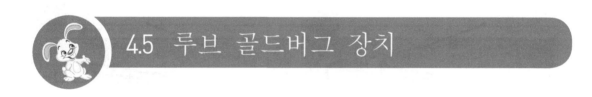

4.5 루브 골드버그 장치

루브 골드버그 장치는 미국의 만화가 루브 골드버그가 고안한 연쇄반응에 기반을 둔 기계장치이다. 재미와 기발함으로 연계되어 여러 단계를 거쳐 일을 처리하게 된다. 프로젝트에서 스프라이트는 필요한 기능을 수행하고 동작 순서에 따라 다음에 기능을 수행할 스프라이트를 시작할 수 있도록 한다. 이를 위해 스프라이트는 방송 기능으로 다른 스프라이트를 호출하고 호출된 스프라이트는 자신의 스크립트를 수행한다.

가. 화면 구성 및 스프라이트 동작

여기서 제작할 루브 골드버그 장치는 고양이가 쥐덫을 이용하여 쥐를 잡는 과정을 여러 단계에 거쳐 보여주는 애니메이션이다. 프로젝트는 다음과 같은 순서로 동작한다.

① 쥐를 덫으로 잡기위해 제일 먼저 치즈를 통해 쥐를 유인한다. 숨어있던 쥐는 치즈의 냄새를 맡고 치즈를 먹기 위해 거실로 나온다.
② 쥐가 치즈에 접근하여 치즈를 물고 가져갈 때 치즈에 묶어둔 스위치가 당겨진다.

③ 스위치가 켜지게 되면 칸막이가 내려가 공이 밑으로 이동한다.

④ 공은 굴러가다가 무당벌레에 닿으며, 무당벌레는 잡고 있던 풍선을 그만 놓치게 된다.

⑤ 풍선은 위로 올라가다 볼링공 옆에서 터지게 되고, 볼링공 위에 앉아 있던 나비가 이에 놀라 날아가면서 볼링공을 움직이게 된다.

⑥ 볼링공은 시소에 떨어지며, 시소의 반대편 끝에 놓인 비치볼을 움직이게 한다.

⑦ 비치볼은 위로 튕겨 도미노를 쓰러뜨리게 되고 도미노가 쓰러지면서 받침대에 걸쳐있던 게가 쥐틀을 달아둔 실을 끊어서 쥐틀이 떨어진다.

⑧ 쥐틀이 떨어져서 치즈를 먹고 있는 쥐 위에 떨어진다.

⑨ 쥐는 덫에 걸려들었고, Paddle 위에서 지켜보던 고양이는 날아오던 나비에 놀라 아래로 뛰어내린다.

⑩ 고양이는 쥐덫 위에 떨어져 쥐를 잡으며 애니메이션이 끝나게 된다.

나. 기초 작업

다음과 같이 새로운 스프라이트인 스위치, 칸막이, 쥐, 치즈, 볼링공, 시소, 쥐틀, 비치볼, 풍선, 무당벌레, 받침대, 도미노, 나비, 고양이, 게, 공, Paddle을 추가한다.

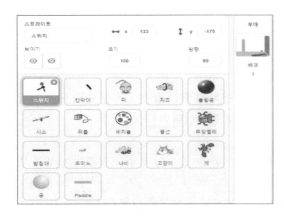

① [무대]-[배경] 영역에서 메뉴 및 툴바를 이용하여 새로운 배경을 제작한다.

② 기존의 스프라이트를 삭제하고, 쥐를 잡는 스프라이트인 고양이를 [동물]-[cat1 flying] 가져온다.

③ [모양] 탭을 클릭하면 [cat1 flying-a]와 [cat1 flying-b]가 추가되어 있음을 확인할 수 있다.

④ 스위치 스프라이트를 직접 만들기 위해 [그리기]를 클릭한다.

⑤ [모양] 탭에서 자신만의 스위치를 그려서 스프라이트로 추가한다.

⑥ 컴퓨터에 저장된 시소 이미지를 스프라이트로 가져오기 위해 '스프라이트 업로드하기'를 클릭해서 파일을 가져온다.

⑦ 칸막이, 쥐, 치즈, 볼링공, 쥐틀, 비치볼, 풍선, 무당벌레, 받침대, 도미노, 나비, 게, 공, Paddle 스프라이트를 추가한다.

다. 명령어 스크립트 작성

각각의 스프라이트에 [이벤트] 그룹에서 메시지 블록을 사용한다. '신호 보내기' 블록은 메시지를 보내는 블록이고, '신호를 받았을때' 블록은 설정된 메시지를 받으면 연결된 블록이 실행되도록 하는 블록이다. 보낸 메시지 블록을 이용하여 메시지가 받아졌을 때 스프라이트가 취해야할 행동을 스크립트에 작성한다. 스프라이트가 메시지를 주고받는 순서는 다음과 같다.

1) 쥐 스프라이트

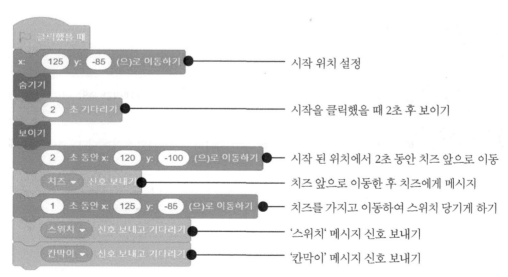

2) 치즈 스프라이트

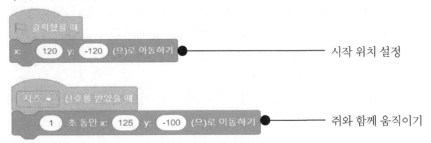

시작 위치 설정

쥐와 함께 움직이기

3) 스위치 스프라이트

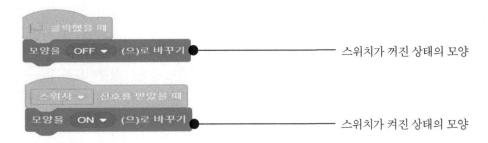

스위치가 꺼진 상태의 모양

스위치가 켜진 상태의 모양

4) 칸막이 스프라이트

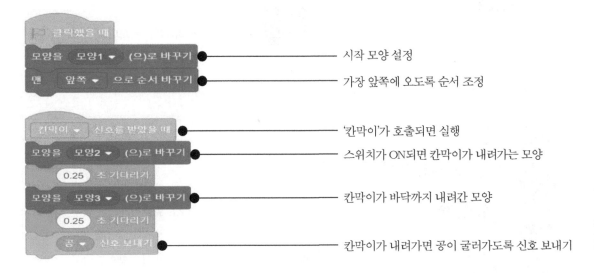

시작 모양 설정

가장 앞쪽에 오도록 순서 조정

'칸막이'가 호출되면 실행

스위치가 ON되면 칸막이가 내려가는 모양

칸막이가 바닥까지 내려간 모양

칸막이가 내려가면 공이 굴러가도록 신호 보내기

5) 공 스프라이트

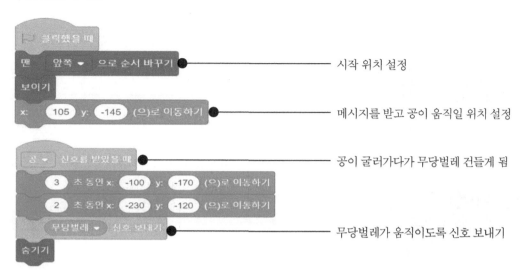

시작 위치 설정

메시지를 받고 공이 움직일 위치 설정

공이 굴러가다가 무당벌레 건들게 됨

무당벌레가 움직이도록 신호 보내기

6) 무당벌레 스프라이트

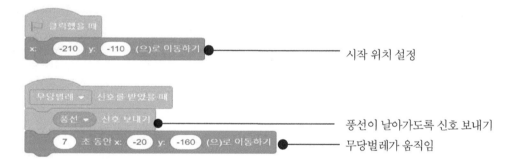

시작 위치 설정

풍선이 날아가도록 신호 보내기

무당벌레가 움직임

7) 풍선 스프라이트

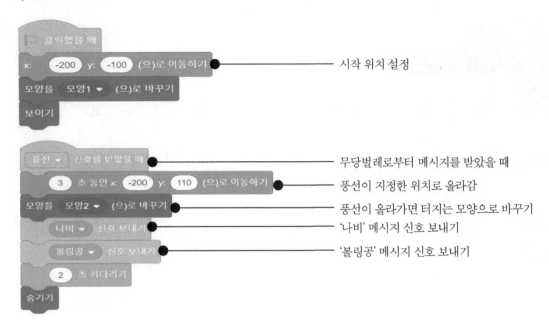

시작 위치 설정

무당벌레로부터 메시지를 받았을 때
풍선이 지정한 위치로 올라감
풍선이 올라가면 터지는 모양으로 바꾸기
'나비' 메시지 신호 보내기
'볼링공' 메시지 신호 보내기

8) 나비 스프라이트

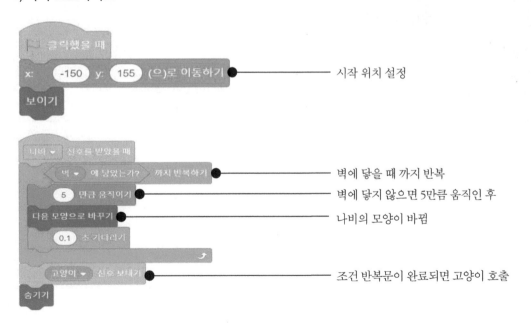

시작 위치 설정

벽에 닿을 때 까지 반복
벽에 닿지 않으면 5만큼 움직인 후
나비의 모양이 바뀜

조건 반복문이 완료되면 고양이 호출

9) 볼링공 스프라이트

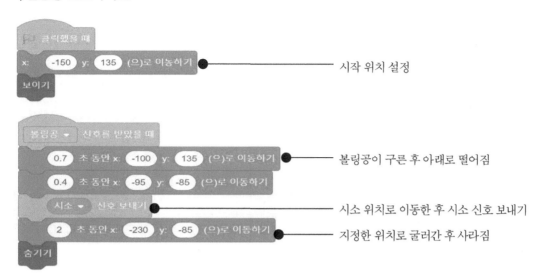

시작 위치 설정

볼링공이 구른 후 아래로 떨어짐

시소 위치로 이동한 후 시소 신호 보내기

지정한 위치로 굴러간 후 사라짐

10) 시소 스프라이트

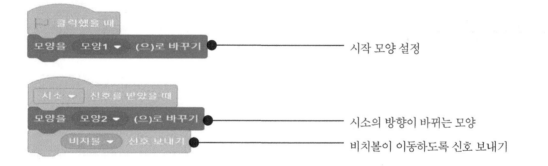

시작 모양 설정

시소의 방향이 바뀌는 모양

비치볼이 이동하도록 신호 보내기

11) 비치볼 스프라이트

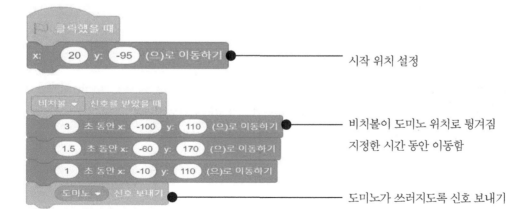

시작 위치 설정

비치볼이 도미노 위치로 튕겨짐
지정한 시간 동안 이동함

도미노가 쓰러지도록 신호 보내기

12) 도미노 스프라이트

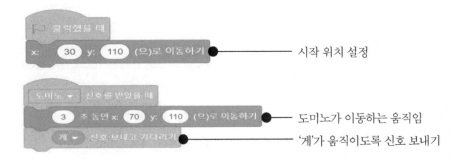

시작 위치 설정

도미노가 이동하는 움직임
'게'가 움직이도록 신호 보내기

13) 게 스프라이트

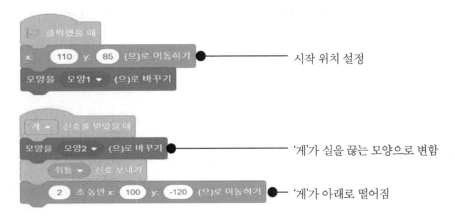

시작 위치 설정

'게'가 실을 끊는 모양으로 변함

'게'가 아래로 떨어짐

14) 쥐틀 스프라이트

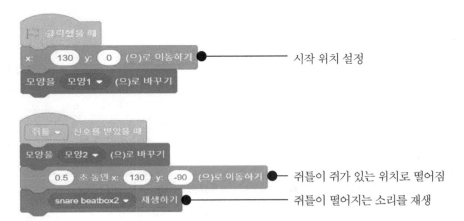

시작 위치 설정

쥐틀이 쥐가 있는 위치로 떨어짐
쥐틀이 떨어지는 소리를 재생

15) 고양이 스프라이트

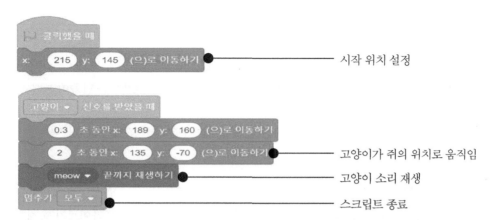

클릭했을 때
x: 215 y: 145 (으)로 이동하기 ──────── 시작 위치 설정

고양이 ▼ 신호를 받았을 때
0.3 초 동안 x: 189 y: 160 (으)로 이동하기
2 초 동안 x: 135 y: -70 (으)로 이동하기 ──────── 고양이가 쥐의 위치로 움직임
meow ▼ 끝까지 재생하기 ──────── 고양이 소리 재생
멈추기 모두 ▼ ──────── 스크립트 종료

실 | 습 | 문 | 제

① 스프라이트가 지정한 속도와 위치로 무대에서 이동하도록 제어하는 프로젝트를 만들어 본다.

1) 다음 설명을 참조하여 마녀가 빗자루를 타고 하늘을 날아가는 모습의 프로젝트를 만든다.

가. 화면 구성 및 스프라이트 동작

다음과 같이 배경이 있는 무대에 스프라이트 두 개를 사용하며, 마녀와 행성 스프라이트가 움직인다. 마녀는 네 개 지점을 지정한 시간 동안 이동한 후, 이차원 방정식의 포물선 궤적을 따라서 이동한다. 행성은 원 모양으로 일정한 속도도 회전한다.

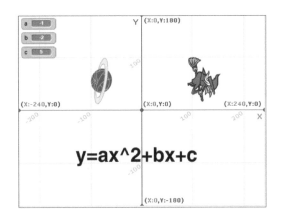 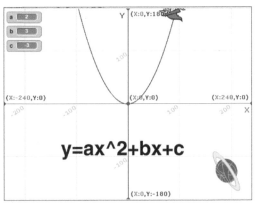

나. 기초 작업

① 기존 스프라이트를 삭제하고, 스프라이트 [모두]-[Planet2]과 [판타지]-[Witch]를 불러온다.
② 무대가 선택된 상태에서 [배경 고르기]를 클릭하여 [모두]-[xy-grid]를 선택하고, [배경] 탭에서 기존에 있던 배경은 삭제한다.
③ 배경을 추가한 후 두 스프라이트를 무대에 적당한 크기로 배치시킨다.

다. 명령어 스크립트 작성

이번 프로젝트에서 사용하는 명령어는 스프라이트를 한 번에 해당 위치로 이동시키는 것이 아니라 지정된 위치로 미끄러지듯 이동시키는 기능을 한다. 이 블록을 이용하면 마녀가 빗자루를 타고 날아가는 모습을 자연스럽게 표현할 수 있다. 행성의 이동은 좌표를 사용하지 않고 회전 각도를 사용하여 움직임을 표현한다.

① 마녀가 이동할 위치의 좌표인 (-140, -100), (-160, 100), (120, 70), (150, -40)를 사용하여 다음과 같이 스크립트를 작성한다. 마녀가 위치를 이동할 때 활강하는 효과가 나타나도록 명령어 블록을 조합한다.

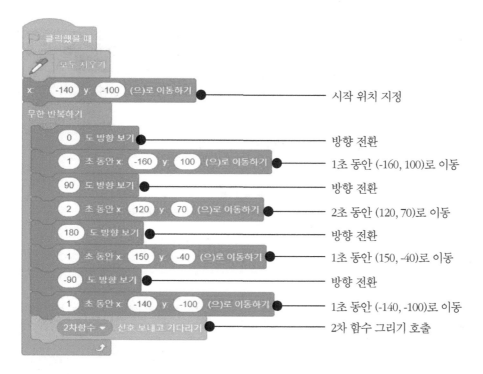

블록	설명
x: -140 y: -100 (으)로 이동하기	시작 위치 지정
0 도 방향 보기	방향 전환
1 초 동안 x: -160 y: 100 (으)로 이동하기	1초 동안 (-160, 100)로 이동
90 도 방향 보기	방향 전환
2 초 동안 x: 120 y: 70 (으)로 이동하기	2초 동안 (120, 70)로 이동
180 도 방향 보기	방향 전환
1 초 동안 x: 150 y: -40 (으)로 이동하기	1초 동안 (150, -40)로 이동
-90 도 방향 보기	방향 전환
1 초 동안 x: -140 y: -100 (으)로 이동하기	1초 동안 (-140, -100)로 이동
2차함수 ▼ 신호 보내고 기다리기	2차 함수 그리기 호출

② 행성이 회전할 수 있도록 다음과 같이 스크립트를 작성한다.

블록	설명
x: 0 y: 120 로 이동하기	시작 위치 지정
0.5 도 돌기	방향 전환
1 만큼 움직이기	이동

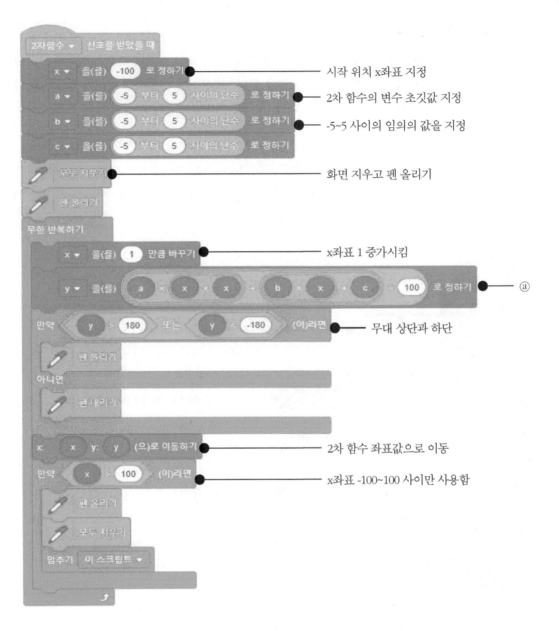

시작 위치 x좌표 지정

2차 함수의 변수 초깃값 지정

-5~5 사이의 임의의 값을 지정

화면 지우고 펜 올리기

x좌표 1 증가시킴

ⓐ

무대 상단과 하단

2차 함수 좌표값으로 이동

x좌표 -100~100 사이만 사용함

ⓐ 위에서 지정한 변수 a, b, c 값을 사용하여 이차방적식의 y좌표 값을 계산한다. 방정식의 값을 1000으로 나눈 것은 포물선 모양을 쉽게 볼 수 있도록 하기 위한 것이다.

2) 위에서 만든 프로젝트에 유령 스프라이트를 추가하고 마녀가 이동하는 경로를 따라 유령이 날아가도록 프로젝트를 수정하라. 유령 스프라이트를 지정한 위치로 미끄러지듯이 이동시키는 블록을 사용한다.

3) 위에서 만든 프로젝트에 행성 스프라이트를 추가하고 행성이 무대의 4개 모서리로 이동하도록 프로젝트를 수정하라. 행성이 일정한 시간이 경과되면 현재 위치에서 다음 모서리로 바로 이동시키는 블록을 사용한다.

2 본문에서 만든 풍선 날리는 프로젝트를 수정하여 연 날리는 애니메이션 프로젝트를 만들어 본다.

가. 기초 작업

기존 풍선 스프라이트를 삭제하고 다음 그림과 같은 연 스프라이트를 추가한다. 연이 날아다니는 모양을 표현하기 위해 3가지 모양을 디자인한다.

나. 명령어 스크립트 작성

마우스 포인터 위치가 바뀌면 바람, 부력, 색깔 변수의 값을 적용하여 연의 위치가 이동하게 된다. 연 스프라이트의 동작에 대한 아래 스크립트를 작성한다.

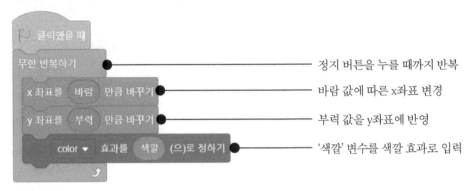

정지 버튼을 누를 때까지 반복

바람 값에 따른 x좌표 변경

부력 값을 y좌표에 반영

'색깔' 변수를 색깔 효과로 입력

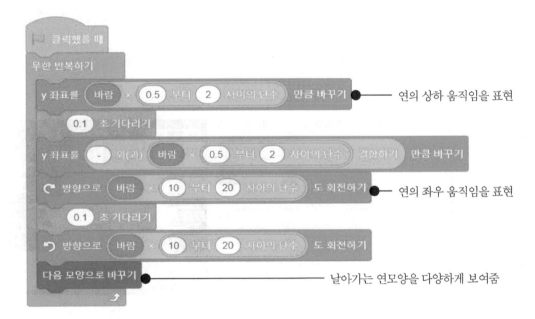

연의 상하 움직임을 표현

연의 좌우 움직임을 표현

날아가는 연모양을 다양하게 보여줌

3 스프라이트의 복제 기능을 사용하여 비눗방울을 만드는 애니메이션 프로젝트를 만들어본다. 복제 기능을 사용하면 스프라이트를 원하는 만큼 복제하여 만들 수 있으며, 모양, 색깔, 크기를 자유롭게 변형하여 나타낼 수 있다.

가. 화면 구성 및 스프라이트 디자인

새로운 배경 그림을 추가하고, 비눗방울 스프라이트와 비눗방울이 터진 모양의 스프라이트를 만든다.

나. 명령어 스크립트 작성

스프라이트 복제 기능을 활용하여 모양, 색깔, 크기를 자유롭게 변형시키며, 임의의 위치에서 나타나고 벽에 닿으면 사라진다.

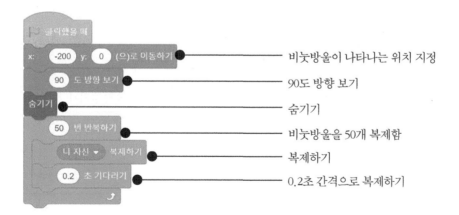

- 비눗방울이 나타나는 위치 지정
- 90도 방향 보기
- 숨기기
- 비눗방울을 50개 복제함
- 복제하기
- 0.2초 간격으로 복제하기

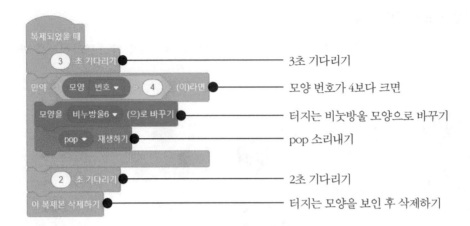

복제되었을 때
　　3 초 기다리기 ────────────── 3초 기다리기
만약 　모양　번호 ▼ 　>　4　(이)라면 ────── 모양 번호가 4보다 크면
모양을 　비누방울6 ▼ 　(으)로 바꾸기 ──── 터지는 비눗방울 모양으로 바꾸기
　　pop ▼ 　재생하기 ─────────────── pop 소리내기
　　2 초 기다리기 ────────────── 2초 기다리기
이 복제본 삭제하기 ──────────────── 터지는 모양을 보인 후 삭제하기

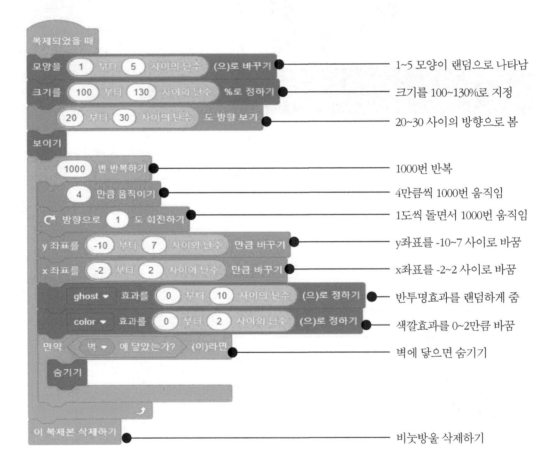

복제되었을 때
모양을 　1 부터 　5 사이의 난수 　(으)로 바꾸기 ───── 1~5 모양이 랜덤으로 나타남
크기를 　100 부터 　130 사이의 난수 　%로 정하기 ──── 크기를 100~130%로 지정
　　20 부터 　30 사이의 난수 　도 방향 보기 ──── 20~30 사이의 방향으로 봄
보이기
　　1000 번 반복하기 ──────────────── 1000번 반복
　　4 만큼 움직이기 ──────────────── 4만큼씩 1000번 움직임
　　↻ 방향으로 　1 도 회전하기 ──────── 1도씩 돌면서 1000번 움직임
　　y 좌표를 　-10 부터 　7 사이의 난수 　만큼 바꾸기 ── y좌표를 -10~7 사이로 바꿈
　　x 좌표를 　-2 부터 　2 사이의 난수 　만큼 바꾸기 ── x좌표를 -2~2 사이로 바꿈
　　ghost ▼ 　효과를 　0 부터 　10 사이의 난수 　(으)로 정하기 ── 반투명효과를 랜덤하게 줌
　　color ▼ 　효과를 　0 부터 　2 사이의 난수 　(으)로 정하기 ── 색깔효과를 0~2만큼 바꿈
　　만약 　벽 ▼ 　에 닿았는가? 　(이)라면 ──────── 벽에 닿으면 숨기기
　　　숨기기
이 복제본 삭제하기 ──────────────── 비눗방울 삭제하기

4 이번 실습에서는 축구 게임을 하는 프로젝트를 제작한다. 키보드를 사용하여 골키퍼 스프라이터를 움직여서 골을 막는다.

가. 화면 구성

나. 기초 작업

① 다음과 같이 골키퍼, 수비수, 골대, 골인, 실패, 골대라인, 축구공 등의 스프라이트를 만든다.

② 무대에 축구장 잔디밭 배경을 추가한다.
③ 점수, 레벨 값을 저장하기 위한 변수를 추가한다.
④ 축구공 스프라이트에 [타악기]-[hand clap] 소리를 추가한다.

다. 명령어 스크립트 작성

1) 골키퍼 스프라이트

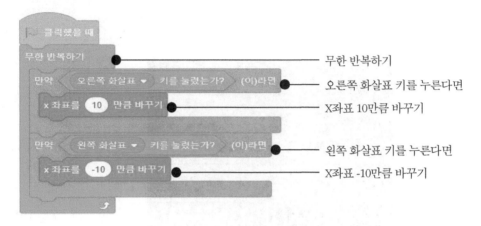

무한 반복하기

오른쪽 화살표 키를 누른다면

X좌표 10만큼 바꾸기

왼쪽 화살표 키를 누른다면

X좌표 -10만큼 바꾸기

2) 골인! 스프라이트

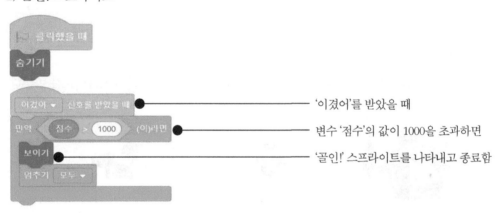

'이겼어'를 받았을 때

변수 '점수'의 값이 1000을 초과하면

'골인!' 스프라이트를 나타내고 종료함

3) 실패! 스프라이트

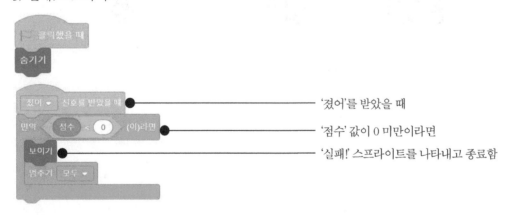

'졌어'를 받았을 때

'점수' 값이 0 미만이라면

'실패!' 스프라이트를 나타내고 종료함

4) 축구공 스프라이트

변수 '점수'에 0 저장

변수 '레벨'에 1 저장

X좌표는 -1, Y좌표는 139로 가기

10만큼 움직이기

벽에 닿으면 튕기기

'골대사이드1'에 닿으면

(180-축구공의 방향)도 방향보기

'골대사이드2'에 닿으면

(180-축구공의 방향)도 방향보기

'골키퍼'에 닿으면

'HandClap' 소리내기

변수 '점수'에 값 10씩 누적하기

0도 방향보기

-70부터 70사이의 난수만큼 돌기

10만큼 움직이기

'골대라인'에 닿으면

변수 '점수'에 -10씩 누적

'Laugh-male1' 소리내기

X좌표는 -1, Y좌표는 112로 가기

'수비수1'에 닿으면

(180-축구공의 방향)도 방향보기

만약 '수비수2'에 닿으면

(180-축구공의 방향)도 방향보기

스크립트 계속 ▶

스크립트 계속 ▶

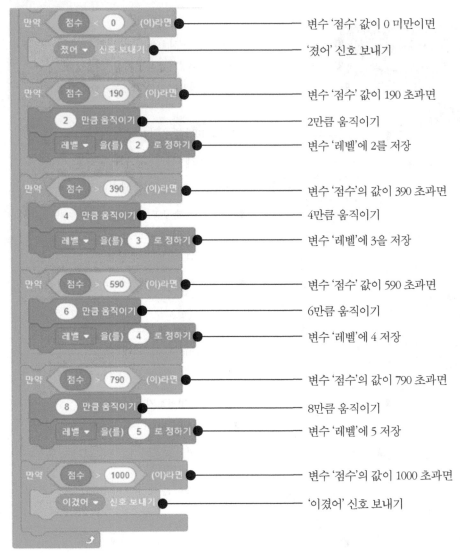

만약 ⟨ 점수 < 0 ⟩ (이)라면 —————— 변수 '점수' 값이 0 미만이면

졌어 ▼ 신호 보내기 —————— '졌어' 신호 보내기

만약 ⟨ 점수 > 190 ⟩ (이)라면 —————— 변수 '점수' 값이 190 초과면

2 만큼 움직이기 —————— 2만큼 움직이기

레벨 ▼ 을(를) 2 로 정하기 —————— 변수 '레벨'에 2를 저장

만약 ⟨ 점수 > 390 ⟩ (이)라면 —————— 변수 '점수'의 값이 390 초과면

4 만큼 움직이기 —————— 4만큼 움직이기

레벨 ▼ 을(를) 3 로 정하기 —————— 변수 '레벨'에 3을 저장

만약 ⟨ 점수 > 590 ⟩ (이)라면 —————— 변수 '점수' 값이 590 초과면

6 만큼 움직이기 —————— 6만큼 움직이기

레벨 ▼ 을(를) 4 로 정하기 —————— 변수 '레벨'에 4 저장

만약 ⟨ 점수 > 790 ⟩ (이)라면 —————— 변수 '점수'의 값이 790 초과면

8 만큼 움직이기 —————— 8만큼 움직이기

레벨 ▼ 을(를) 5 로 정하기 —————— 변수 '레벨'에 5 저장

만약 ⟨ 점수 > 1000 ⟩ (이)라면 —————— 변수 '점수'의 값이 1000 초과면

이겼어 ▼ 신호 보내기 —————— '이겼어' 신호 보내기

5 이번 실습에서는 간단한 게임 프로젝트를 제작한다. 마우스를 사용하여 눈사람 스프라이터를 움직여서 괴물을 피하고 하마에 닿아 점수를 얻도록 한다.

가. 화면 구성

마우스를 사용하여 눈사람 스프라이트를 이동시켜 괴물을 피하며 하마에 닿도록 한다. 눈사람이 괴물에 닿으면 점수가 5점씩 감점되고, 하마에 닿으면 레벨에 따라 점수가 증가한다. 괴물과 하마의 처음 위치를 지정하고 레벨에 따라 움직이는 속도를 다르게 지정한다.

나. 기초 작업

① 다음과 같이 [판타지]-[Snowman], [Hippo1], [Frank] 스프라이트를 추가하고 이름을 변경한다.

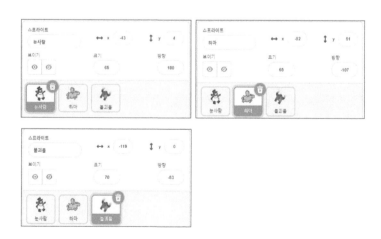

② 무대에 [실외]-[night city]를 추가한다.
③ 점수, 레벨의 값을 저장하기 위한 변수를 추가한다.

다. 명령어 스크립트 작성

1) 괴물 스프라이트

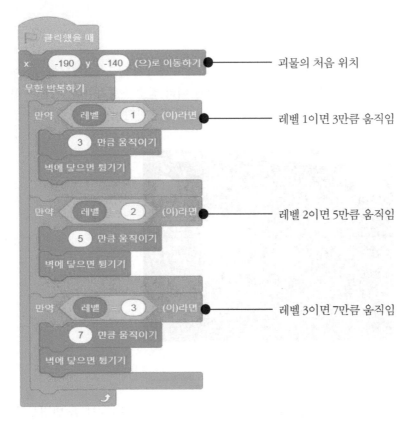

괴물의 처음 위치

레벨 1이면 3만큼 움직임

레벨 2이면 5만큼 움직임

레벨 3이면 7만큼 움직임

2) 하마 스프라이트

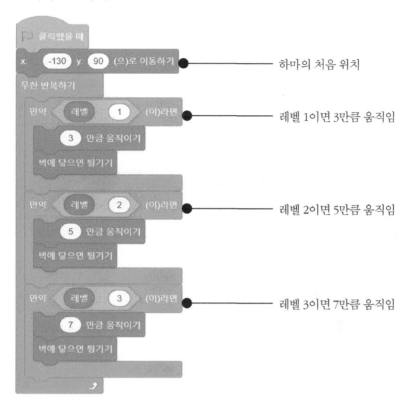

— 하마의 처음 위치

— 레벨 1이면 3만큼 움직임

— 레벨 2이면 5만큼 움직임

— 레벨 3이면 7만큼 움직임

3) 눈사람 스프라이트

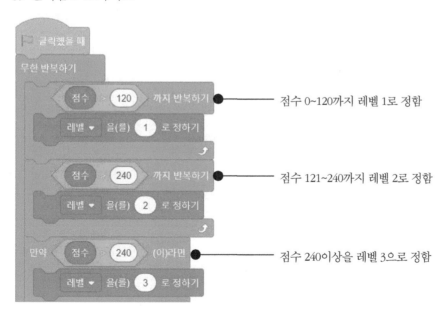

— 점수 0~120까지 레벨 1로 정함

— 점수 121~240까지 레벨 2로 정함

— 점수 240이상을 레벨 3으로 정함

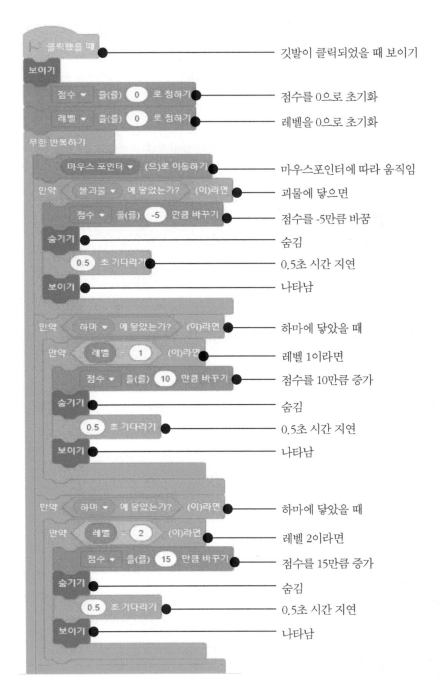

깃발이 클릭되었을 때 보이기

점수를 0으로 초기화

레벨을 0으로 초기화

마우스포인터에 따라 움직임

괴물에 닿으면

점수를 -5만큼 바꿈

숨김

0.5초 시간 지연

나타남

하마에 닿았을 때

레벨 1이라면

점수를 10만큼 증가

숨김

0.5초 시간 지연

나타남

하마에 닿았을 때

레벨 2이라면

점수를 15만큼 증가

숨김

0.5초 시간 지연

나타남

스크립트 계속 ▶

스크립트 계속 ▶

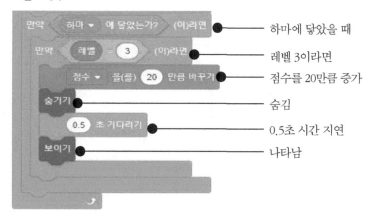

만약 [하마 ▾] 에 닿았는가? (이)라면 ——— 하마에 닿았을 때

만약 (레벨) = (3) (이)라면 ——— 레벨 3이라면

[점수 ▾] 을(를) (20) 만큼 바꾸기 ——— 점수를 20만큼 증가

숨기기 ——— 숨김

(0.5) 초 기다리기 ——— 0.5초 시간 지연

보이기 ——— 나타남

05

알고리즘의 구현

이 장에서는 스크래치 프로그래밍을 통하여 최대공약수, 소수, 피보나치수열, 완전수 등의
개념을 이해한다. 또한 진법변환, 정렬, 탐색 알고리즘에 대한 시뮬레이션 프로젝트를 제작
함으로써 알고리즘에 대한 이해와 문제해결력을 배양할 수 있도록 한다.

5.1 수의 이해

5.1.1 최대공약수

최대공약수는 2개 이상 수들의 공약수 중에서 가장 큰 수이다. 예를 들면, 12의 약수는 1, 2, 3, 4, 6, 12 이고, 18의 약수는 1, 2, 3, 6, 9, 18이다. 따라서 12와 18의 최대공약수는 6이며, 다른 공약수는 모두 6 의 약수이다.

최대공약수를 구하는 방법은, 우선 소인수로 분해하여 공통의 수를 택하여 곱해주면 된다. 예를 들면 (12,18)을 구할 경우 $12 = 2^2 \times 3$, $18 = 2 \times 3^2$이므로 $(2 \times 3) = 6$이 된다. 최대공약수를 구하는 일반적인 방법은 유클리드의 호제법을 사용한다.

1) 최대공약수 구하기

유클리드 호제법은 두 정수 a, b의 최대공약수를 구하는 방법이다. 'a > b'라고 할 때 다음과 같이 나눗셈을 실행하여 a, b의 최대공약수인 b_n을 구할 수 있다.

$a = bq_1 + b_1$ (q_1 : 몫, b_1 : 나머지)
$b = b_1q_2 + b_2$ (q_2 : 몫, b_2 : 나머지)
$b_1 = b_2q_3 + b_3$ (q_3 : 몫, b_3 : 나머지)
....
$b_{n-2} = b_{n-1}q_n + b_n$ (q_n : 몫, b_n : 나머지)
$b_{n-1} = b_nq_{n+1}$ (q_{n+1} : 몫, 나머지는 0)

예를 들면, 78696과 19332의 최대공약수는 36이며, 아래와 같이 구할 수 있다.

$78696 = 19332 \times 4 + 1368$
$19332 = 1368 \times 14 + 180$
$1368 = 180 \times 7 + 108$
$180 = 108 \times 1 + 72$
$108 = 72 \times 1 + 36$
$72 = 36 \times 2$

※ 참조: ko.wikipedia.org/wiki/유클리드_호제법

2) 최대공약수 프로젝트 만들기

가. 화면 구성 및 스프라이트 동작

양수의 정수 두 개를 입력받고 그 수들의 최대공약수를 구하는 프로젝트를 작성한다.

나. 기초 작업

① 입력받은 숫자를 저장할 변수 a, b와 임의의 값을 저장하기 위한 변수 temp를 만든다.

다. 명령어 스크립트 작성

입력받은 두 정수의 최대공약수를 유클리드 호제법으로 구하는 스크립트를 작성한다. 시작 버튼을 클릭하면 변수들을 0으로 초기화한 후 두 개의 정수를 입력받기 위한 스크립트를 호출한다. 두 수에 대해 반복하여 나눗셈을 수행하여 최대공약수를 구한다.

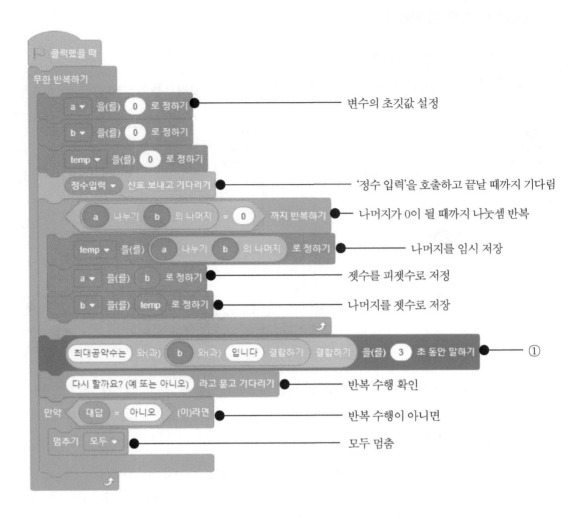

클릭했을 때

무한 반복하기

a ▼ 을(를) 0 로 정하기 ●────────────── 변수의 초깃값 설정

b ▼ 을(를) 0 로 정하기

temp ▼ 을(를) 0 로 정하기

정수입력 ▼ 신호 보내고 기다리기 ●────────── '정수 입력'을 호출하고 끝날 때까지 기다림

a 나누기 b 의 나머지 = 0 까지 반복하기 ●── 나머지가 0이 될 때까지 나눗셈 반복

temp ▼ 을(를) a 나누기 b 의 나머지 로 정하기 ●──── 나머지를 임시 저장

a ▼ 을(를) b 로 정하기 ●────────────── 젯수를 피젯수로 저장

b ▼ 을(를) temp 로 정하기 ●──────────── 나머지를 젯수로 저장

최대공약수는 와(과) b 와(과) 입니다 결합하기 결합하기 을(를) 3 초 동안 말하기 ●────────── ①

다시 할까요? (예 또는 아니오) 라고 묻고 기다리기 ●──── 반복 수행 확인

만약 대답 = 아니오 (이)라면 ●────── 반복 수행이 아니면

멈추기 모두 ▼ ●────────────── 모두 멈춤

① 위에서 구한 최대공약수를 문자열과 연결하여 나타낸다.

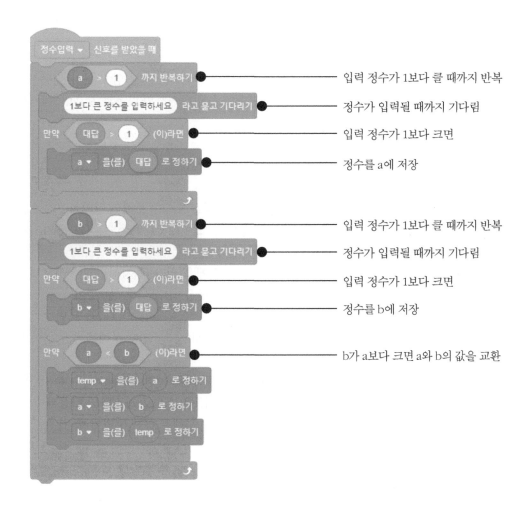

정수입력 ▼ 신호를 받았을 때

| a > 1 까지 반복하기 ———— 입력 정수가 1보다 클 때까지 반복 |

1보다 큰 정수를 입력하세요 라고 묻고 기다리기 ———— 정수가 입력될 때까지 기다림

만약 대답 > 1 (이)라면 ———— 입력 정수가 1보다 크면

a ▼ 을(를) 대답 로 정하기 ———— 정수를 a에 저장

b > 1 까지 반복하기 ———— 입력 정수가 1보다 클 때까지 반복

1보다 큰 정수를 입력하세요 라고 묻고 기다리기 ———— 정수가 입력될 때까지 기다림

만약 대답 > 1 (이)라면 ———— 입력 정수가 1보다 크면

b ▼ 을(를) 대답 로 정하기 ———— 정수를 b에 저장

만약 a < b (이)라면 ———— b가 a보다 크면 a와 b의 값을 교환

temp ▼ 을(를) a 로 정하기

a ▼ 을(를) b 로 정하기

b ▼ 을(를) temp 로 정하기

5.1.2 소수(Prime number)

1) 소수 이해하기

소수는 양의 약수가 1과 자기 자신 뿐인 1보다 큰 자연수로 정의된다. 최근에는 암호 분야에서 사용하게 됨으로써 그 중요성이 부각되고 있다. 1부터 50까지의 소수를 나열하면 다음과 같으며, 여기서 2는 유일한 짝수 소수이다.

2, 3, 5, 7, 11, 13, 17, 19, 23, 29, 31, 37, 41, 43, 47

소수는 두 수의 곱으로 표현하는 방법이 한 가지 뿐인 수이며, 이것을 소인수 분해의 일의성이라고 한다. 예를 들면, 23을 곱셈으로 표현하면 1 x 23뿐이다. 이에 비해 12는 12 x 1, 2 x 6, 3 x 4의 세 가지가 있다. 따라서 23은 소수이고, 12는 소수가 아니다.

최근에 전자상거래가 발전하면서 암호 사용으로 소수가 중요하게 되었다. 전자상거래에 사용되는 암호가 소수들의 곱을 기초로 만들어진다. 소수는 1과 자기 자신만을 약수로 가지는 수이다. 약수는 0이 아닌 어떤 수를 나누어서 떨어지게 하는 수이다. 그렇다면 1은 소수일까? 1 x 1=1을 보면 1도 자신을 약수로 가진 것이라고 생각할 수 있다. 그러나 1을 소수로 인정하면 소인수 분해에서 문제가 발생한다.

숫자를 숫자들만의 곱으로 나타내는 것을 소인수 분해라고 한다. 예를 들면, 12를 소인수 분해하면 2 x 2 x 3이 된다. 곱셈의 순서가 달라도 하나로 취급한다. 그런데 1을 소수로 가정하면 다음과 같이 무한한 방법으로 나타낼 수 있는 문제가 발생한다. 그래서 소인수 분해를 하는 방법이 한 가지가 되게 하기 위해 1을 소수로 보지 않는다.

2 x 2 x 3 x 1, 2 x 2 x 3 x 1 x 1, 2 x 2 x 3 x 1 x 1 x 1, ...

많은 사람들이 소수를 찾는 방법을 연구하였다. 현재까지 알려진 가장 간단한 방법으로 '에라토스테네스의 체'가 있다. 에라토스테네스는 기원전 200년대에 이집트의 알렉산드리아에서 활동한 수학자이다. 다음 과정을 순서대로 수행하면 마지막으로 남는 수들은 모두 소수가 된다.
　① 찾고자 하는 범위의 자연수를 나열한다.
　② 2부터 시작하여, 2의 배수를 지워나간다.
　③ 다음 수의 배수를 모두 지운다.
　④ 위의 ③을 반복하여 마지막까지 지운다.

다음 표와 같이 1부터 50까지의 자연수를 일렬로 나열한다. 표에서 2만 남기고 2의 배수들을 모두 지운다. 다시 3만 남기고 3의 배수들을 지우고, 5만 남기고 5의 배수들을 모두 지운다. 이와 같은 방법으로 숫자들을 모두 지우면 2, 3, 5, 7, 11, 13, 17, 19, 23, 29, 31, 37, 41, 43, 47이 남게 된다. 이들 숫자들이 소수이며, 이러한 방법이 숫자들을 마치 체로 걸러 내듯 소수만 남기고 지우기 때문에 에라토스테네스의 체라고 한다.

	2	3	~~4~~	5	~~6~~	7	~~8~~	~~9~~	~~10~~
11	~~12~~	13	~~14~~	~~15~~	~~16~~	17	~~18~~	19	~~20~~
~~21~~	~~22~~	23	~~24~~	~~25~~	~~26~~	~~27~~	~~28~~	29	~~30~~
31	~~32~~	~~33~~	~~34~~	~~35~~	~~36~~	37	~~38~~	~~39~~	~~40~~
41	~~42~~	43	~~44~~	~~45~~	~~46~~	47	~~48~~	~~49~~	~~50~~

※ 참조: 재미있는 수학 이야기, 권현직, 가나출판사, 2007

2) 소수 판단하기

가. 화면 구성 및 스프라이트 동작

소수는 1과 자기 자신만으로 나누어서 떨어지는 1보다 큰 양의 정수로 2, 3, 5, 7, 11, 13, ...가 있다. 먼저 숫자 한 개를 입력받고 그 수가 소수인지를 판단하는 프로젝트를 작성한다.

나. 기초 작업

① 기존 스프라이트를 삭제하고, 스프라이트 저장소에서 [사람들]-[Wizard Girl]를 불러온다.
② 입력받은 숫자를 저장할 변수 '숫자'와 임의의 값을 저장하기 위한 변수 k를 만든다.

다. 명령어 스크립트 작성

소수인지 아닌지 확인할 숫자를 입력받는다. 입력받은 숫자가 1과 자신을 제외하고 약수가 있는지 확인하여 소수인지 아닌지를 판단한다.

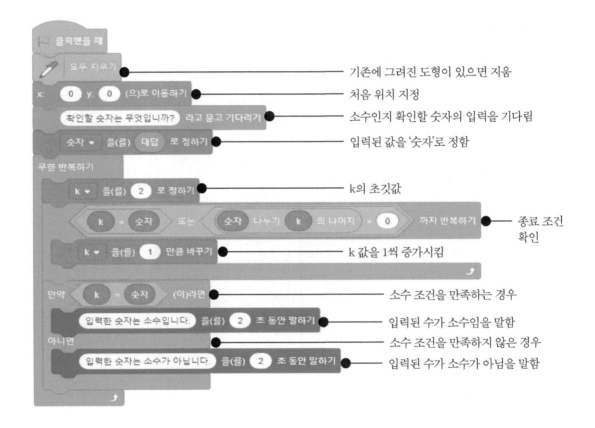

클릭했을 때
모두 지우기 ——— 기존에 그려진 도형이 있으면 지움
x: 0 y: 0 (으)로 이동하기 ——— 처음 위치 지정
확인할 숫자는 무엇입니까? 라고 묻고 기다리기 ——— 소수인지 확인할 숫자의 입력을 기다림
숫자 ▾ 을(를) 대답 로 정하기 ——— 입력된 값을 '숫자'로 정함
무한 반복하기
　k ▾ 을(를) 2 로 정하기 ——— k의 초깃값
　k = 숫자 또는 숫자 나누기 k 의 나머지 = 0 까지 반복하기 ——— 종료 조건 확인
　　k ▾ 을(를) 1 만큼 바꾸기 ——— k 값을 1씩 증가시킴
만약 k = 숫자 (이)라면 ——— 소수 조건을 만족하는 경우
　입력한 숫자는 소수입니다. 을(를) 2 초 동안 말하기 ——— 입력된 수가 소수임을 말함
아니면 ——— 소수 조건을 만족하지 않은 경우
　입력한 숫자는 소수가 아닙니다. 을(를) 2 초 동안 말하기 ——— 입력된 수가 소수가 아님을 말함

3) 소수 구하기

다음은 지정한 개수만큼 소수를 나열하고 소수 값을 그래프 형태로 표현하는 프로젝트를 제작한다.

가. 화면 구성 및 스프라이트 동작

원하는 개수만큼의 소수를 구하고, 소수의 값을 그래프를 표현한다. 무대의 좌측 하단이 가장 작은 소수 값이고 우측 상단이 가장 큰 소수 값을 나타낸다.

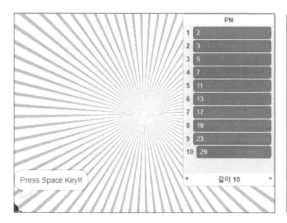 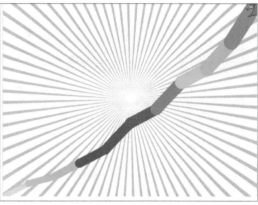

나. 기초 작업

① 기존 스프라이트를 삭제하고, 스프라이트 저장소에서 [사람들]-[Wizard Girl] 파일을 불러온다.
② 변수인 counter, drawX, drawY, inc_x, inc_y, j, k, list_item, tempX, tempY를 만든다. 소수를 저장하기 위한 리스트 PN을 만든다.

다. 명령어 스크립트 작성

원하는 개수만큼의 소수를 구하고, 소수의 값으로 그래프를 그리는 스크립트를 작성한다. 다음 스크립트는 소수를 구하여 리스트에 저장한다. 소수를 그래프로 나타내기 위해 새로운 스크립트 블록을 호출한다.

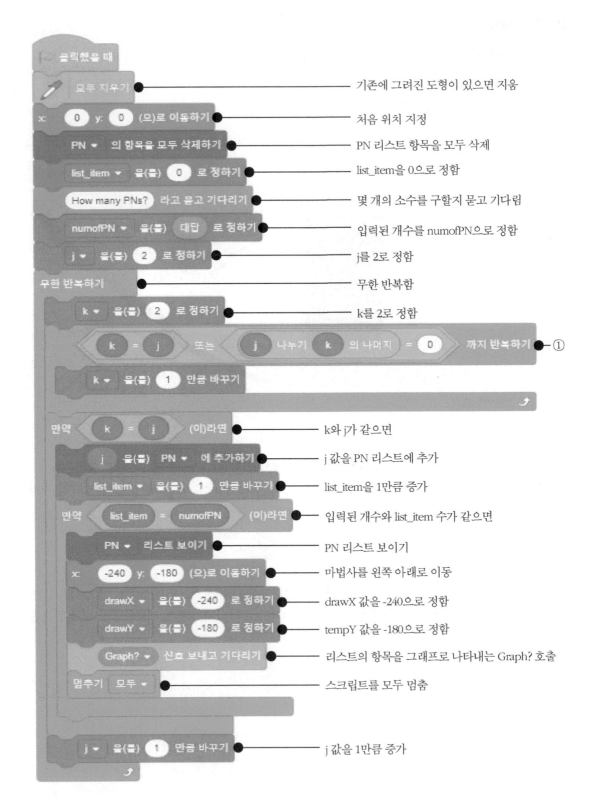

클릭했을 때

모두 지우기 ● ——————————————————— 기존에 그려진 도형이 있으면 지움

x: 0 y: 0 (으)로 이동하기 ● —————————— 처음 위치 지정

PN ▾ 의 항목을 모두 삭제하기 ● —————————— PN 리스트 항목을 모두 삭제

list_item ▾ 을(를) 0 로 정하기 ● ——————————— list_item을 0으로 정함

How many PNs? 라고 묻고 기다리기 ● —————————— 몇 개의 소수를 구할지 묻고 기다림

numofPN ▾ 을(를) 대답 로 정하기 ● —————————— 입력된 개수를 numofPN으로 정함

j ▾ 을(를) 2 로 정하기 ● —————————————— j를 2로 정함

무한 반복하기 ● ————————————————————— 무한 반복함

  k ▾ 을(를) 2 로 정하기 ● ———————————— k를 2로 정함

  k = j 또는 j 나누기 k 의 나머지 = 0 까지 반복하기 ● —①

    k ▾ 을(를) 1 만큼 바꾸기

  만약 k = j (이)라면 ● —————————————— k와 j가 같으면

    j 을(를) PN ▾ 에 추가하기 ● —————————— j 값을 PN 리스트에 추가

    list_item ▾ 을(를) 1 만큼 바꾸기 ● ——————— list_item을 1만큼 증가

    만약 list_item = numofPN (이)라면 ● —————— 입력된 개수와 list_item 수가 같으면

      PN ▾ 리스트 보이기 ● —————————————— PN 리스트 보이기

      x: -240 y: -180 (으)로 이동하기 ● ———————— 마법사를 왼쪽 아래로 이동

      drawX ▾ 을(를) -240 로 정하기 ● ——————— drawX 값을 -240으로 정함

      drawY ▾ 을(를) -180 로 정하기 ● ——————— tempY 값을 -180으로 정함

      Graph? ▾ 신호 보내고 기다리기 ● ————————— 리스트의 항목을 그래프로 나타내는 Graph? 호출

    멈추기 모두 ▾ ● ————————————————— 스크립트를 모두 멈춤

  j ▾ 을(를) 1 만큼 바꾸기 ● —————————————— j 값을 1만큼 증가

① k가 j와 같거나 j/k의 나머지가 0일 때까지 k를 증가

다음 스크립트는 리스트에 저장된 소수를 그래프로 나타낸다. 그래프의 선을 나타내기 위해 새로운
스크립트 블록을 호출한다.

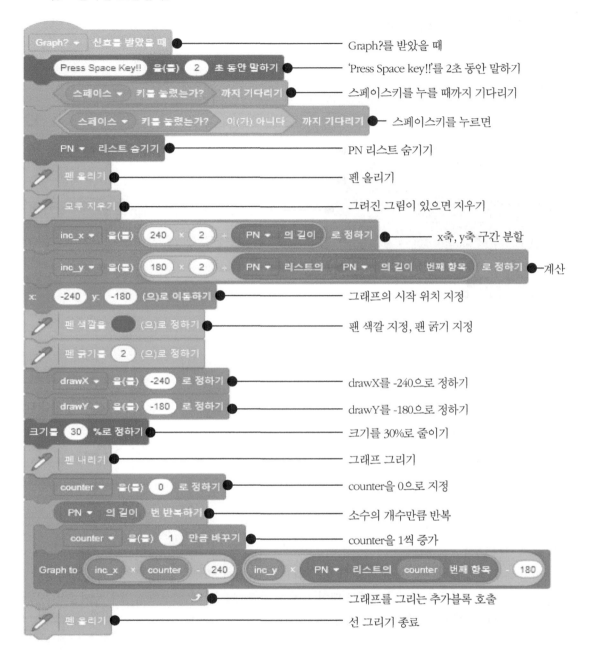

다음 스크립트는 이전 위치에서 새로운 위치로 이동하면서 선을 그리는 블록을 정의한 것이다. 이전
위치인 (drawX, drawY)로 펜을 이동시킨 후 새로운 위치인 (x, y)로 이동하면서 선을 긋는다. 선을 그
린 후에 그 위치를 좌표 (drawX, drawY)에 저장한다.

새로운 위치는 좌표 (x, y)로 나타내며, 여기서 x는 (inc_x×counter)-240, y는 (inc_y×소수값)-180이다.

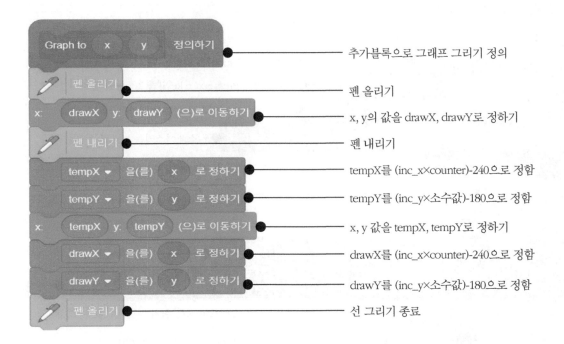

Graph to x y 정의하기	추가블록으로 그래프 그리기 정의
펜 올리기	펜 올리기
x: drawX y: drawY (으)로 이동하기	x, y의 값을 drawX, drawY로 정하기
펜 내리기	펜 내리기
tempX ▼ 을(를) x 로 정하기	tempX를 (inc_x×counter)-240으로 정함
tempY ▼ 을(를) y 로 정하기	tempY를 (inc_y×소수값)-180으로 정함
x: tempX y: tempY (으)로 이동하기	x, y 값을 tempX, tempY로 정하기
drawX ▼ 을(를) x 로 정하기	drawX를 (inc_x×counter)-240으로 정함
drawY ▼ 을(를) y 로 정하기	drawY를 (inc_y×소수값)-180으로 정함
펜 올리기	선 그리기 종료

5.1.3 피보나치수열

피보나치수열은 첫 번째 항의 값이 0이고 두 번째 항의 값이 1이며, 이후의 항들은 이전의 두 항을 더한 값으로 이루어지는 수열이다. 즉, 제3항은 제1항과 제2항의 합, 제4항은 제2항과 제3항의 합이 되는 것과 같이, 인접한 두 수의 합이 그 다음 수가 되는 수열이다. 즉, 0, 1, 1, 2, 3, 5, 8, 13, 21, 34, 55, … 인 수열이다.

1) 피보나치수열 이해하기

① 토끼 새끼 낳기

어떤 농부가 갓 태어난 토끼 한 쌍을 가지고 있다. 이 한 쌍의 토끼는 두 달 후부터 매달 암수 한 쌍의 새끼를 낳으며 새로 태어난 토끼도 태어난 지 두 달 후부터는 매달 한 쌍씩 암수 새끼를 낳는다. 1년이 지나면 모두 몇 쌍의 토끼가 있을까?

첫 달에 태어난 토끼 한 쌍이 1개월 후에 어른 토끼가 되고, 2개월 후에 토끼 한 쌍을 낳게 된다. 이후 어른 토끼는 매달 토끼를 한 쌍씩 낳게 되고 새끼 토끼는 한 달 후에 어른 토끼가 되고, 두 달 후부터 토끼 한 쌍씩 낳게 된다. 이렇게 매달 토끼의 쌍을 세어 보면 1, 1, 2, 3, 5, 8, 13, 21, 34, 55, …이 된다. 이 수의 배열은 앞의 두 수의 합이 바로 뒤의 수가 되며. 이렇게 나열되는 수의 배열을 피보나치수열이라고 한다.

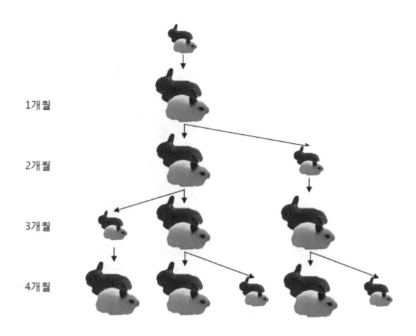

1개월

2개월

3개월

4개월

② 들꽃의 꽃잎

우리 주변에 피어 있는 꽃 속에도 피보나치수열이 숨어 있다. 꽃들의 꽃잎 수를 세어 보면 거의 모든 꽃잎이 3, 5, 8, 13장으로 되어 있다. 이 외에도 과꽃과 치커리는 21장, 질경이와 데이지는 34장, 쑥부쟁이는 종류에 따라 55장 또는 89장이다. 각 꽃잎의 수를 나열해 보면 3, 5, 8, 13, 21, 34, 55, 89, …로 피보나치수열과 일치한다. 이처럼 꽃들이 피보나치의 수만큼의 꽃잎을 갖는 이유는 무엇일까? 이는 꽃이 활짝 피기 전까지 꽃잎이 봉오리를 이루어 꽃 안의 암술과 수술을 보호하는 역할을 할 수 있도록 꽃잎들이 이리저리 겹쳐져야 한다. 이때 꽃잎의 수가 피보나치수열일 때 꽃잎을 겹치기가 가장 효율적이다.

③ 해바라기 씨앗

해바라기 씨가 박힌 모양은 시계 방향과 시계 반대 방향의 나선을 가지고 있다. 이 나선의 수는 해바라기의 크기에 따라 다르지만 한쪽 방향으로 21열이면 반대 방향으로 34열, 또는 34열과 55열같이 항상 이웃하는 피보나치수열의 두 수가 된다. 해바라기가 이렇게 나선형 배열을 하는 것은 좁은 공간에 많은 씨를 촘촘하게 배열하여 비바람에도 잘 견디기 위함이다. 식물들도 어려움을 이겨내기 위한 노력을 하고 있음을 알 수 있다.

④ 앵무조개 껍질

식물 이외에 앵무조개 껍질의 무늬에도 피보나치수열이 있고, 달팽이 껍질과 여러 바다 생물의 껍질에서도 피보나치수열을 발견할 수 있다.

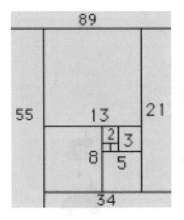

이들 외에도 나무가 가지를 뻗는 모습, 소라껍질이나 조개껍질의 각 줄 간의 비율, 백화, 붓꽃, 데이지, 채송화와 같은 꽃잎의 개수, 바다의 파도, 은하계의 나선형 모양과 같은 자연계의 사물 구조가 피보나치수열과 일치한다.

피보나치수열에서 각 항을 이전 항으로 나누면 그 비율은 황금비율과 같다. 피보나치수열에서 각 항을 이전 항으로 나누고, 그 값을 소숫점 넷째자리에서 반올림하면 1, 2, 1.5, 1.667, 1.6, 1.625, 1.615, 1.619, 1.618, 1.618, 1.618, …이 된다. 이것은 고대 그리이스 사람들이 가장 매력적인 직사각형을 가로의 길이 1, 세로의 길이 1.618라고 한 것과 일치한다. 또한 파르테논의 신전의 외곽모양, 카드와 계란의 가로와 세로비, 배꼽을 기준으로 한 인간의 각 신체부위도 황금분할을 이루고 있다. 손가락 뼈 사이, 얼굴 윤곽, 어깨 폭에 대한 팔 길이의 비도 황금비를 이룬다.

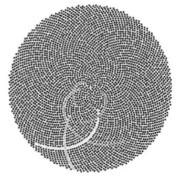

※ 참조: www.maths.surrey.ac.uk/hosted-sites/R.Knott/Fibonacci/fibnat.html

2) 피보나치수열 만들기

가. 화면 구성 및 기초작업

변수인 a, b, c, '항의 개수'를 만들고, 리스트인 '피보나치 수열'을 만든다.

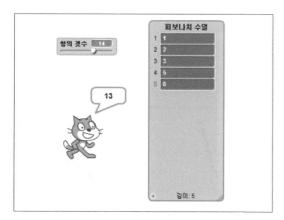

나. 명령어 스크립트 작성

a와 b항의 값을 '피보나치 수열' 리스트에 저장하고, a+b 값을 c에 저장한 뒤, a 값을 b 값으로 바꾸고 b 값을 c 값으로 바꾼다. 그리고 지정한 '항의 개수'까지 반복하여 b 값을 '피보나치 수열' 리스트에 저장한다.

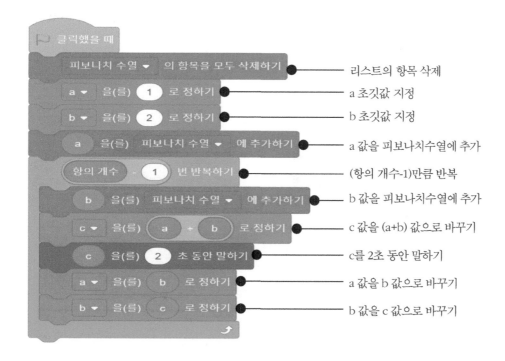

Chapter 5 • 알고리즘의 구현 | 161

3) 그래프로 나타낸 피보나치수열

지정한 항목의 수를 갖는 피보나치수열을 구하고, 항목의 값을 그래프로 나타낸다.

가. 화면 구성

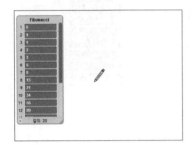 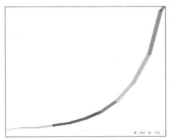 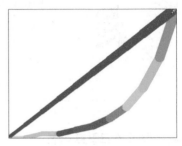

나. 기초 작업

① 기존 스프라이트를 삭제하고, 스프라이트 저장소에서 [모두]-[Pencil] 파일을 불러온다.
② 변수인 counter, drawX, drawY, inc_x, inc_y, num_of_Fib, tempX, tempY를 만들고, 리스트인 Fibonacci를 만든다.

〈변수〉   〈리스트〉

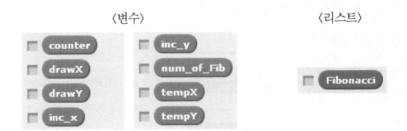

다. 명령어 스크립트 작성

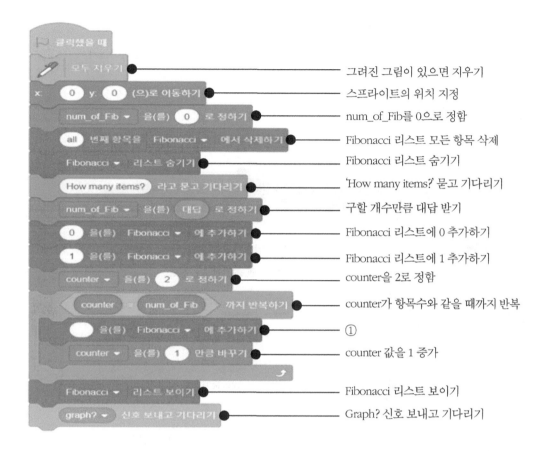

	그려진 그림이 있으면 지우기
	스프라이트의 위치 지정
	num_of_Fib를 0으로 정함
	Fibonacci 리스트 모든 항목 삭제
	Fibonacci 리스트 숨기기
	'How many items?' 묻고 기다리기
	구할 개수만큼 대답 받기
	Fibonacci 리스트에 0 추가하기
	Fibonacci 리스트에 1 추가하기
	counter을 2로 정함
	counter가 항목수와 같을 때까지 반복
	①
	counter 값을 1 증가
	Fibonacci 리스트 보이기
	Graph? 신호 보내고 기다리기

① 이전 두 개의 항목을 합하여 리스트에 새로운 항목으로 추가하는 기능을 수행한다. 다음과 같은 형태로 블록을 조립한다.

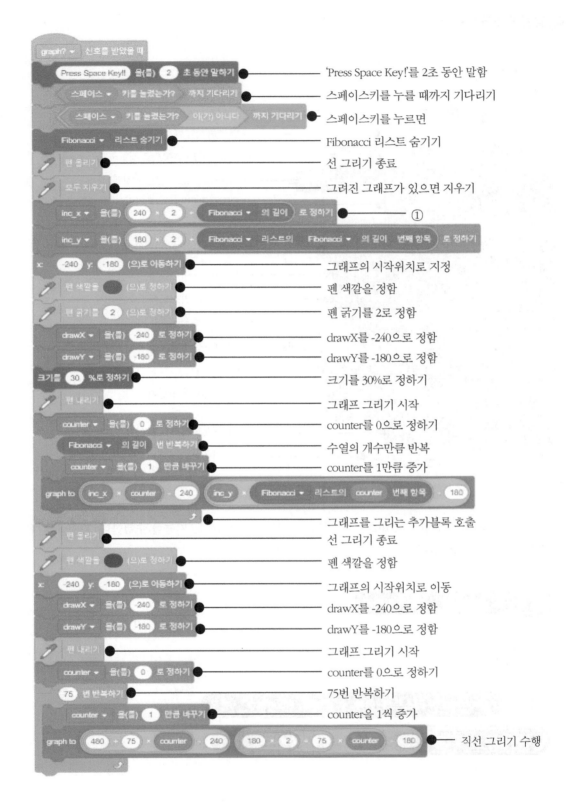

`graph?` `신호를 받았을 때`	
`Press Space Key!!` `을(를)` `2` `초 동안 말하기`	'Press Space Key!'를 2초 동안 말함
`스페이스 ▾` `키를 눌렀는가?` `까지 기다리기`	스페이스키를 누를 때까지 기다리기
`스페이스 ▾` `키를 눌렀는가?` `이(가) 아니다` `까지 기다리기`	스페이스키를 누르면
`Fibonacci ▾` `리스트 숨기기`	Fibonacci 리스트 숨기기
`펜 올리기`	선 그리기 종료
`모두 지우기`	그려진 그래프가 있으면 지우기
`inc_x ▾` `을(를)` `240` × `2` ÷ `Fibonacci ▾` `의 길이` `로 정하기`	①
`inc_y ▾` `을(를)` `180` × `2` ÷ `Fibonacci ▾` `리스트의` `Fibonacci ▾` `의 길이` `번째 항목` `로 정하기`	
`x:` `-240` `y:` `-180` `(으)로 이동하기`	그래프의 시작위치로 지정
`펜 색깔을` `(으)로 정하기`	펜 색깔을 정함
`펜 굵기를` `2` `(으)로 정하기`	펜 굵기를 2로 정함
`drawX ▾` `을(를)` `-240` `로 정하기`	drawX를 -240으로 정함
`drawY ▾` `을(를)` `-180` `로 정하기`	drawY를 -180으로 정함
`크기를` `30` `%로 정하기`	크기를 30%로 정하기
`펜 내리기`	그래프 그리기 시작
`counter ▾` `을(를)` `0` `로 정하기`	counter를 0으로 정하기
`Fibonacci ▾` `의 길이` `번 반복하기`	수열의 개수만큼 반복
`counter ▾` `을(를)` `1` `만큼 바꾸기`	counter를 1만큼 증가
`graph to` `inc_x` × `counter` `-` `240` `inc_y` × `Fibonacci ▾` `리스트의` `counter` `번째 항목` `-` `180`	
	그래프를 그리는 추가블록 호출
`펜 올리기`	선 그리기 종료
`펜 색깔을` `(으)로 정하기`	펜 색깔을 정함
`x:` `-240` `y:` `-180` `(으)로 이동하기`	그래프의 시작위치로 이동
`drawX ▾` `을(를)` `-240` `로 정하기`	drawX를 -240으로 정함
`drawY ▾` `을(를)` `-180` `로 정하기`	drawY를 -180으로 정함
`펜 내리기`	그래프 그리기 시작
`counter ▾` `을(를)` `0` `로 정하기`	counter를 0으로 정하기
`75` `번 반복하기`	75번 반복하기
`counter ▾` `을(를)` `1` `만큼 바꾸기`	counter을 1씩 증가
`graph to` `480` ÷ `75` × `counter` `-` `240` `180` × `2` ÷ `75` × `counter` `-` `180`	직선 그리기 수행

① 항목의 수에 따른 항목의 너비와 항목별 높이 계산

다음 블록은 이전 위치에서 새로운 위치로 이동하면서 선을 그리는 기능을 정의한 것이다. 이전 위치인 (drawX, drawY)로 펜을 이동시킨 후 새로운 위치인 (x, y)로 이동하면서 선을 긋는다. 선을 그린 후에 그 위치를 좌표 (drawX, drawY)에 저장한다.

새로운 위치는 좌표 (x, y)로 나타내며, 여기서 x는 (inc_x×counter)-240, y는 (inc_y×소수값)-180이다.

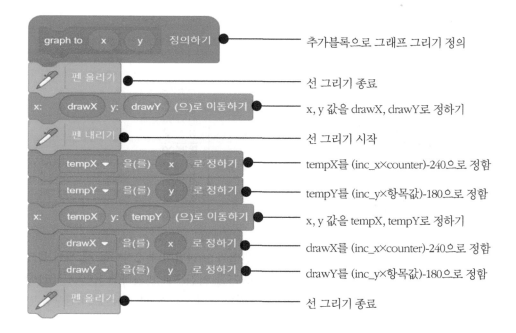

5.1.4 진법 변환

1) 진법의 이해

우리는 컴퓨터에서 사용하는 프로그램이나 데이터를 문자, 숫자, 특수문자로 나타내지만 컴퓨터 내부에서는 1과 0으로 구성된 이진수(binary digit)의 형태로 표현된다. 사람들은 0에서 9까지의 숫자로 구성된 10진수를 사용하는 것이 편리하지만 컴퓨터에서는 비트(1 혹은 0)로 구성된 이진수를 사용하는 것이 편리하다.

컴퓨터에서 전기적인 신호가 발생되거나 회로가 연결된 상태를 1로 표현한다면 그 반대는 0이 될 것이다. 이러한 비트를 조합하여 컴퓨터 내부에서 숫자나 문자를 표현할 수 있으며, 8개의 비트를 모아서 바이트(Byte)라는 단위로 사용하며, 몇 개의 바이트가 모여서 하나의 워드(Word)를 이루게 된다. 십진법은 0, 1, 2, …, 9의 십진수를 사용하며 십진수 815.5는 다음과 같이 해석한다.

$$815.5 = 8 \times 10^2 + 1 \times 10^1 + 5 \times 10^0 + 5 \times 10^{-1}$$

십진수를 이진수로 변환하는 방법은 먼저 십진수를 반복하여 2로 나누고 나머지를 구한다. 나누기가 끝나면 마지막에 구한 나머지부터 첫 번째까지 나머지들을 거꾸로 나열하면 이진수가 된다. 십진수에 소수 부분이 있으면 소수점 이하에 반복하여 2를 곱하여 정수 부분을 구한다. 곱셈이 끝나면 처음에 구한 정수부터 마지막까지 나열하면 이진수가 된다. 이때 2를 곱한 결과의 정수 부분이 2이면 0으로 변환하고 3이면 1로 변환하여 나타낸다.

$$25.6875 = 11001.1011$$

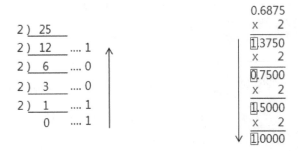

컴퓨터에서 2진법과 10진법 이외에 중요한 수의 체계는 8진법과 16진법이다. 2진수를 세 개씩 묶으면 8진수가 되고 4개씩 묶으면 16진수가 된다. 십진수 41.6875를 이진수로 변환하면 101001.1011이 된다. 이진수를 8진수와 16진수로 변환하는 방법은 다음과 같다. 2진수를 세 개씩 묶어서 8진수를 만들고 4개씩 묶어서 16진수를 만들어서 나타낸다.

10진법	2진법	8진법	16진법
00	0000	00	0
01	0001	01	1
02	0010	02	2
…	…	…	…
13	1101	15	D
14	1110	16	E
15	1111	17	F

컴퓨터에서 문자를 나타내기 위하여 약속된 비트의 조합으로 구성된 코드가 사용된다. 영어 대문자와 소문자, 10개의 숫자, $, +, & 등의 특수기호를 합하여 64~128개의 문자를 표시하기 위하여 7비트가 필요하며, 일반적으로 많이 사용되는 표준코드로 ASCII(American National Standard Code for Information Interchange) 코드가 있다.

PC에서는 전 세계 언어를 하나의 코드로 체계화한 유니코드(Unicode)가 있으며, 한글을 표현하기 위해서 유니코드와 함께 2바이트 완성형 또는 조합형 코드를 사용할 수 있다.

2) 이진수의 십진수 변환

이진수를 십진수로 변환시킬 때는 각 자리수에 자리수의 가중치를 곱하는 방식을 사용한다.
이진수인 $01101100_{(2)}$과 $110101_{(2)}$을 십진수로 변환하는 방법은 다음과 같다.

① $01101100 = 0×2^7+1×2^6+1×2^5+0×2^4+1×2^3+1×2^2+0×2^1+0×2^0$
$= 0+64+32+0+8+4+0+0$
$= 108$

② $110101 = 1×2^5+1×2^4 + 0×2^3 + 1×2^2 + 0×2^1 + 1×2^0$
$= 53$

가. 화면 구성 및 스프라이트 동작

이진수에서 각 자리수의 상태를 나타내기 위한 변수, 스위치, 전등을 사용하여 다음 그림과 같이 화면을 구성한다. 이진수에서 각 자리수의 값이 1이면 변수는 1, 전등은 켜짐, 스위치는 'ON' 상태가 되며, 각 자리수의 값이 0이면 반대로 된다.

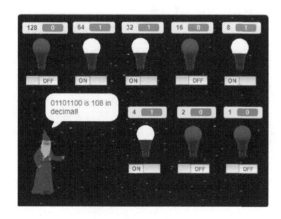
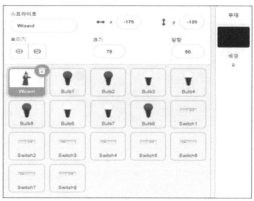

나.기초 작업

① 기존 스프라이트를 삭제하고, 스프라이트 저장소에서 [사람들]-[Wizard] 파일을 불러온다.
② 변수 블록의 [변수 만들기]에서 다음과 같이 변수 1, 2, 4, 8, 16, 32, 64, 128, Mode, 'Base 10', expression을 만든다.

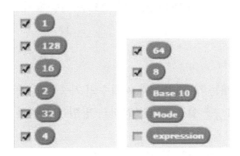

다. 명령어 스크립트 작성

1) 무대 스프라이트에 다음과 같은 스크립트를 작성한다. 변수인 Mode는 진수 변환 과정을 수식으로 보여줄 것인지를 나타내는 것으로, 그 값에 따라 expression 변수의 값이 설정된다. 그리고 전등 스위치를 켜거나 끌 때 소리가 나도록 한다. 이를 위해 다음과 같은 스크립트들이 필요하다.

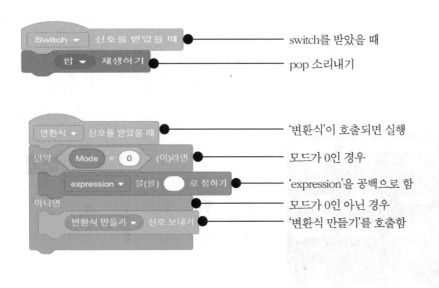

2) 스위치를 눌렀을 때 스위치의 모양이 ON, OFF로 바뀌고 해당하는 변수의 값이 0과 1로 변하는 스크립트를 작성한다.

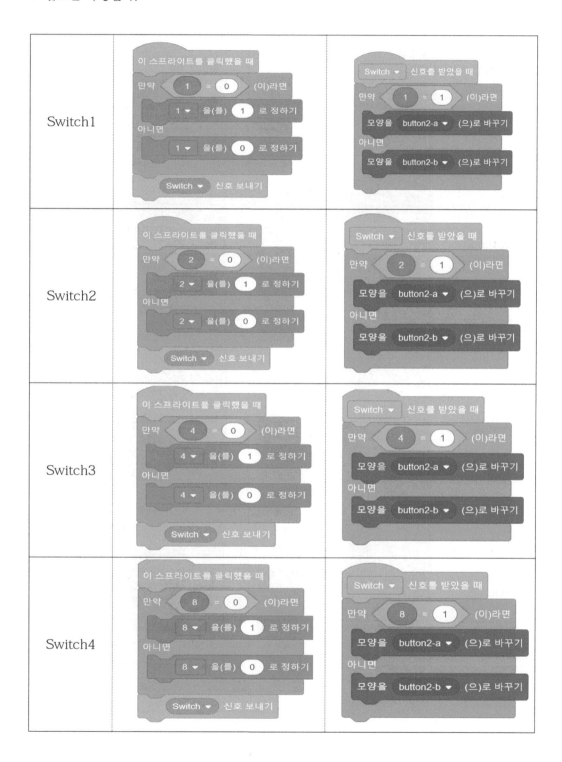

Switch5	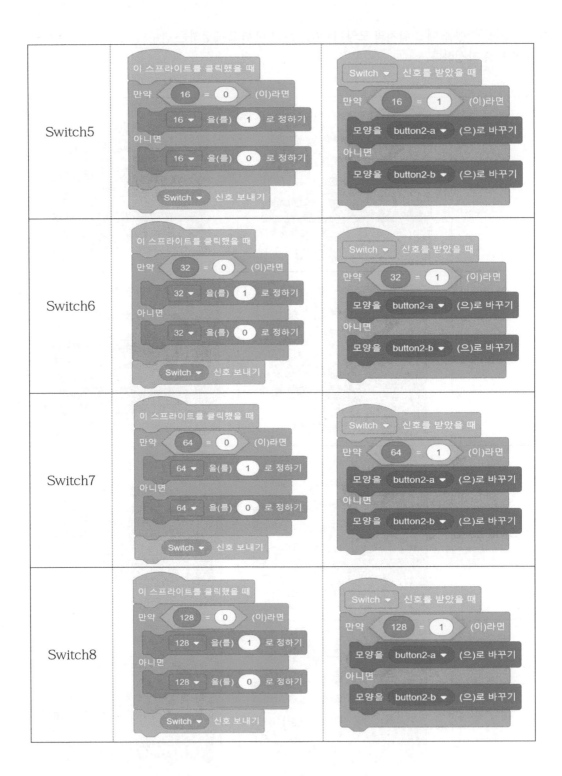	

이 스프라이트를 클릭했을 때
만약 ⟨ 16 = 0 ⟩ (이)라면
　16 ▼ 을(를) 1 로 정하기
아니면
　16 ▼ 을(를) 0 로 정하기
Switch ▼ 신호 보내기

Switch ▼ 신호를 받았을 때
만약 ⟨ 16 = 1 ⟩ (이)라면
　모양을 button2-a ▼ (으)로 바꾸기
아니면
　모양을 button2-b ▼ (으)로 바꾸기

Switch6

이 스프라이트를 클릭했을 때
만약 ⟨ 32 = 0 ⟩ (이)라면
　32 ▼ 을(를) 1 로 정하기
아니면
　32 ▼ 을(를) 0 로 정하기
Switch ▼ 신호 보내기

Switch ▼ 신호를 받았을 때
만약 ⟨ 32 = 1 ⟩ (이)라면
　모양을 button2-a ▼ (으)로 바꾸기
아니면
　모양을 button2-b ▼ (으)로 바꾸기

Switch7

이 스프라이트를 클릭했을 때
만약 ⟨ 64 = 0 ⟩ (이)라면
　64 ▼ 을(를) 1 로 정하기
아니면
　64 ▼ 을(를) 0 로 정하기
Switch ▼ 신호 보내기

Switch ▼ 신호를 받았을 때
만약 ⟨ 64 = 1 ⟩ (이)라면
　모양을 button2-a ▼ (으)로 바꾸기
아니면
　모양을 button2-b ▼ (으)로 바꾸기

Switch8

이 스프라이트를 클릭했을 때
만약 ⟨ 128 = 0 ⟩ (이)라면
　128 ▼ 을(를) 1 로 정하기
아니면
　128 ▼ 을(를) 0 로 정하기
Switch ▼ 신호 보내기

Switch ▼ 신호를 받았을 때
만약 ⟨ 128 = 1 ⟩ (이)라면
　모양을 button2-a ▼ (으)로 바꾸기
아니면
　모양을 button2-b ▼ (으)로 바꾸기

3) 스위치를 눌렀을 때 이진수의 자릿수에 해당하는 변수값을 보고 해당 전구의 불이 켜지거나 꺼지도록 하는 다음 스크립트를 작성한다.

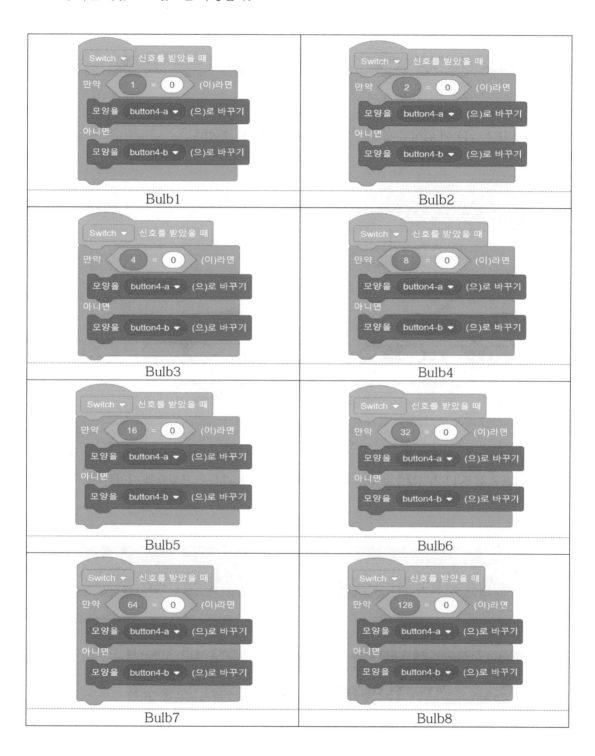

4) Wizard를 클릭하면 스위치가 켜진 위치의 합을 구하여 Base10 변수에 저장하는 스크립트를 작성한다.

위의 스크립트는 다음과 같이 순서대로 블록을 결합하여 만들 수 있다.

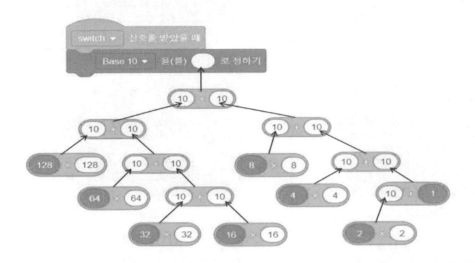

5) Wizard를 클릭하면 각 자릿수의 스위치가 켜진 상태이면 1, 꺼진 상태이면 0을 말한다. 그리고 표시된 2진수 값을 10진수 값으로 변환하여 5초 동안 말하는 다음 스크립트를 작성한다.

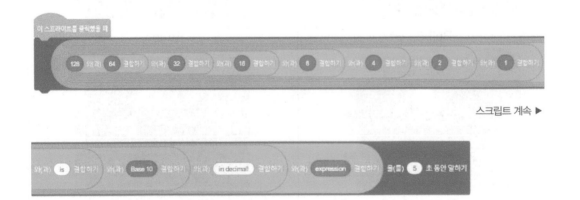

스크립트 계속 ▶

위의 스크립트는 다음과 같은 순서대로 블록들을 결합하여 만들 수 있다.

5.2 정렬(Sorting)

정렬은 순서 없이 임의로 나열된 데이터들을 일정한 규칙에 의해 크기 순서로 정리하는 것을 의미한다. 물건을 크기 순서로 오름차순이나 내림차순으로 나열하는 것도 이에 해당한다. 예를 들어 사람을 나이, 키, 이름 등을 이용하여 정렬할 수 있으며, 책들도 제목순이나 저자순, 또는 발간 연도순으로 정렬이 가능하다.

정렬은 가장 기본적이고 중요한 알고리즘 중의 하나로 일상생활에서 많이 사용된다. 스프레드시트에서 정렬 기능을 이용하여 데이터를 크기 순서로 나타내며, 인터넷 가격 비교 사이트에서 제품을 가격 순으로 나열하여 나타내준다. 이러한 것들은 모두 정렬 알고리즘을 사용하고 있다. 정렬 방법에는 오름차순과 내림차순 정렬이 있다.

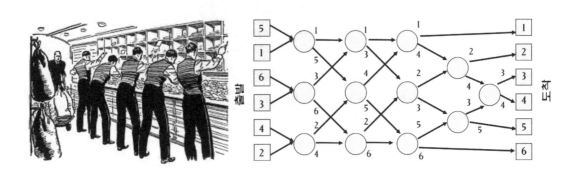

5.2.1 리스트 활용

정렬할 데이터는 리스트에 저장하는 것이 편리하다. 정렬 알고리즘을 학습하기 전에 리스트를 활용한 프로젝트를 제작한다. 프로젝트에서는 명화와 함께 그에 대한 설명을 보여주고 명화의 이름을 맞추도록 한다. 명화에 대한 설명과 명화 이름을 각각 리스트에 저장하며, 하나의 명화와 그에 대한 설명을 보여주고 이름을 입력받는다.

가. 화면 구성 및 스프라이트 동작

프로젝트를 시작하면 몇 문제를 풀 것인지 입력하도록 한다. 리스트의 문제목록에서 한 항목을 선택하여 그림과 함께 화면에 나타나도록 한다. 명화 이름을 입력받은 후 정답목록에서 정답인지 확인한다. 문제목록에서 선택된 위치에 해당하는 정답목록 위치의 내용이 같으면 정답을 맞춘 것이고 그렇지 않으면 틀린 것이 된다.

나. 기초 작업

다음과 같이 무대의 배경 추가, 스프라이트 추가, 변수와 리스트 생성, 리스트의 초기값 입력을 수행한다.

① 기본 배경으로 사용할 임의의 그림을 PC에서 가져온다. 그리고 7가지 명화가 포함된 무대의 배경 모양을 만든다.

② 스프라이트 저장소에서 Maya 스프라이트로 가져온다.

③ 문제수, 정답수, 오답수의 변수를 만든다.

④ '문제목록'과 '정답목록' 리스트를 만들고 그림에 대한 설명과 명화의 이름을 각각 다음과 같이 추가한다.

문제목록 리스트에 저장할 내용은 텍스트 파일로 작성하여 리스트로 읽어오는 것이 편리하다. 텍스트 파일에 입력할 명화에 대한 설명과 명화 이름은 각각 줄 단위로 저장해야 한다. 텍스트 파일은 저장할 때 인코딩 형식을 UTF-8로 지정한다. 파일을 저장한 후 문제목록 리스트에서 마우스 오른쪽 버튼을 클릭한 후 '가져오기'를 선택하면 된다.

1) 문제목록 리스트의 내용

- 모네가 사랑했던 정원 그림의 대표작
- 불운한 시대의 천재화가 이중섭의 최고 걸작
- 태양의 화가로 불리는 고흐의 아름다운 그림
- '네덜란드의 모나리자'라 불릴 만큼 아름다움 모습을 나타낸 페르메이르 작품
- 눈부시게 반짝이는 노란 금빛의 화려함을 나타낸 클림트의 작품
- 사회 비판적인 메시지를 간접적으로 부각시키고 있는 밀레의 작품
- 세잔의 정물화 가운데 가장 화려함을 자랑하는 작품 중의 하나

2) 정답목록 리스트의 내용

화가의 정원, 황소, 해바라기, 진주 귀걸이를 한 소녀, 키스, 이삭 줍는 사람들, 사과와 오렌지

다. 명령어 스크립트 작성

1) Maya 스프라이트

변수들의 초깃값을 0으로 설정한다. 프로젝트를 시작하면 몇 문제를 풀 것인지 입력받는다. 이어서 1부터 7사이의 숫자 중에서 하나를 임의로 지정한 후 해당하는 그림과 설명이 나타나도록 한다. 그림의 이름을 입력받은 후 정답목록에서 정답인지 확인한다. 문제목록에서 선택된 위치에 해당하는 정답목록 위치의 내용이 같으면 그림의 이름을 맞춘 것이고 그렇지 않으면 틀린 것이 된다.
예를 들어 임의로 지정한 숫자가 2라면 배경의 두번째 모양인 이중섭의 '황소' 그림과 문제목록 리스트의 두번째 항목인 '불운한 시대의 천재화가 이중섭의 최고 걸작'을 화면에 나타낸다. 명화의 이름이 입력되면 정답목록 리스트의 두번째 항목인 '황소'와 비교하여 정답 유무를 판단한다.

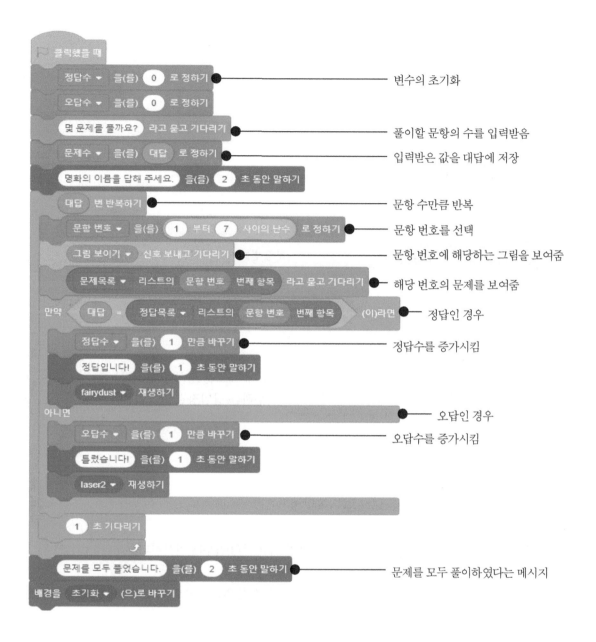

클릭했을 때

정답수 ▾ 을(를) 0 로 정하기 ●──────── 변수의 초기화

오답수 ▾ 을(를) 0 로 정하기

몇 문제를 풀까요? 라고 묻고 기다리기 ●──────── 풀이할 문항의 수를 입력받음

문제수 ▾ 을(를) 대답 로 정하기 ●──────── 입력받은 값을 대답에 저장

명화의 이름을 답해 주세요. 을(를) 2 초 동안 말하기

대답 번 반복하기 ●──────── 문항 수만큼 반복

문항 번호 ▾ 을(를) 1 부터 7 사이의 난수 로 정하기 ●──────── 문항 번호를 선택

그림 보이기 ▾ 신호 보내고 기다리기 ●──────── 문항 번호에 해당하는 그림을 보여줌

문제목록 ▾ 리스트의 문항 번호 번째 항목 라고 묻고 기다리기 ●──────── 해당 번호의 문제를 보여줌

만약 대답 = 정답목록 ▾ 리스트의 문항 번호 번째 항목 (이)라면 ●──────── 정답인 경우

정답수 ▾ 을(를) 1 만큼 바꾸기 ●──────── 정답수를 증가시킴

정답입니다! 을(를) 1 초 동안 말하기

fairydust ▾ 재생하기

아니면 ●──────── 오답인 경우

오답수 ▾ 을(를) 1 만큼 바꾸기 ●──────── 오답수를 증가시킴

틀렸습니다! 을(를) 1 초 동안 말하기

laser2 ▾ 재생하기

1 초 기다리기

문제를 모두 풀었습니다. 을(를) 2 초 동안 말하기 ●──────── 문제를 모두 풀이하였다는 메시지

배경을 초기화 ▾ (으)로 바꾸기

2) 무대 스프라이트

프로젝트가 시작되면 배경을 기본 배경으로 설정한다. '그림 보이기' 신호를 받으면 7개의 그림 중에서 임으로 선택된 그림을 무대의 배경으로 나타나도록 한다.

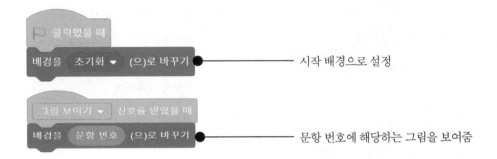

시작 배경으로 설정

문항 번호에 해당하는 그림을 보여줌

5.2.2 삽입정렬

삽입정렬(Insertion sort)이란 이미 정렬되어 있는 데이터에 새로운 항목을 삽입하는 방식으로 추가할 항목의 위치를 찾아주는 방법이다. 오름차순으로 정렬하는 삽입정렬 알고리즘의 수행 과정은 다음과 같다.

① 두 번째 자료를 기준으로 설정한다.
② 기준에 있는 자료를 바로 앞 자료와 비교한다.
③ 앞 자료보다 크면 그 자리에 두고, 앞 자료보다 작으면 앞 자료와 위치를 바꾼다.
④ 맨 앞 자료까지 비교하며 ③번 동작을 반복한다.
⑤ 기준점을 1씩 증가하며 기준이 마지막 자료에 갈 때까지 ②번부터 반복한다.

예를 들면, 정렬되지 않은 데이터인 (16, 7, 3, 5)을 삽입정렬 알고리즘으로 정렬하는 과정은 다음과 같다.

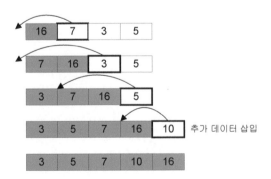

① 첫 번째 데이터인 16이 정렬된 상태라고 가정한다.

② 두 번째 데이터인 7이 새로 정렬될 값이다. 이미 정렬된 16과 새로 정렬할 7을 비교하여 7이 더 작으므로 이것을 16 앞으로 옮기게 된다. 더 이상 비교할 것이 없으므로 7, 16의 순으로 정렬된다.

③ 세 번째에 위치한 값인 3은 이미 정렬된 배열 (7, 16)의 가장 오른쪽 숫자인 16과 비교한다. 먼저 16과 3을 비교하여 16이 더 크므로 16을 오른쪽으로 옮기고 다음 숫자인 7과 비교하게 된다. 7이 더 크므로 7을 오른쪽으로 옮기고 3은 맨 앞자리로 넣는다.

④ 정렬된 (3, 7, 16)에 5를 추가해야 한다. 먼저 가장 오른쪽에 있는 16과 5를 비교하게 된다. 5는 16보다 작으므로 16을 오른쪽으로 한 칸 옮기고, 왼쪽에 있는 7과 다시 비교하게 된다. 7보다 작으므로 7을 오른쪽으로 한 칸 옮긴다. 마지막으로 3과 비교한다. 5가 3보다 크므로 5는 3과 7사이에 삽입해야 있다.

위와 같은 방법으로 정렬되지 않은 데이터인 (5, 4, 2, 3, 1)을 삽입정렬 알고리즘으로 정렬하는 과정은 다음과 같다. [ ]는 삽입할 데이터를 나타내고, 〈 〉는 리스트에 삽입된 데이터를 나타낸다.

5	[4]	2	3	1	두 번째 원소인 4를 부분 리스트에서 적절한 위치에 삽입
〈4〉	5	[2]	3	1	세 번째 원소인 2를 부분 리스트에서 적절한 위치에 삽입
〈2〉	4	5	[3]	1	네 번째 원소인 3을 부분 리스트에서 적절한 위치에 삽입
2	〈3〉	4	5	[1]	마지막 원소인 1을 부분 리스트에서 적절한 위치에 삽입
〈1〉	2	3	4	5	종료

① 첫 번째 데이터인 5는 정렬된 상태라고 가정한다.

② 두 번째 데이터인 4가 새로 정렬될 값이다. 이미 정렬된 5와 새로 정렬할 4를 비교하여 4가 더 작으므로 5를 오른쪽으로 옮긴다. 더 이상 비교할 것이 없으므로 4를 5의 앞에 삽입한다.

③ 세 번째에 위치한 값인 2를 이미 정렬된 배열 (4, 5)의 가장 오른쪽 숫자인 5와 비교한다. 먼저 5와 2를 비교하여 5가 더 크므로 5를 오른쪽으로 옮기고 다음 숫자인 4와 비교하게 된다. 4가 더 크므로 4를 오른쪽으로 옮기고 2를 맨 앞자리로 넣는다.

④ 정렬된 (2, 4, 5)에 3을 추가해야 한다. 먼저 가장 오른쪽에 있는 5와 3을 비교하게 된다. 5는 3보다 크므로 5를 오른쪽으로 한 칸 옮기고, 다시 왼쪽에 있는 4와 비교하게 된다. 4가 3보다 크므로 4를 오른쪽으로 한 칸 옮긴다. 마지막으로 2와 비교한다. 3이 2보다 크므로 3은 2와 4사이에 삽입한다.

⑤ 정렬된 (2, 3, 4, 5)에 1을 추가해야 한다. 먼저 가장 오른쪽에 있는 5와 1을 비교하게 된다. 5는 1보다 크므로 5를 오른쪽으로 한 칸 옮기고, 다시 왼쪽에 있는 4와 비교하게 된다. 4가 1보다 크므로 4를 오른쪽으로 한 칸 옮긴다. 같은 방법으로 다시 3과 2를 비교한 후 각각 오른쪽으로 한 칸씩 옮긴다. 앞에 다른 숫자가 없으므로 1을 가장 앞에 삽입한다.

5.2.2.1 스크래치로 구현한 삽입정렬

1) 화면 구성

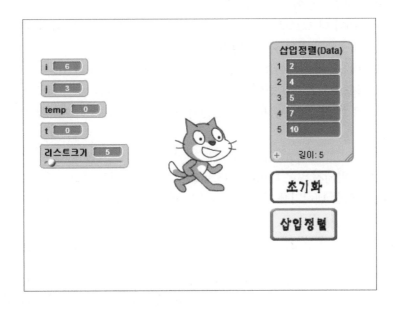

2)기초 작업

① '초기화', '삽입정렬' 버튼 스프라이트 만든다.
② 변수 팔레트의 [변수 만들기]를 이용하여 삽입정렬에 필요한 변수 i, j, t, temp, '리스트 크기'를 만든다.
③ 변수 팔레트의 [리스트 만들기]를 이용하여 삽입정렬(Data) 리스트를 만든다.

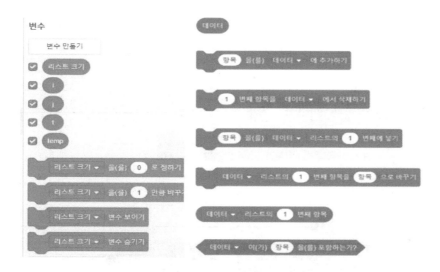

3) 명령어 스크립트 작성

(1) 초기화 버튼 스크립트

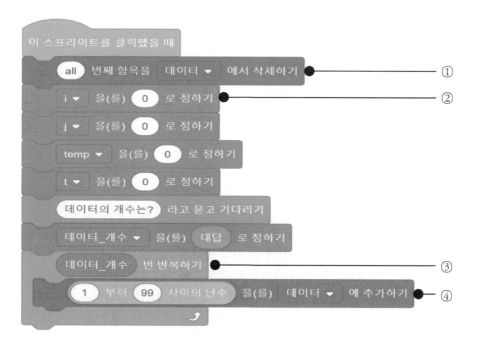

① 스프라이트를 클릭하면 스크립트가 시작되도록 블록을 삽입한다. 리스트의 초기화를 위해 '삽입
  정렬(Data)'에서 ['모두' 위치의 아이템 삭제하기]를 추가한다.
② 각 변수는 초기화를 위해 0으로 정한다.
③ 변수인 리스트 크기의 입력에 따라 리스트의 데이터 개수가 달라지도록 반복 구문을 정의한다.
④ 삽입정렬(Data) 리스트에 1부터 99의 난수를 저장하도록 정의한다.

(2) 삽입정렬 버튼 스크립트

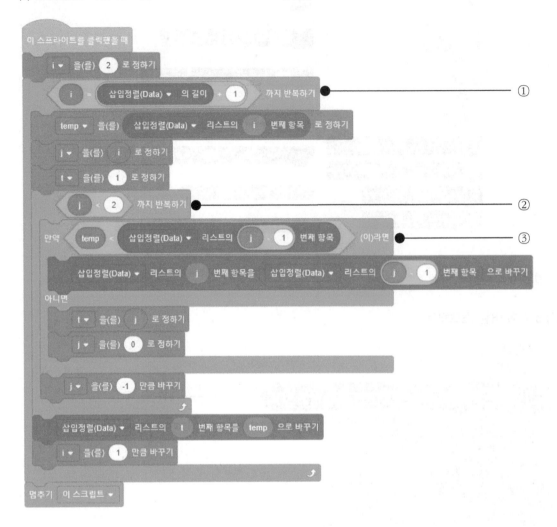

① 삽입정렬을 수행할 때 총 반복횟수를 나타낸다. 두 번째 원소를 최초 기준값(temp)으로 만들어 놓는다. 그리고 반복횟수(i)가 증가할수록 리스트(배열) 안의 반복횟수를 증가시키도록 한다. 예를 들면, 최초의 경우에는 첫 번째 원소와 두 번째 원소를 비교한 후 빠져나오고, 두 번째 경우에는 세 번째 원소와 두 번째 원소를 비교, 두 번째 원소와 첫 번째 원소를 비교하는 방식이다.

② 리스트(배열) 안의 반복횟수를 나타낸다. 현재 값이 기준 값(temp)보다 작은 경우에는 기준 값의 원소 번호(t)를 현재 원소 번호(j)로 바꿔주고 반복문을 빠져나온다.

③ 기준 값(temp)보다 비교되는 원소의 값이 큰 경우 그 다음 원소(j=j+1)로 값을 넘겨주고, 작은 경우에는 기준 값의 원소 번호(t)를 현재 원소(j)로 바꿔준다. 그리고 j를 0으로 초기화시켜 리스트 안의 반복문을 빠져나온다. 최종적으로 기준 값(temp)을 기준 값의 원소 번호(t)에 해당하는 곳에 넣어준다.

5.2.2.2 삽입정렬 시뮬레이션

가. 화면 구성

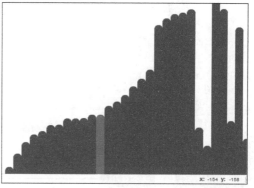

나. 스크립트 작성하기

1) 스프라이트 저장소에서 'Wizard'를 불러와 새로운 스프라이트로 추가한다.
2) 정렬할 데이터의 개수를 최대 100개까지 입력받도록 한다.
3) 정렬하는 과정을 그림으로 표현하여 쉽게 이해할 수 있도록 한다.

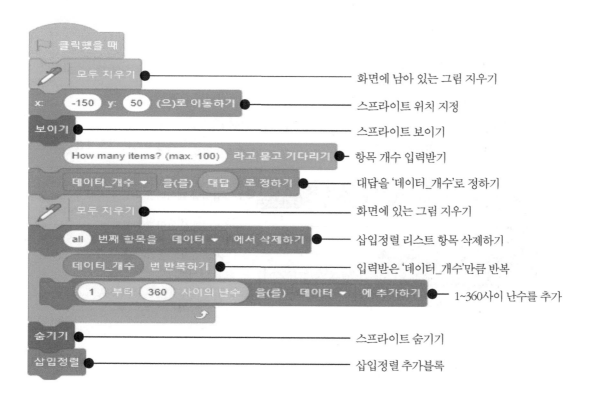

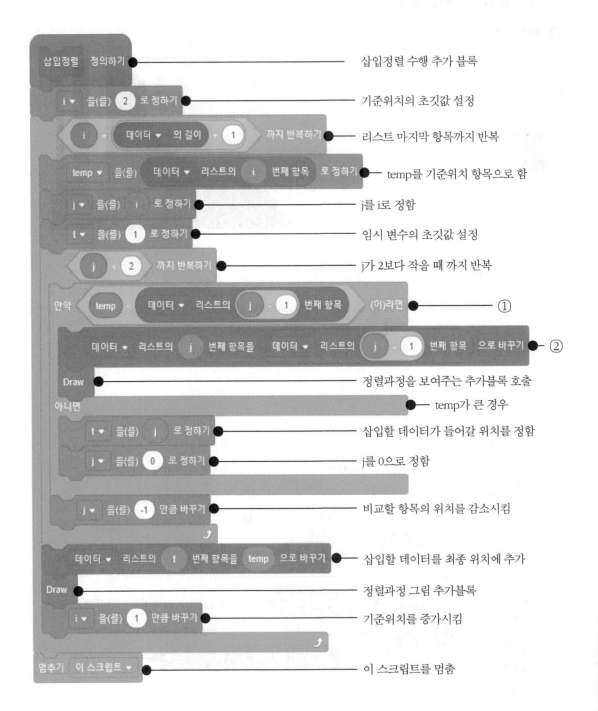

삽입정렬 정의하기 ● ──────────── 삽입정렬 수행 추가 블록

i ▼ 을(를) 2 로 정하기 ● ──────────── 기준위치의 초깃값 설정

i = 데이터 ▼ 의 길이 + 1 까지 반복하기 ● ── 리스트 마지막 항목까지 반복

temp ▼ 을(를) 데이터 ▼ 리스트의 i 번째 항목 로 정하기 ● ── temp를 기준위치 항목으로 함

j ▼ 을(를) i 로 정하기 ● ──────────── j를 i로 정함

t ▼ 을(를) 1 로 정하기 ● ──────────── 임시 변수의 초깃값 설정

j < 2 까지 반복하기 ● ──────────── j가 2보다 작을 때 까지 반복

만약 temp < 데이터 ▼ 리스트의 j - 1 번째 항목 (이)라면 ● ── ①

데이터 ▼ 리스트의 j 번째 항목을 데이터 ▼ 리스트의 j - 1 번째 항목 으로 바꾸기 ● ── ②

Draw ● ──────────── 정렬과정을 보여주는 추가블록 호출

아니면 ● ──────────── temp가 큰 경우

t ▼ 을(를) j 로 정하기 ● ──────────── 삽입할 데이터가 들어갈 위치를 정함

j ▼ 을(를) 0 로 정하기 ● ──────────── j를 0으로 정함

j ▼ 을(를) -1 만큼 바꾸기 ● ──────────── 비교할 항목의 위치를 감소시킴

데이터 ▼ 리스트의 t 번째 항목을 temp 으로 바꾸기 ● ── 삽입할 데이터를 최종 위치에 추가

Draw ● ──────────── 정렬과정 그림 추가블록

i ▼ 을(를) 1 만큼 바꾸기 ● ──────────── 기준위치를 증가시킴

멈추기 이 스크립트 ▼ ● ──────────── 이 스크립트를 멈춤

① temp가 리스트의 (j-1)번째 항목보다 작은 경우
② 데이터 리스트에서 현재 위치의 항목과 이전 항목의 자리를 바꿈

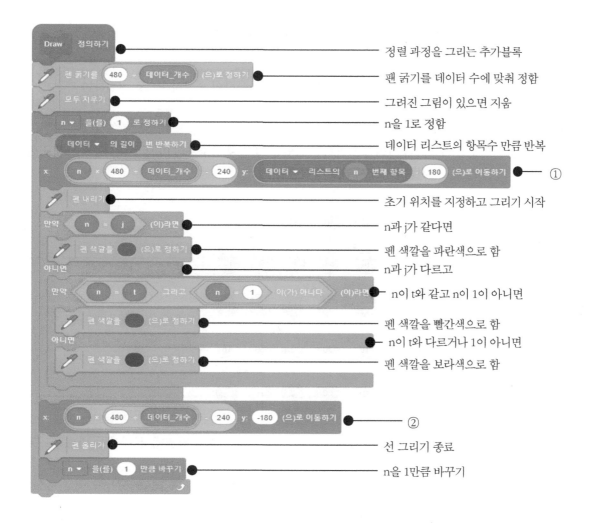

정렬 과정을 그리는 추가블록
팬 굵기를 데이터 수에 맞춰 정함
그려진 그림이 있으면 지움
n을 1로 정함
데이터 리스트의 항목수 만큼 반복
①
초기 위치를 지정하고 그리기 시작
n과 j가 같다면
펜 색깔을 파란색으로 함
n과 j가 다르고
n이 t와 같고 n이 1이 아니면
펜 색깔을 빨간색으로 함
n이 t와 다르거나 1이 아니면
펜 색깔을 보라색으로 함
②
선 그리기 종료
n을 1만큼 바꾸기

① 정렬할 각 데이터에 대한 막대그래프의 시작 위치를 (x, y) 좌표로 계산한다. x좌표는 정렬한 데이터의 개수와 위치에 따라 결정되며, y좌표는 데이터 값의 크기에 따라 결정된다.

② 각 데이터에 대한 막대그래프의 끝 위치를 (x, y) 좌표로 계산한다. 막대그래프는 위에서 아래 방향으로 막대를 표시하게 되므로 막대의 끝 부분이 무대의 하단이 된다. 따라서 x좌표는 시작 위치와 동일하며, y좌표는 모든 데이터에 대해 -180으로 일정하다.

5.2.3 버블정렬

첫 번째 원소부터 인접한 원소끼리 계속 자리를 교환하면서 가장 큰 원소를 마지막 자리로 이동시킨다. 이 모습이 물속에서 물 위로 올라오는 물방울 모양과 같다고 하여 버블(Bubble)정렬이라고 한다.

5.2.3.1 버블정렬 이해하기

가. 버블정렬 수행과정

정렬되지 않은 자료(69, 10, 30, 2, 16)를 버블정렬 방법을 사용하여 오름차순으로 정렬하는 과정은 다음과 같다.

① 인접한 두 원소를 비교하여 자리를 교환하는 작업을 첫 번째 원소부터 마지막 원소까지 차례로 반복하여 가장 큰 원소 69를 마지막 자리로 정렬한다.

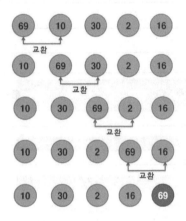

② 정렬된 69를 제외한 나머지 원소들을 비교하여 그 중 가장 큰 원소인 30을 끝에서 두 번째 자리로 정렬한다.

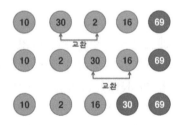

③ 정렬된 30, 69를 제외한 나머지 원소들을 비교하여 그 중 가장 큰 원소 16을 끝에서 세 번째 자리로 정렬한다.

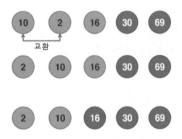

④ 정렬된 16, 30, 69를 제외한 나머지 원소들을 비교하여 그 중 가장 큰 원소 10을 끝에서 네 번째 자리로 정렬한다.

위와 같은 방법으로 버블정렬 알고리즘을 사용하여 데이터 (55, 10, 33, 8, 17)를 오름차순으로 정렬하는 과정은 다음과 같다.

① 인접한 두 원소를 비교하여 자리를 교환하는 작업을 첫 번째 원소부터 마지막 원소까지 차례로 반복하여 가장 큰 원소 55를 마지막 자리로 정렬한다.
② 정렬된 55를 제외한 나머지 원소들을 비교하여 그 중 가장 큰 원소인 33을 끝에서 두 번째 자리로 정렬한다.
③ 정렬된 33, 55를 제외한 나머지 원소들을 비교하여 그 중 가장 큰 원소 17을 끝에서 세 번째 자리로 정렬한다.
④ 정렬된 17, 33, 55를 제외한 나머지 원소들을 비교하여 그 중 가장 큰 원소 10을 끝에 서 네 번째 자리로 정렬한다.

	55	10	33	8	17
	10	**55**	33	8	17
단계1	10	**33**	**55**	8	17
	10	33	**8**	**55**	17
	10	33	8	**17**	**55**
	10	33	8	17	55
	10	**33**	8	17	55
단계2	10	**8**	**33**	17	55
	10	8	**17**	**33**	55
	10	8	17	33	55
단계3	**8**	**10**	17	33	55
	8	**10**	**17**	33	55
	8	10	17	33	55
단계4	**8**	**10**	17	33	55

나. 스크래치로 구현한 버블정렬

1) 화면 구성

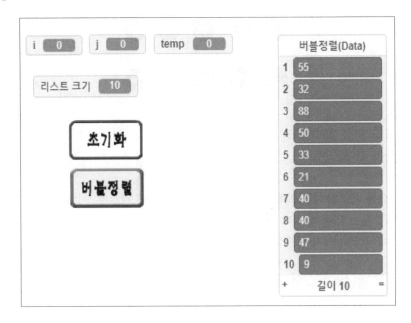

2) 기초 작업

① '초기화', '버블정렬' 버튼 스프라이트 만든다.

② 변수 팔레트의 [변수 만들기]에서 버블정렬에 필요한 변수 i , j , temp, '리스트 크기'를 만든다.
③ 변수 팔레트의 [리스트 만들기]에서 버블정렬(Data) 리스트를 만든다.

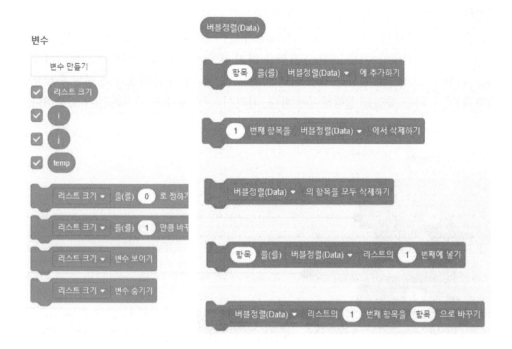

3) 명령어 스크립트 작성

(1) 초기화 버튼 스크립트

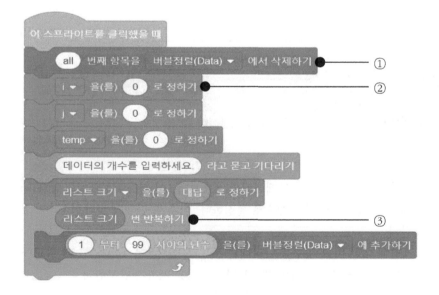

① '버블정렬(Data)' 리스트의 모든 항목을 삭제하여 초기화한다.

② 정렬에 사용할 변수들을 0으로 초기화한다.

③ 1~99의 난수를 '데이터 개수' 만큼 '버블정렬(Data)' 리스트에 추가한다.

(2) 버블정렬 스크립트

이 알고리즘의 swap 호출에서 [신호 보내고 기다리기]를 사용한다. [신호 보내기]를 하면 swap 방송한 후 바로 다음 단계로 진행하여 i를 '-1'하는 작업을 하기 때문에 두 과정이 동시에 진행되어 원하는 결과를 얻을 수 없다. 그러므로 원하는 결과를 얻기 위해서는 swap 호출이 모두 진행된 후에 다음 단계로 진행하여 i를 '-1'하는 작업을 실행하여야 한다. 따라서 [신호 보내고 기다리기]가 필요하다.

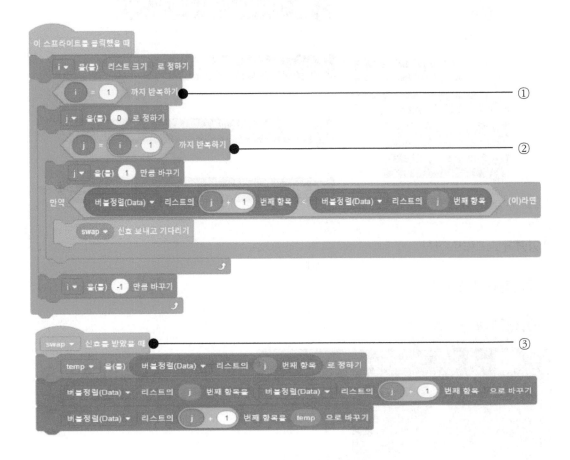

① 버블정렬에서 정렬에 필요한 단계의 수는 정렬할 데이터의 개수보다 1이 적다. i는 단계의 끝을 확인하기 위한 것으로 초깃값은 정렬할 데이터의 개수로 설정한다. 이후 한 단계가 끝나면 1씩 감소시켜 1이 될 때까지 반복한다.

② j는 각 단계에서 데이터 크기에 대한 비교 횟수를 나타내는 것으로 초깃값은 0이다. 한 번 비교한 후 1씩 증가시키며, 각 단계에서 정렬할 데이터의 개수보다 1이 적을 때까지 반복한다.

③ j번째와 j+1번째 아이템을 비교해서 j번째가 크면 아이템을 교환(swap 호출)한다.

※ C언어로 구현한 버블정렬

```c
void bubble_sort(int list[ ], int n)
 {
  int i, j, temp;
  for( i=n-1 ; i>=1 ; i-- ){   // list의 마지막에서 list[1]까지 감소하면서 반복
    for( j=0 ; j<=i-1 ; j++ ){ // list의 처음부터 'list의 마지막-1' 까지 반복
      if(list[j]>list[j+1]){   // 앞의 값이 뒤의 값보다 크면 두 값을 교체
        temp = list[j] ;
        list[j] = list[j+1] ;
        list[j+1] = temp ;
      }
    }
  }
}
```

5.2.3.2 버블정렬 시뮬레이션

가. 화면 구성

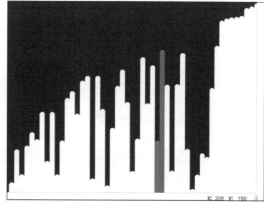

나. 스크립트 작성하기

1) 스프라이트 저장소에서 'Wizard'를 불러와 추가한다.
2) 정렬할 데이터의 개수를 최대 100개로 하여 입력받도록 한다.
3) 정렬하는 과정을 그림으로 표현하여 쉽게 이해할 수 있도록 한다.

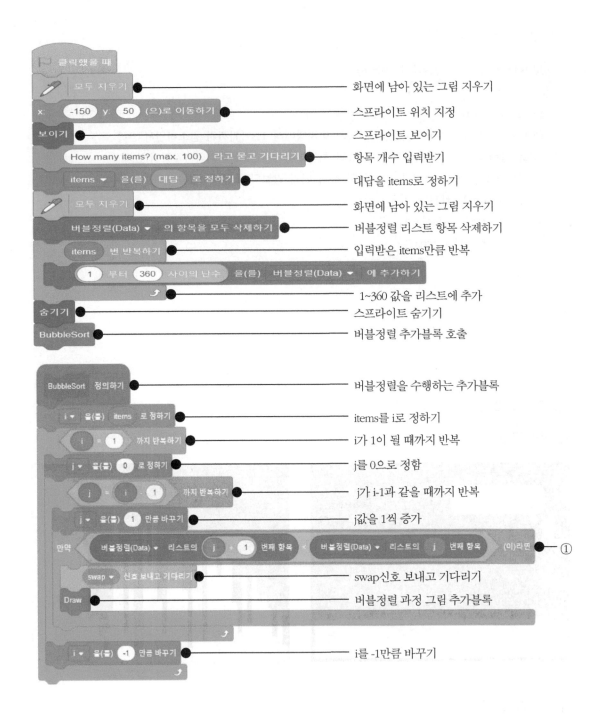

모두 지우기	화면에 남아 있는 그림 지우기
x: -150 y: 50 (으)로 이동하기	스프라이트 위치 지정
보이기	스프라이트 보이기
How many items? (max. 100) 라고 묻고 기다리기	항목 개수 입력받기
items ▼ 을(를) 대답 로 정하기	대답을 items로 정하기
모두 지우기	화면에 남아 있는 그림 지우기
버블정렬(Data) ▼ 의 항목을 모두 삭제하기	버블정렬 리스트 항목 삭제하기
items 번 반복하기	입력받은 items만큼 반복
1 부터 360 사이의 난수 을(를) 버블정렬(Data) ▼ 에 추가하기	1~360 값을 리스트에 추가
숨기기	스프라이트 숨기기
BubbleSort	버블정렬 추가블록 호출

BubbleSort 정의하기	버블정렬을 수행하는 추가블록
i ▼ 을(를) items 로 정하기	items를 i로 정하기
i = 1 까지 반복하기	i가 1이 될 때까지 반복
j ▼ 을(를) 0 로 정하기	j를 0으로 정함
j = i - 1 까지 반복하기	j가 i-1과 같을 때까지 반복
j ▼ 을(를) 1 만큼 바꾸기	j값을 1씩 증가
만약 버블정렬(Data) ▼ 리스트의 j + 1 번째 항목 < 버블정렬(Data) ▼ 리스트의 j 번째 항목 (이)라면	①
swap ▼ 신호 보내고 기다리기	swap신호 보내고 기다리기
Draw	버블정렬 과정 그림 추가블록
i ▼ 을(를) -1 만큼 바꾸기	i를 -1만큼 바꾸기

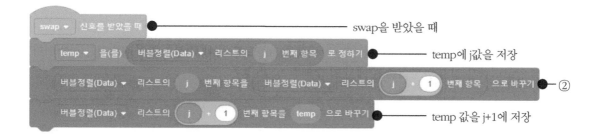

— swap을 받았을 때

— temp에 j값을 저장

— ②

— temp 값을 j+1에 저장

① 리스트에서 앞의 데이터가 뒤의 데이터보다 큰 경우
② 리스트 j번째 항목에 j+1번째 항목의 값을 넣음

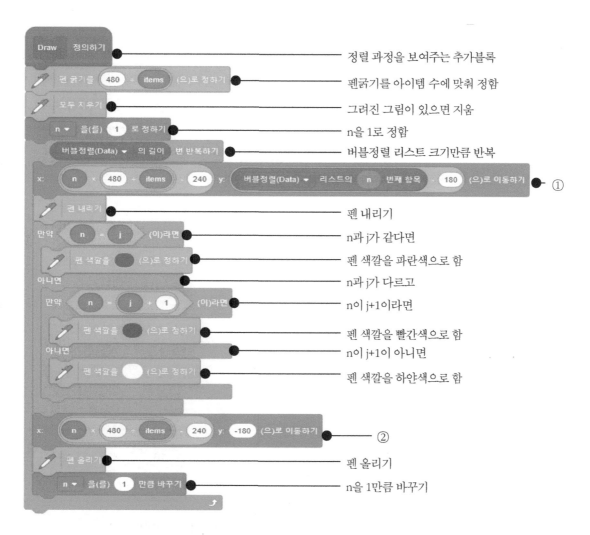

— 정렬 과정을 보여주는 추가블록

— 펜굵기를 아이템 수에 맞춰 정함

— 그려진 그림이 있으면 지움

— n을 1로 정함

— 버블정렬 리스트 크기만큼 반복

— ①

— 펜 내리기

— n과 j가 같다면

— 펜 색깔을 파란색으로 함

— n과 j가 다르고

— n이 j+1이라면

— 펜 색깔을 빨간색으로 함

— n이 j+1이 아니면

— 펜 색깔을 하얀색으로 함

— ②

— 펜 올리기

— n을 1만큼 바꾸기

① 항목 값을 나타내는 그래프에서 막대의 가장 윗부분 위치를 지정
② 막대의 가장 아래 부분 위치 지정

5.2.4 퀵정렬

퀵정렬(Quick sort)은 정렬할 리스트를 축(pivot) 값을 기준으로 두 개로 분할하여 정렬하는 방법이다. 퀵정렬 알고리즘은 정렬 알고리즘 중에서 가장 빠른 방법이다.

5.2.4.1 퀵정렬 이해하기

가. 퀵정렬 수행과정

예를 들면, 정렬되지 않은 데이터인 [27, 4, 37, 2, 62, 12, 59, 16, 49, 18]을 퀵정렬 알고리즘을 이용하여 오름차순으로 정렬하는 방법은 다음과 같다.

1) 첫 번째 단계

① 리스트 중 첫 번째 원소를 축 값으로 지정한다.

27	4	37	2	62	12	59	16	49	18
축									

② 왼쪽에서 오른쪽으로 가면서 축 값보다 큰 값을 찾는다. (37)

27	4	37	2	62	12	59	16	49	18
축		↑							

③ 오른쪽에서 왼쪽으로 가면서 축 값보다 작은 값을 찾는다. (18)

27	4	37	2	62	12	59	16	49	18
축		↑							↑

④ ②와 ③에서 찾은 값(37과 18)을 교환한다.

27	4	37	2	62	12	59	16	49	18
축		↑			교환				↑

⑤ ②에서 찾은 원소 다음 원소에서 시작해서 ②(축보다 큰 값 찾기)를 실행한다. (62)

27	4	18	2	62	12	59	16	49	37
				↑					

⑥ ③에서 찾은 원소의 앞 원소에서 시작해서 ③(축보다 작은 값 찾기)를 실행한다.(16)

27	4	18	2	62	12	59	16	49	37
				↑			↑		

⑦ ⑤와 ⑥에서 찾은 값(62와 16)을 교환한다.

27	4	18	2	62	12	59	16	49	37
				↑	교환		↑		

⑧ ⑤에서 찾은 원소 다음 원소에서 시작해서 ②을 실행한다.(59)

27	4	18	2	16	12	59	62	49	37
						↑			

⑨ ⑥에서 찾은 원소의 앞 원소에서 시작해서 ③을 실행한다.(12)

27	4	18	2	16	12	59	62	49	37
					↑	↑			

⑩ ②를 실행한 결과(59)와 ③을 실행한 결과(12)의 순서가 교차되면, ③을 실행한 결과(12)와 축 값(27)을 교환한다.

27	4	18	2	16	12	59	62	49	37
*				교환	*				

⑪ 축 값(27)을 기준으로 축 값보다 작은 값은 왼쪽리스트에, 축 값보다 큰 값은 오른쪽 리스트에 놓이게 된다.

12	4	18	2	16	27	59	62	49	37

이와 같이 ②, ③, ④를 계속 반복하다가 ②, ③의 위치가 교차하게 되면 ③에서 찾은 원소와 축 값을 교환하게 되는 방식이다. 왼쪽에서 축 값보다 큰 값을 찾고, 오른쪽에서 축 값보다 작은 값을 찾아 서로 교환하게 되는 것을 반복하게 된다. 축 값의 오른쪽에는 왼쪽에서 찾은 축 값 보다 큰 값이 오며, 축 값의 왼쪽에는 오른쪽에서 찾은 축 값보다 작은 값이 배치된다. 축 값의 왼쪽 리스트와 오른쪽 리스트도 이것을 재귀적으로 반복하며 최종적으로 오름차순으로 정렬된다.

| 12 | 4 | 18 | 2 | 16 | 27 | 59 | 62 | 49 | 37 |

왼쪽 리스트   정렬   오른쪽 리스트

축 값으로 분리된 왼쪽과 오른쪽 리스트 중에서 왼쪽 리스트를 퀵정렬로 모두 수행한 후 오른쪽 리스트를 퀵정렬 알고리즘으로 정렬한다.

2) 두 번째 단계

첫 번째 단계에서 정렬된 '27'의 왼쪽 리스트 부분을 앞의 방법과 동일하게 수행한다.

| 12 | 4 | 18 | 2 | 16 | 27 | 59 | 62 | 49 | 37 |

① 리스트 중 가장 첫 번째 원소를 축 값으로 지정한다.

| 12 | 4 | 18 | 2 | 16 |

축값

② 왼쪽에서 오른쪽으로 가면서 축 값보다 큰 값을 찾는다.(18)

| 12 | 4 | 18 | 2 | 16 |

축값   ↑

③ 오른쪽에서 왼쪽으로 가면서 축 값보다 작은 값을 찾는다.(2)

| 12 | 4 | 18 | 2 | 16 |

축값   ↑   ↑

④ ②와 ③에서 찾은 값(18과 2)을 교환한다.

12	4	18	2	16
축값		↑ 교환 ↑		

⑤ ②에서 찾은 원소 다음 원소에서 시작해서 ②를 실행한다.(18)

12	4	2	18	16
축값			↑	

⑥ ③에서 찾은 원소의 앞 원소에서 시작해서 ③을 실행한다.(2)

12	4	2	18	16
축값		↑	↑	

⑦ ②를 실행한 결과(18)와 ③을 실행한 결과(2)의 순서가 교차되면, ③을 실행한 결과(2)와 축 값을 교환한다.

12	4	2	18	16
축값	교환	↑		

⑧ 축 값을 기준으로 축 값보다 작은 값은 왼쪽 리스트에, 축 값보다 큰 값은 오른쪽 리스트에 놓이게 된다.

2	4	12	18	16
		정렬		

3) 세 번째 단계

2	4
축값	

① 리스트 중 가장 첫 번째 원소를 축 값으로 지정한다.
② 왼쪽에서 오른쪽으로 가면서 축 값보다 큰 값을 찾는다.(4)
③ 오른쪽에서 왼쪽으로 가면서 축 값보다 작은 값을 찾는다.(없다)

④ ②를 실행한 결과와 ③을 실행한 결과의 순서가 교차되면, ③을 실행한 결과와 축 값을 교환한다. 이 때 ③이 없으므로 교차할 것이 없다.

4) 네 번째 단계

5) 다섯 번째 단계

첫 번째 단계에서 정렬된 '27'의 오른쪽 리스트 부분을 앞의 방법과 동일하게 수행한다.

6) 여섯 번째 단계

7) 일곱 번째 단계

62
정렬

위와 같이 각 단계에서 축값을 기준으로 왼쪽과 오른쪽 부분 리스트의 데이터 정렬을 반복하면 최종적으로 다음과 같이 리스트의 데이터가 정렬된다.

2	4	12	16	18	27	37	49	59	62

나. 스크래치로 구현한 퀵정렬

1) 화면 구성

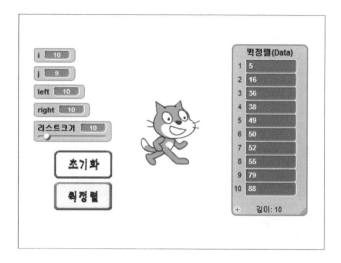

2) 기초 작업

① '초기화', '퀵정렬' 버튼 스프라이트 만든다.

② 변수 팔레트에서 퀵정렬에 필요한 변수 i, j, left, right, '리스트 크기'를 만든다.

③ 변수 팔레트의 [리스트 만들기]를 이용하여 길이가 10인 리스트 [퀵정렬(Data)]를 만든다.
[퀵정렬(Data)] 리스트에 [리스트 크기] 개수만큼의 난수가 원소로 삽입된다.

변수	- i : 축값(pivot) 보다 큰 값 찾는 변수 (왼쪽→오른쪽) - j : 축값(pivot) 보다 작은 값 찾는 변수 (오른쪽→왼쪽) - left : 리스트의 처음 인덱스를 저장하기 위한 변수 - right : 리스트의 마지막 인덱스를 저장하기 위한 변수 - temp : 아이템 교환을 위한 변수 - top : stack 리스트에서 위치를 저장하기 위한 변수 - 리스트 크기 : 정렬할 데이터의 개수를 저장하기 위한 변수
리스트	- 퀵정렬(Data) : 정렬할 데이터가 저장된 리스트 - stack : 스택 구현을 위한 리스트

퀵정렬은 보통 재귀함수로 구현하지만 재귀함수 기능을 지원하지 않는 스크래치의 경우 비재귀로 구현이 가능하다. 퀵정렬을 재귀함수로 구현하는 이유는 축값으로 분리한 왼쪽 리스트와 오른쪽 리스트가 동일한 방법으로 반복하여 퀵정렬을 수행하기 때문이다. 그래서 재귀함수를 구현할 때 매개변수로 리스트의 처음 원소 번호와 마지막 원소 번호를 넘긴다. 이것을 매개변수가 지원되지 않는 스크래치를 이용해 비재귀로 구현하기 위해 스택으로 리스트의 처음 원소 번호와 마지막 원소 번호를 배열에 넣고 꺼내는 방법을 사용한다.

3) 명령어 스크립트 작성

(1) 초기화 버튼 스크립트

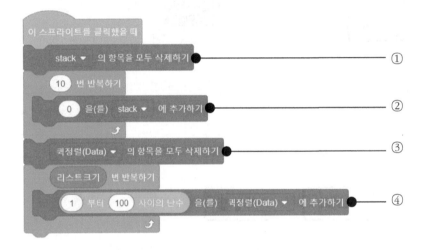

① 리스트의 초기화를 위해 '스택(stack)' 리스트에서 ['모두' 위치의 아이템 삭제하기]를 추가한다.
② '스택(stack)' 리스트를 10회 반복하면서 리스트의 모든 항목을 0으로 초기화한다. 리스트의 크기에 따라 초기화를 위한 반복 횟수는 다를 수 있다.
③ '퀵정렬(Data)' 리스트의 초기화를 위해 '퀵정렬(Data)' 리스트에서 ['모두' 위치의 아이템 삭제하기]를 추가한다.
④ 변수 '리스트 크기' 만큼 '퀵정렬(Data)' 리스트에 1에서 100 사이의 난수를 추가한다.

(2) 퀵정렬 스크립트

① 스택에서 한 개의 원소를 가져와서 변수에 저장하는 기능을 나타낸 것이다.

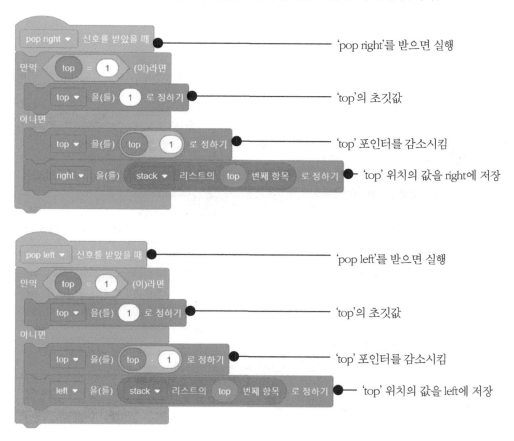

- 'pop right'를 받으면 실행
- 'top'의 초깃값
- 'top' 포인터를 감소시킴
- 'top' 위치의 값을 right에 저장
- 'pop left'를 받으면 실행
- 'top'의 초깃값
- 'top' 포인터를 감소시킴
- 'top' 위치의 값을 left에 저장

② 정렬 스크립트

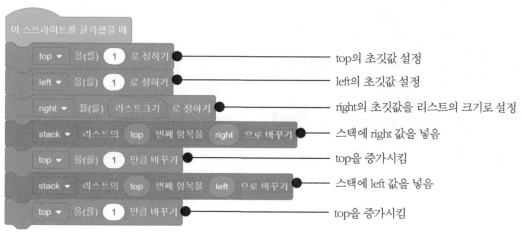

- top의 초깃값 설정
- left의 초깃값 설정
- right의 초깃값을 리스트의 크기로 설정
- 스택에 right 값을 넣음
- top을 증가시킴
- 스택에 left 값을 넣음
- top을 증가시킴

스크립트 계속 ▶

스크립트 계속 ▶

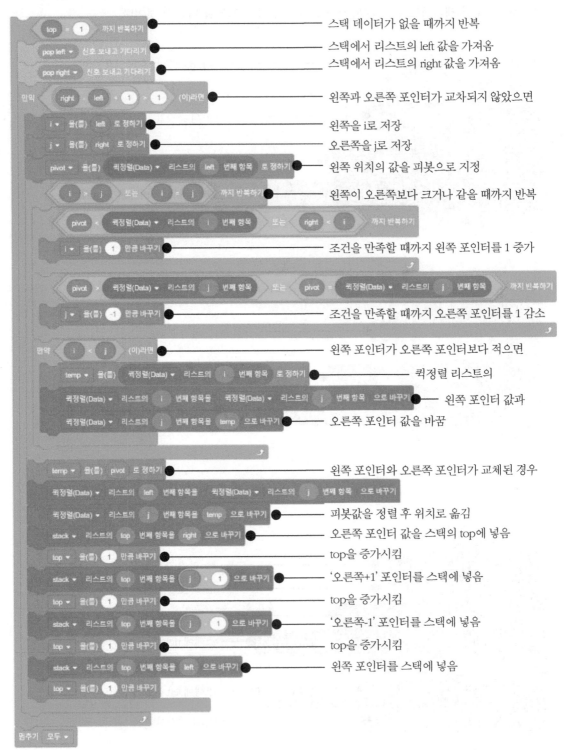

스택 데이터가 없을 때까지 반복

스택에서 리스트의 left 값을 가져옴

스택에서 리스트의 right 값을 가져옴

왼쪽과 오른쪽 포인터가 교차되지 않았으면

왼쪽을 i로 저장

오른쪽을 j로 저장

왼쪽 위치의 값을 피봇으로 지정

왼쪽이 오른쪽보다 크거나 같을 때까지 반복

조건을 만족할 때까지 왼쪽 포인터를 1 증가

조건을 만족할 때까지 오른쪽 포인터를 1 감소

왼쪽 포인터가 오른쪽 포인터보다 적으면

퀵정렬 리스트의

왼쪽 포인터 값과

오른쪽 포인터 값을 바꿈

왼쪽 포인터와 오른쪽 포인터가 교체된 경우

피봇값을 정렬 후 위치로 옮김

오른쪽 포인터 값을 스택의 top에 넣음

top을 증가시킴

'오른쪽+1' 포인터를 스택에 넣음

top을 증가시킴

'오른쪽-1' 포인터를 스택에 넣음

top을 증가시킴

왼쪽 포인터를 스택에 넣음

퀵정렬 스크립트의 동작을 이해하기 위하여 10개의 원소로 구성된 리스트를 정렬해본다. 다음 리스트를 사용하여 스크립트를 수행할 때 리스트의 첫 번째 원소인 축 값 27이 정렬될 때까지 스크립트에서 사용한 변수들과 스택 내용의 변화는 다음과 같다.

27	4	37	2	62	12	59	16	49	18

⇩

27	4	18	2	16	12	59	62	49	37

↑ j   ↑ i

12	4	18	2	16	27	59	62	49	37

변수	값의 변화
top	1→2→3→2→1→2→3→4
left	1→1
right	10→10
i	1→2→3→4→5→6→7
j	10→9→8→7→6
pivot	27
temp	37→62→27

stack 내용의 변화

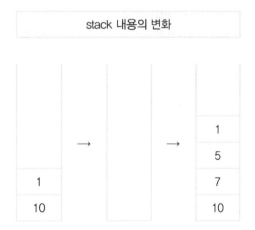

```
void quick_sort ( int list[ ], int n )
{
    int temp;
    int i = 0, j = n;
    if ( n < 2 ) return;              // 리스트가 하나이면 종료됨
    while ( 1 )                       // 무한 반복
      while ( list[++i] < list[0] )   // i를 증가시키면서 축 값보다 큰 값 찾기
        if ( i >= n ) break;          // i가 리스트 총 길이보다 커지면 종료함
      while ( list[--j] > list[0] )   // j를 감소시키면서 축 값보다 작은 값 찾기
        if ( i >= j ) break;          // i와 j가 교차되면 break 함 (whilel(1)를 빠져나감)
      temp = list[i];                 // i와 j가 교차되지 않았을 때 list[i]와 list[j]값을 교체
      list[i] = list[j];
      list[j] = temp;
      temp = list[0];                 // 축 값과 list[j] 값을 교체
      list[0] = list[j];
      list[j] = temp;
      quick_sort ( list, j );         // 재귀호출(왼쪽 리스트 퀵 정렬 진행)
      quick_sort ( list+j+1, n-j-1 ); // 재귀호출(오른쪽 리스트 퀵 정렬 진행)
}
```

5.2.4.2 스택을 사용한 퀵정렬 시뮬레이션

가. 화면 구성

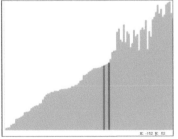

나. 스크립트 작성하기

① 스프라이트 저장소에서 'Wizard Girl'을 불러와 스프라이트를 추가한다.
② 정렬할 데이터의 개수를 최대 100개로 하여 입력받도록 한다.
③ 정렬하는 과정을 그림으로 표현하여 쉽게 이해할 수 있도록 한다.

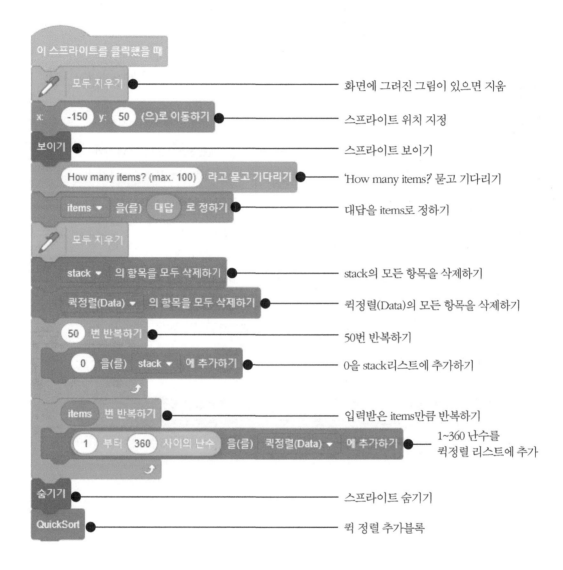

화면에 그려진 그림이 있으면 지움

스프라이트 위치 지정

스프라이트 보이기

'How many items?' 묻고 기다리기

대답을 items로 정하기

stack의 모든 항목을 삭제하기

퀵정렬(Data)의 모든 항목을 삭제하기

50번 반복하기

0을 stack리스트에 추가하기

입력받은 items만큼 반복하기

1~360 난수를
퀵정렬 리스트에 추가

스프라이트 숨기기

퀵 정렬 추가블록

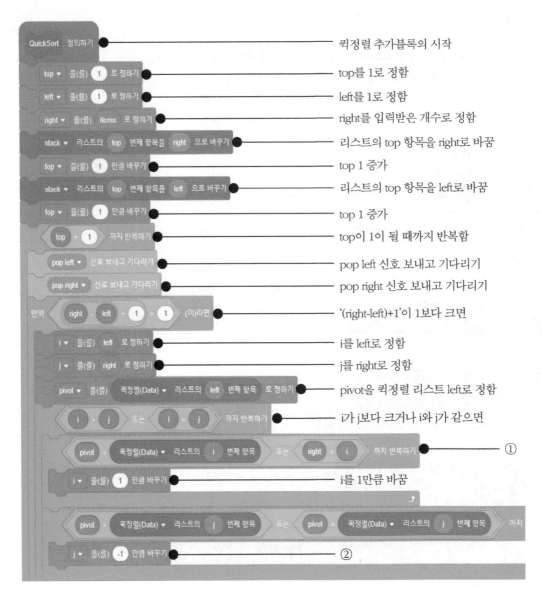

	퀵정렬 추가블록의 시작
QuickSort 정의하기	
top ▼ 을(를) 1 로 정하기	top를 1로 정함
left ▼ 을(를) 1 로 정하기	left를 1로 정함
right ▼ 을(를) items 로 정하기	right를 입력받은 개수로 정함
stack ▼ 리스트의 top 번째 항목을 right 으로 바꾸기	리스트의 top 항목을 right로 바꿈
top ▼ 을(를) 1 만큼 바꾸기	top 1 증가
stack ▼ 리스트의 top 번째 항목을 left 으로 바꾸기	리스트의 top 항목을 left로 바꿈
top ▼ 을(를) 1 만큼 바꾸기	top 1 증가
top = 1 까지 반복하기	top이 1이 될 때까지 반복함
pop left ▼ 신호 보내고 기다리기	pop left 신호 보내고 기다리기
pop right ▼ 신호 보내고 기다리기	pop right 신호 보내고 기다리기
만약 right - left + 1 > 1 (이)라면	'(right-left)+1'이 1보다 크면
i ▼ 을(를) left 로 정하기	i를 left로 정함
j ▼ 을(를) right 로 정하기	j를 right로 정함
pivot ▼ 을(를) 퀵정렬(Data) ▼ 리스트의 left 번째 항목 로 정하기	pivot을 퀵정렬 리스트 left로 정함
i > j 또는 i = j 까지 반복하기	i가 j보다 크거나 i와 j가 같으면
pivot < 퀵정렬(Data) ▼ 리스트의 i 번째 항목 또는 right < i 까지 반복하기	①
i ▼ 을(를) 1 만큼 바꾸기	i를 1만큼 바꿈
pivot > 퀵정렬(Data) ▼ 리스트의 j 번째 항목 또는 pivot = 퀵정렬(Data) ▼ 리스트의 j 번째 항목 까지	
j ▼ 을(를) -1 만큼 바꾸기	②

스크립트 계속 ▶

스크립트 계속 ▶

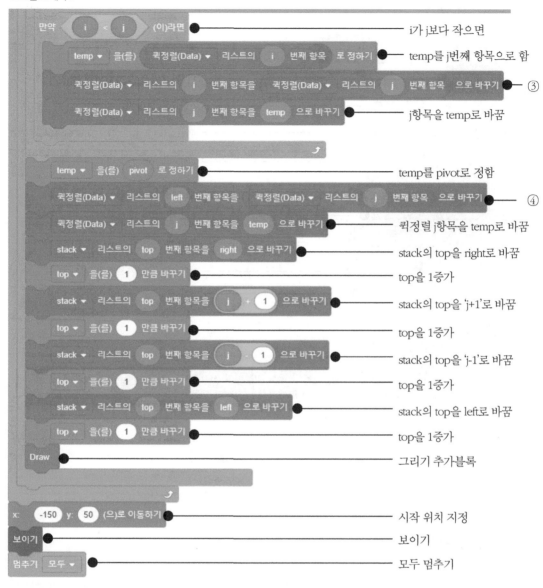

만약 i < j (이)라면 ——————————— i가 j보다 작으면

temp ▼ 을(를) 퀵정렬(Data) ▼ 리스트의 i 번째 항목 로 정하기 ——————— temp를 j번째 항목으로 함

퀵정렬(Data) ▼ 리스트의 i 번째 항목을 퀵정렬(Data) ▼ 리스트의 j 번째 항목 으로 바꾸기 —— ③

퀵정렬(Data) ▼ 리스트의 j 번째 항목을 temp 으로 바꾸기 ————— j항목을 temp로 바꿈

temp ▼ 을(를) pivot 로 정하기 ——————————— temp를 pivot로 정함

퀵정렬(Data) ▼ 리스트의 left 번째 항목을 퀵정렬(Data) ▼ 리스트의 j 번째 항목 으로 바꾸기 —— ④

퀵정렬(Data) ▼ 리스트의 j 번째 항목을 temp 으로 바꾸기 ————— 퀵정렬 j항목을 temp로 바꿈

stack ▼ 리스트의 top 번째 항목을 right 으로 바꾸기 ————— stack의 top을 right로 바꿈

top ▼ 을(를) 1 만큼 바꾸기 ————— top을 1증가

stack ▼ 리스트의 top 번째 항목을 j + 1 으로 바꾸기 ————— stack의 top을 'j+1'로 바꿈

top ▼ 을(를) 1 만큼 바꾸기 ————— top을 1증가

stack ▼ 리스트의 top 번째 항목을 j - 1 으로 바꾸기 ————— stack의 top을 'j-1'로 바꿈

top ▼ 을(를) 1 만큼 바꾸기 ————— top을 1증가

stack ▼ 리스트의 top 번째 항목을 left 으로 바꾸기 ————— stack의 top을 left로 바꿈

top ▼ 을(를) 1 만큼 바꾸기 ————— top을 1증가

Draw ——————————— 그리기 추가블록

x: -150 y: 50 (으)로 이동하기 ——————————— 시작 위치 지정

보이기 ——————————— 보이기

멈추기 모두 ▼ ——————————— 모두 멈추기

① 리스트의 i번째 항목이 pivot보다 크거나, i가 right보다 클 때까지 반복
② 리스트의 j번째 항목이 pivot보다 작거나 같을 때까지 j를 1씩 감소시킴
③ 퀵정렬 i와 j번째 항목 바꾸기
④ 퀵정렬 left와 j번째 항목 바꾸기

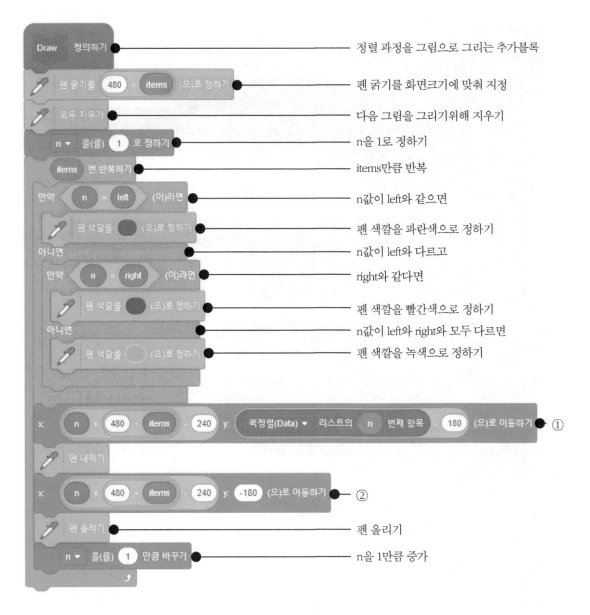

정렬 과정을 그림으로 그리는 추가블록

펜 굵기를 화면크기에 맞춰 지정

다음 그림을 그리기위해 지우기

n을 1로 정하기

items만큼 반복

n값이 left와 같으면

펜 색깔을 파란색으로 정하기

n값이 left와 다르고

right와 같다면

펜 색깔을 빨간색으로 정하기

n값이 left와 right와 모두 다르면

펜 색깔을 녹색으로 정하기

①

②

펜 올리기

n을 1만큼 증가

① 정렬할 각 데이터에 대한 막대그래프의 시작 위치를 (x, y) 좌표로 계산한다. x좌표는 정렬한 데이터의 개수와 위치에 따라 결정되며, y좌표는 데이터 값의 크기에 따라 결정된다.

② 각 데이터에 대한 막대그래프의 끝 위치를 (x, y) 좌표로 계산한다. 막대그래프는 위에서 아래 방향으로 막대를 표시하게 되므로 막대의 끝 부분이 무대의 하단이 된다. 따라서 x좌표는 시작 위치와 동일하며, y좌표는 모든 데이터에 대해 -180으로 일정하다.

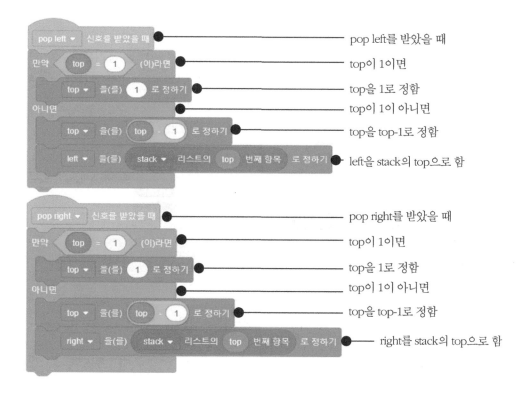

pop left ▾ 신호를 받았을 때	pop left를 받았을 때
만약 top = 1 (이)라면	top이 1이면
top ▾ 을(를) 1 로 정하기	top을 1로 정함
아니면	top이 1이 아니면
top ▾ 을(를) top - 1 로 정하기	top을 top-1로 정함
left ▾ 을(를) stack ▾ 리스트의 top 번째 항목 로 정하기	left을 stack의 top으로 함

pop right ▾ 신호를 받았을 때	pop right를 받았을 때
만약 top = 1 (이)라면	top이 1이면
top ▾ 을(를) 1 로 정하기	top을 1로 정함
아니면	top이 1이 아니면
top ▾ 을(를) top - 1 로 정하기	top을 top-1로 정함
right ▾ 을(를) stack ▾ 리스트의 top 번째 항목 로 정하기	right를 stack의 top으로 함

5.2.4.3 퀵정렬 시뮬레이션

퀵정렬은 분할 정복(Divide and conquer) 전략을 통해 리스트의 데이터를 정렬한다. 리스트 가운데서 하나의 원소를 고르고 이렇게 고른 원소를 pivot이라고 한다. pivot 앞에는 pivot보다 값이 작은 모든 원소들이 오고, pivot 뒤에는 pivot보다 값이 큰 모든 원소들이 오도록 pivot을 기준으로 리스트를 둘로 나눈다. 이렇게 리스트를 두 개로 나눈 후 분할된 두 개의 작은 리스트에 대해 앞의 과정을 반복한다.

가. 화면 구성

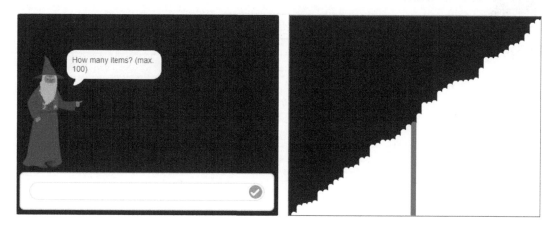

나. 기초 작업

1) 기존 스프라이트를 삭제하고, 스프라이트 고르기에서 [사람들]-[Wizard] 파일을 불러온다.
2) 변수인 L, R, items, left, n, pivot, right, temp를 만들고, 리스트인 list, taskL, taskR을 만든다.

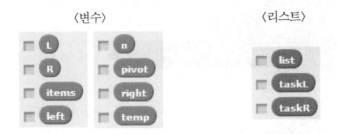

다. 명령어 스크립트 작성

퀵 정렬 알고리즘의 수행 과정을 그림으로 보여주는 스크립트를 작성한다.

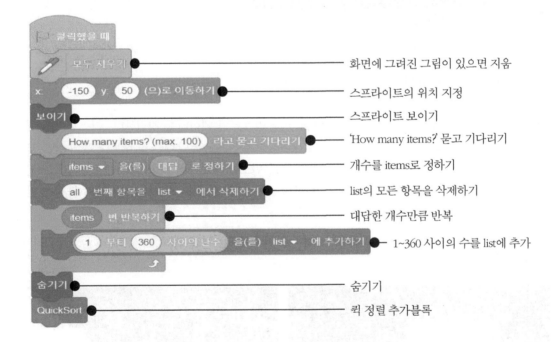

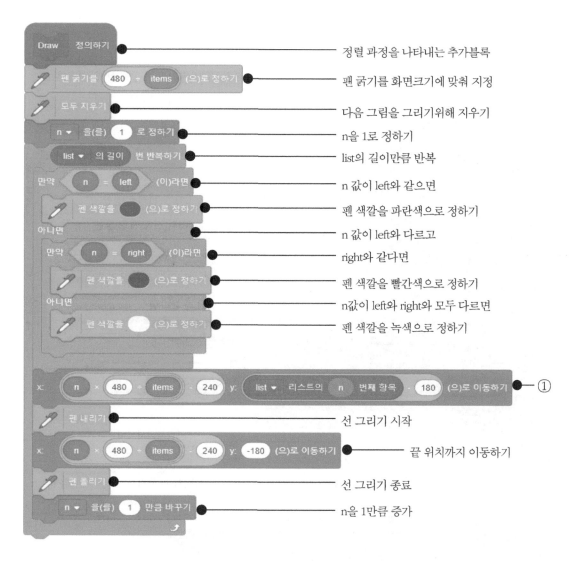

정렬 과정을 나타내는 추가블록

팬 굵기를 화면크기에 맞춰 지정

다음 그림을 그리기위해 지우기

n을 1로 정하기

list의 길이만큼 반복

n 값이 left와 같으면

펜 색깔을 파란색으로 정하기

n 값이 left와 다르고

right와 같다면

펜 색깔을 빨간색으로 정하기

n값이 left와 right와 모두 다르면

펜 색깔을 녹색으로 정하기

① 막대그래프에서 막대의 시작지점에 대한 (x, y) 좌표를 구하고 이동

선 그리기 시작

끝 위치까지 이동하기

선 그리기 종료

n을 1만큼 증가

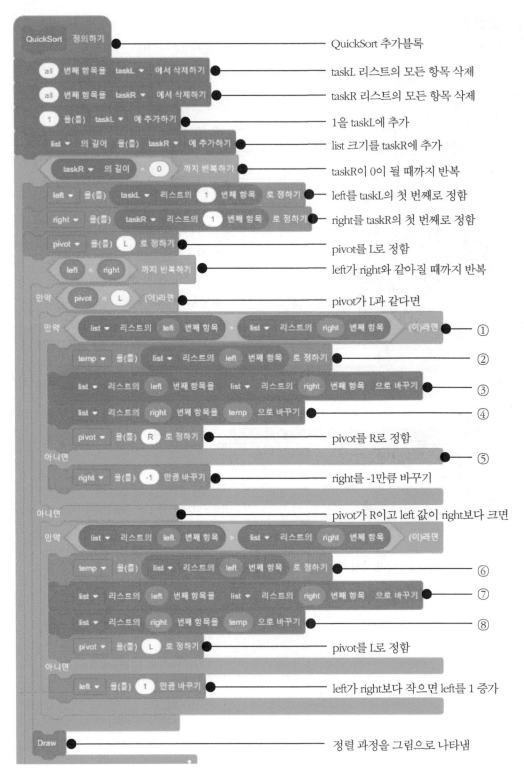

QuickSort 정의하기 ──────────────── QuickSort 추가블록

all 번째 항목을 taskL ▼ 에서 삭제하기 ──────────── taskL 리스트의 모든 항목 삭제

all 번째 항목을 taskR ▼ 에서 삭제하기 ──────────── taskR 리스트의 모든 항목 삭제

1 을(를) taskL ▼ 에 추가하기 ──────────────── 1을 taskL에 추가

list ▼ 의 길이 을(를) taskR ▼ 에 추가하기 ──────── list 크기를 taskR에 추가

taskR ▼ 의 길이 = 0 까지 반복하기 ──────────── taskR이 0이 될 때까지 반복

left ▼ 을(를) taskL ▼ 리스트의 1 번째 항목 로 정하기 ──── left를 taskL의 첫 번째로 정함

right ▼ 을(를) taskR ▼ 리스트의 1 번째 항목 로 정하기 ──── right를 taskR의 첫 번째로 정함

pivot ▼ 을(를) L 로 정하기 ──────────────── pivot를 L로 정함

left = right 까지 반복하기 ──────────── left가 right와 같아질 때까지 반복

만약 pivot = L (에)라면 ──────────────── pivot가 L과 같다면

만약 list ▼ 리스트의 left 번째 항목 > list ▼ 리스트의 right 번째 항목 (이)라면 ──── ①

temp ▼ 을(를) list ▼ 리스트의 left 번째 항목 로 정하기 ──── ②

list ▼ 리스트의 left 번째 항목을 list ▼ 리스트의 right 번째 항목 으로 바꾸기 ──── ③

list ▼ 리스트의 right 번째 항목을 temp 으로 바꾸기 ──── ④

pivot ▼ 을(를) R 로 정하기 ──────────────── pivot를 R로 정함

아니면 ──────────────── ⑤

right ▼ 을(를) -1 만큼 바꾸기 ──────────── right를 -1만큼 바꾸기

아니면 ──────────────── pivot가 R이고 left 값이 right보다 크면

만약 list ▼ 리스트의 left 번째 항목 > list ▼ 리스트의 right 번째 항목 (이)라면

temp ▼ 을(를) list ▼ 리스트의 left 번째 항목 로 정하기 ──── ⑥

list ▼ 리스트의 left 번째 항목을 list ▼ 리스트의 right 번째 항목 으로 바꾸기 ──── ⑦

list ▼ 리스트의 right 번째 항목을 temp 으로 바꾸기 ──── ⑧

pivot ▼ 을(를) L 로 정하기 ──────────────── pivot를 L로 정함

아니면

left ▼ 을(를) 1 만큼 바꾸기 ──────────── left가 right보다 작으면 left를 1 증가

Draw ──────────────── 정렬 과정을 그림으로 나타냄

스크립트 계속 ▶

스크립트 계속 ▶

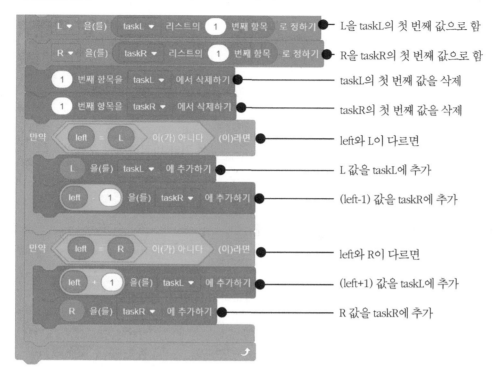

L을 taskL의 첫 번째 값으로 함

R을 taskR의 첫 번째 값으로 함

taskL의 첫 번째 값을 삭제

taskR의 첫 번째 값을 삭제

left와 L이 다르면

L 값을 taskL에 추가

(left-1) 값을 taskR에 추가

left와 R이 다르면

(left+1) 값을 taskL에 추가

R 값을 taskR에 추가

① 피봇이 L이고, left 값이 right 값보다 크면 ②~④를 실행
② temp를 left 값으로 정함 ③ left 값을 right 값으로 변경 ④ right 값을 temp로 변경
⑤ 피봇이 L이 아니고, left 값이 right 값보다 크면 ⑥~⑧을 실행
⑥ temp를 left 값으로 정함 ⑦ left 값을 right 값으로 변경 ⑧ right 값을 temp로 변경

5.3 탐색

탐색(search)은 같은 성질을 갖는 항목의 집합 중에서 필요한 특성을 갖는 항목을 찾는 것이다. 대표적인 탐색 방법으로 순차탐색(sequential search)과 이진탐색(binary search)이 있다.

① 순차 탐색: 리스트에서 원하는 데이터가 발견되든가 또는 리스트의 끝에 도달할 때까지 하나씩 순서대로 탐색하는 방법이다. 탐색은 리스트의 처음부터 시작하고 리스트 전체를 통하여 순차적으

로 처리된다. 리스트에 n개의 데이터가 있을 때 탐색을 위한 평균 비교 횟수는 전부를 비교할 경우의 2분의 1이므로 n/2회이다.

② 이진 탐색: 데이터가 크기 순서로 정렬되어 있을 때 사용하는 방법으로 순차 탐색법보다 효율적이다.

5.3.1 순차탐색

순차탐색은 서로 이웃한 데이터를 처음부터 하나씩 차례대로 탐색 키와 비교하면서 찾는 방법이다.

가. 동작 순서

① 리스트에 1~100 사이의 숫자를 임의로 10개를 넣는다.
② 첫 번째 자료와 '찾을 숫자'를 비교한다.
③ 만일 같다면 '찾았다'를 출력하고 종료한다.
④ 비교 결과가 같지 않다면 다음 자료와 '찾을 숫자'를 비교하고 ③번을 실행한다.
⑤ 마지막 자료까지 ③, ④번을 반복하여 실행한다.
⑥ 마지막 자료까지 실행하고도 ③번을 실행하지 못했다면 '못찾았다'를 출력한다.

나. 스크래치로 구현한 순차탐색

1) 화면구성

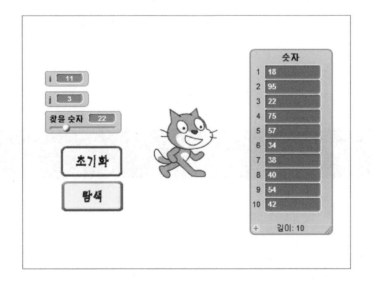

2) 기초 작업

① '초기화', '탐색' 버튼 스프라이트를 만든다.

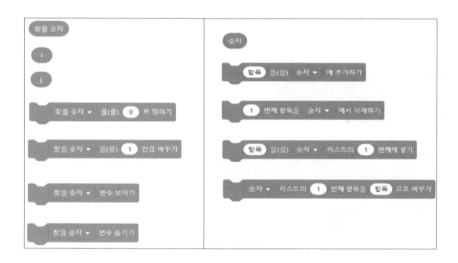

② 변수 팔레트의 [변수 만들기]를 이용하여 순차탐색에 필요한 변수 i, j, '찾을 숫자'를 만든다.
③ 변수 팔레트의 [리스트 만들기]를 이용하여 '숫자' 리스트를 만든다.

3) 명령어 스크립트 작성

(1) 캐릭터 스크립트

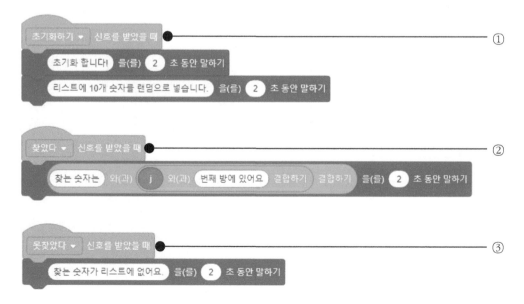

① '초기화하기' 신호를 받으면 초기화 안내 멘트를 말한다.
② '찾았다' 신호를 받으면 찾는 숫자가 몇 번째 리스트에 있는지 말한다.
③ '못찾았다' 신호를 받으면 찾는 숫자가 리스트에 없다는 멘트를 말한다.

(2) 초기화 버튼 스크립트

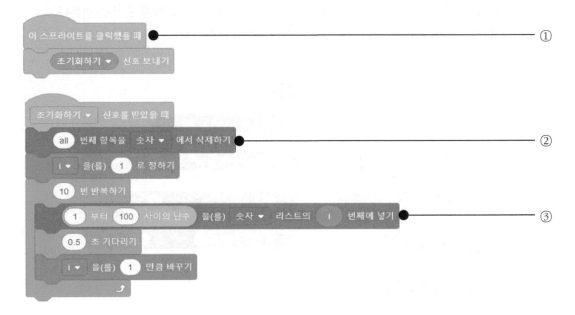

① 초기화 버튼이 클릭되었을 때 '초기화하기' 신호를 보낸다.
② '초기화하기' 신호를 받을 때 '숫자' 리스트의 모든 항목을 삭제한다.
③ 1~100사이의 난수를 10회를 반복하여 리스트에 넣는다. 즉, 리스트 첫 번째부터 10번째까지 난수가 들어간다.

(3) 탐색 버튼 스크립트

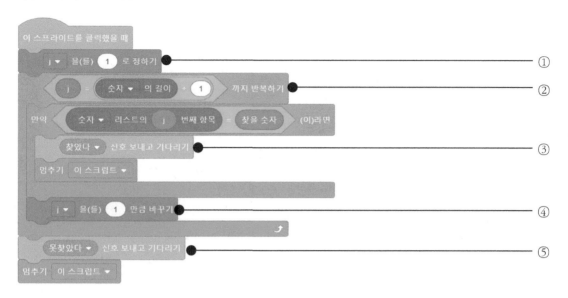

① j에 1을 저장한다.
② 리스트의 마지막 원소까지 반복한다.
③ j 위치의 아이템과 찾을 숫자가 같으면 '찾았다'를 신호를 보내고 스크립트의 실행을 멈춘다.
④ j를 1씩 증가시킨다.
⑤ 마지막 리스트까지 반복하여 찾을 숫자가 없으면 '못찾았다'신호를 보내고 스크립트의 실행을 멈춘다.

5.3.2 이진탐색

이진 탐색(Binary search)을 시작하기 전에 리스트의 데이터는 미리 정렬되어 있어야 한다. 이진탐색 알고리즘으로 탐색하는 과정은 다음과 같다.

가. 알고리즘 구조

① 리스트의 첫 번째 자료의 위치를 '왼쪽', 마지막 자료의 위치를 '오른쪽'으로 정한다.
② (왼쪽+오른쪽)/2 위치를 '중간'이라 하고, 그 위치의 값을 중간값이라고 한다.
③ 중간값과 '찾을 숫자'를 비교한다.
④ '중간값 = 찾는 숫자'라면 '찾았다'를 출력하고 종료한다.
  '중간값 〈 찾는 숫자' 이면 '중간+1'을 왼쪽에 저장하고 ②부터 시작한다.
  '중간값 〉 찾는 숫자' 이면 '중간-1'을 오른쪽에 저장하고 ②부터 시작한다.
⑤ '왼쪽 〉 오른쪽' 이면 '못찾았다'를 출력하고 종료한다.

이진탐색 알고리즘을 사용하여 오름차순으로 정렬된 데이터(2, 7, 9, 13, 22, 25, 33, 35, 40, 55)에서 40을 찾는 과정을 알아보자.

① 왼쪽: 0, 오른쪽: 9, 중간: (0+9)/2 = 4, 22≠40
② 왼쪽: 5, 오른쪽: 9, 중간: (5+9)/2 = 7, 35≠40
③ 왼쪽: 8, 오른쪽: 9, 중간: (8+9)/2 = 8, 40=40

0	1	2	3	4	5	6	7	8	9
2	7	9	13	22	25	33	35	40	55

↑ (0) 왼쪽   ↑ (4) 중간   ↑ (9) 오른쪽

2	7	9	13	22	25	33	35	40	55

↑ (5) 왼쪽   ↑ (7) 중간   ↑ (9) 오른쪽

2	7	9	13	22	25	33	35	40	55

↑ (8) 왼쪽   ↑ (8) 중간   ↑ (9) 오른쪽

이진탐색 알고리즘은 탐색을 할 때마다 탐색 범위가 반으로 줄어든다. 탐색을 반복하여 끝날 때의 탐색 횟수를 k라고 하면 비교 횟수와 탐색 범위는 다음 표와 같이 나타낼 수 있다.

비교 횟수	0	1	2	⋯	k
탐색 범위	n	n/2	n/4	⋯	$n/2^k$

이것으로부터 알고리즘의 시간 복잡도는 $n/2^k$=1이므로 k=$\log_2 n$이 된다. 따라서 시간 복잡도는 $O(\log_2 n)$이 된다.

순차탐색 알고리즘의 시간 복잡도는 어떻게 될까? 순차탐색은 데이터의 처음부터 탐색을 시작하여 원하는 데이터를 찾거나 또는 모든 데이터를 비교하여 원하는 데이터가 없음을 확인할 때가지 진행한다. 따라서 탐색을 성공하는 경우에는 원하는 데이터의 위치가 비교 횟수가 되며, 모든 데이터의 탐색 확률이 동일하다면 평균 비교 횟수는 다음과 같다. 따라서 순차 탐색의 시간 복잡도는 $O(n)$가 된다.

$$(1+2+3+\cdots+n)/n = (n+1)/2$$

나. 스크래치로 구현한 이진탐색

1) 화면구성

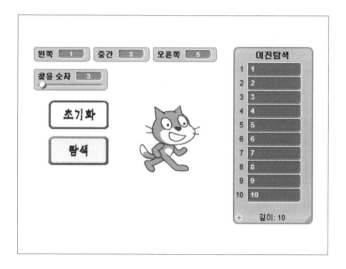

2) 기초 작업

① '초기화', '탐색' 버튼 스프라이트 만든다.
② 변수 팔레트의 [변수 만들기]를 이용하여 이진탐색에 필요한 변수 오른쪽, 왼쪽, 중간, '찾을 숫자'를 만든다.
③ 변수 팔레트의 [리스트 만들기]를 이용하여 '이진탐색' 리스트를 만든다.
④ 초기화 버튼의 스크립트 작성을 위해 개수, 데이터 변수를 만들고 화면에 나타나지 않게 한다.

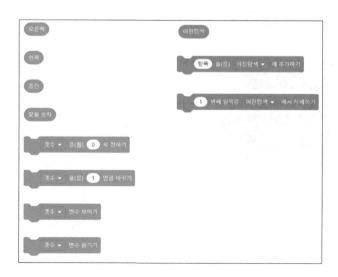

3) 명령어 스크립트 작성

(1) 캐릭터 스크립트

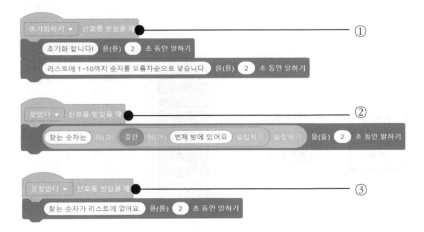

① '초기화하기' 신호를 받으면 초기화 안내 멘트를 말한다.
② '찾았다' 신호를 받으면 찾는 숫자가 몇 번째 리스트에 있는지 말한다.
③ '못찾았다' 신호를 받으면 찾는 숫자가 리스트에 없다는 멘트를 말한다.

(2) 초기화 버튼 스크립트

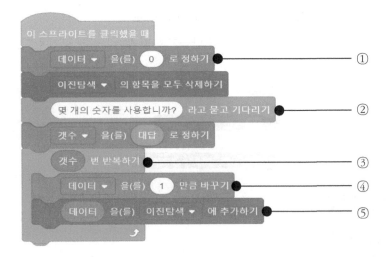

① '초기화' 버튼이 클릭되면 '데이터' 변수를 0으로 지정하고, '이진탐색' 리스트의 모든 데이터를 삭제한다.
② 탐색에 사용할 데이터가 몇 개인지 묻고, 입력된 값을 '갯수' 변수에 저장한다.
③ 리스트 항목의 수만큼 반복한다.

④ 1부터 데이터를 1씩 증가시킨다.
⑤ 데이터를 '이진탐색' 리스트의 마지막에 삽입한다.

(3) 탐색 버튼 스크립트

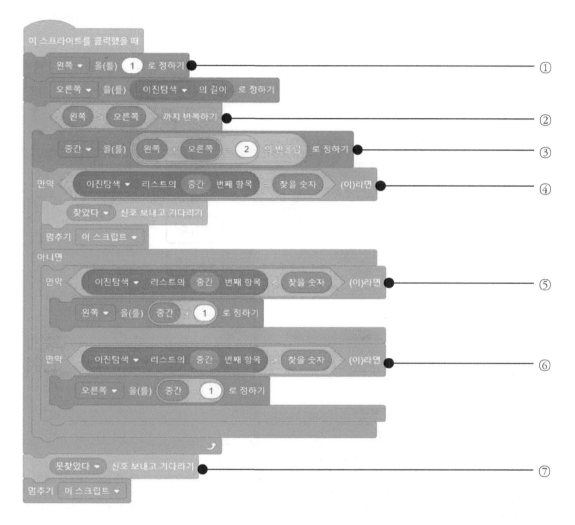

① 변수 '왼쪽', '오른쪽'을 리스트의 첫 번째 자리번호와 마지막 자리번호로 저장한다.
② '왼쪽〉오른쪽' 조건을 만족할 때까지 반복한다.
③ 리스트의 중간 자리번호를 변수 '중간'에 넣는다.
④ 만약 중간의 리스트 값이 찾을 숫자면 '찾았다'신호를 보내고 스크립트의 실행을 멈춘다.
⑤ 찾을 숫자가 중간의 리스트 값보다 크면 변수 '왼쪽'에 '중간+1'를 넣는다.
⑥ 찾을 숫자가 중간의 리스트 값보다 작으면 변수 '오른쪽'에 '중간-1'을 넣는다.
⑦ '왼쪽〉오른쪽' 할 때 즉, 교차되면 '못 찾았다'라고 신호를 보내고 스크립트의 실행을 멈춘다.

실|습|문|제

1 다음 그림과 스크립트를 참고하여 삽입정렬 알고리즘을 수행하는 프로젝트를 작성하라.

1) 화면 구성

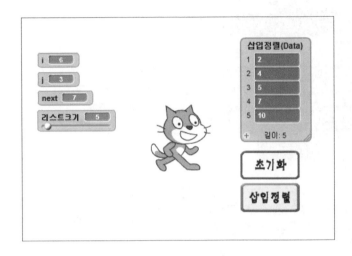

2) 삽입정렬 버튼 스크립트

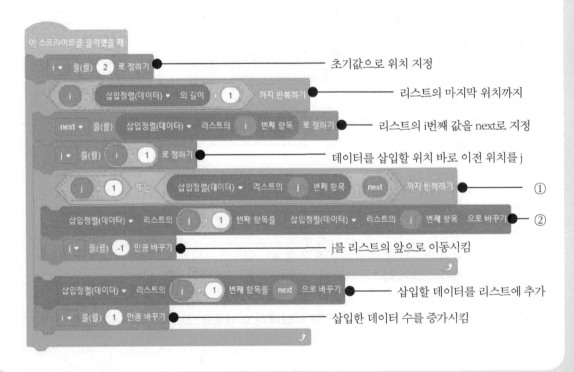

① j가 리스트의 처음 위치이거나, 리스트의 j 위치 값이 삽입할 값보다 적을 때까지 반복
② 리스트의 j 위치 값을 'j+1' 위치로 옮김

※ 참조: C언어로 구현한 삽입정렬

```c
void insert_sort(int data[ ], int n)
{
  int i , j , temp;
  for ( i = 1 ; i < n ; i++ ) {
    temp = data[i] ;
    for ( j = i ; j < 0 ; j-- ) {
        if( temp < data[j-1] )
          data[j] = data[j-1] ;
        else break ;
    }
        data[j] = temp ;
  }
}
```

2 다음 설명을 참고하여 선택정렬(Selection sort) 알고리즘의 프로젝트를 작성하라.

선택정렬은 항목들의 크기 비교를 통해 작은 항목부터 찾아 정렬하는 방법이다. 우선 첫 번째 항목의 내용과 나머지 모든 항목을 비교하며, 가장 작은 항목이 앞으로 오도록 한다. 그 다음은 두 번째 항목이 비교 대상이 되어 뒤의 항목들과 비교한 후 작은 항목이 두 번째에 위치하게 된다. 최종적으로 모든 항목들이 오름차순으로 정렬된다. 오름차순으로 정렬되도록 선택정렬 알고리즘을 수행하는 과정은 다음과 같다.

① 첫 번째 자료에 기준을 설정한다.
② 기준에 있는 자료와 이후의 모든 자료를 비교하여 가장 작은 숫자를 찾는다.
③ 가장 작은 숫자와 기준이 된 자료를 교환한다.
④ 기준점을 1씩 증가하며 기준이 마지막 자료에 갈 때까지 ②번부터 반복한다.

가. 스크래치로 구현한 선택정렬

1) 화면 구성

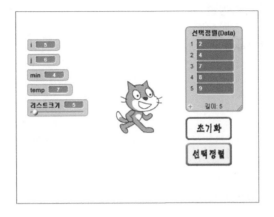

2) 기초 작업

① '초기화', '선택정렬' 버튼 스프라이트를 만든다.
② 변수 팔레트에서 선택정렬에 필요한 변수 i, j, min , temp, '리스트 크기'를 만든다.
③ 변수 팔레트의 [리스트 만들기]를 이용하여 선택정렬(Data) 리스트를 만든다.

3) 명령어 스크립트 작성

(1) 초기화 버튼 스크립트

```
이 스프라이트를 클릭했을 때
  all 번째 항목을  데이터 ▼  에서 삭제하기          ── ①
  i ▼  을(를)  0  로 정하기                        ── ②
  j ▼  을(를)  0  로 정하기
  temp ▼  을(를)  0  로 정하기
  min ▼  을(를)  0  로 정하기
  리스트의 크기  번 반복하기                        ── ③
    1  부터  10  사이의 난수  을(를)  선택정렬(Data) ▼  에 추가하기   ── ④
```

① 리스트의 초기화를 위해 선택정렬(Data)에서 ['모두' 위치의 아이템 삭제하기]를 정의한다.
② 각 변수 초기화를 위해 0으로 저장해준다.
③ 리스트(배열)에 1부터 10의 난수를 '리스트 크기' 수만큼 저장하도록 정의한다.

(2) 선택정렬 스크립트

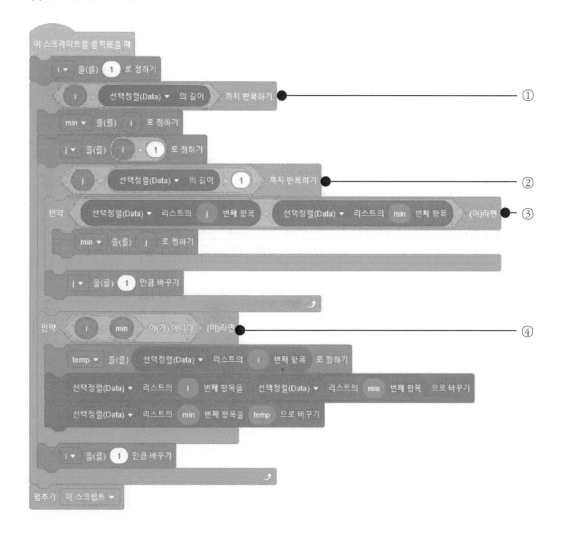

① 선택정렬을 수행할 때 총 반복횟수를 나타낸다. 첫 번째 항목을 최솟값 항목 번호(min)로 초기화하고, 두 번째 반복문을 통하여 최솟값의 항목 번호(min)를 찾는다. 그리고 최솟값의 항목 번호(min)에 들어있는 값과 현재 값(i)을 교환한다. 단, 최솟값의 항목 번호(min)와 현재 항목 번호(i)가 같을 경우에는 의미가 없어진다. 그리고 그 횟수를 n번만큼 실행시켜 오름차순으로 정렬한다.
② 현재까지 정렬되지 않은 부분 리스트에서 최솟값 항목 번호(min)를 찾는 횟수를 나타낸다.

③ 최솟값의 항목 번호(min)에 들어있는 값과 그 다음 항목의 값(j=i+1)을 비교하여 최솟값(min의 항목에 들어있는 값)이 더 클 경우 min을 그 다음 항목(j=i+1)의 번호로 바꾼다.

④ 두 번째 반복문으로 찾은 min의 값을 이용하여 현재 위치(i)가 최솟값이 아닐 경우 최솟값을 현재 위치(i)에 넣는다. 최초의 경우에는 현재 위치가 첫 번째 항목이고, 두 번째 경우에는 현재 위치가 두 번째 항목으로 증가하게 된다. 이런 반복횟수를 n번만큼 실행하여 오름차순 정렬하게 한다.

※ 참조: C언어로 구현한 선택정렬

```
void select_sort(int data[ ], int n)
{
 int i , j , min , temp ;
 for( i = 0 ; i < n-1 ; i++ ){      // 전체 배열의 총 반복횟수
   min = i ;
   for( j = i+1 ; j < n ; j++) {   // 기준 항목을 제외한 리스트의 반복횟수
     if( data[min] > data[j] )    // data[min] 값과 data[j] 값 크기 비교
         min = j ;               // 작은 값을 가진 항목 번호(j)를 min에 저장
   }
   if (min != i ) {  // 외부 for문에서 저장된 i 값과 min 값이 다를 경우 교체
       temp = data[min] ;
       data[min] = data[i] ;
       data[i] = temp ;
   }
 }
}
```

❸ 암스트롱수는 3개의 숫자로 구성되며 각 자릿수의 세제곱의 합이 자신과 같은 수이다. 예를 들면, 153은 (1×1×1)+(5×5×5)+(3×3×3)=153로 암스트롱수 이다. 암스트롱수를 구하는 프로젝트를 작성하라.

가. 화면 구성 및 기초작업

1) 변수인 'aaa', 'bbb', 'ccc', 'ddd', '최댓값'을 만들고, 리스트인 '암스트롱수'를 만든다.

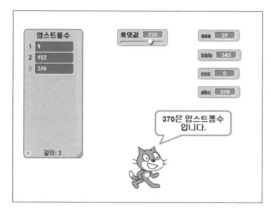

나. 명령어 스크립트 작성

'abc' 값을 '최댓값'까지 증가시키면서 'abc'의 첫 번째 자리수의 세제곱 값을 'aaa'에 저장하고, 두 번째 자리수의 세제곱 값을 'bbb'에 저장하고, 세 번째 자리수의 세제곱 값을 'ccc'에 저장한다. 이들 세 변수 값의 합이 'abc'와 같으면 '암스트롱수' 리스트에 저장한다.

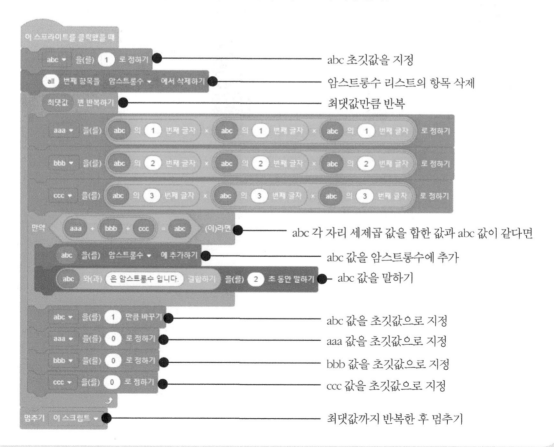

4 본문에서 제작한 이진 탐색 알고리즘의 프로젝트에서 탐색할 수를 랜덤하게 발생시키도록 한다. 탐색할 수를 리스트에 저장하고, 정렬 알고리즘으로 리스트의 수를 정렬한 후 탐색을 수행하도록 수정하라.

5 완전수는 자신을 제외한 양의 약수의 합이 자신과 같은 양의 정수이다. 예를 들면, 6은 자신을 제외한 약수들의 합(1+2+3)이 6이고, 28은 자신을 제외한 약수들의 합(1+2+4+7+14)이 28이므로 모두 완전수이다. 완전수를 구하는 프로젝트를 작성하라.

가. 화면 구성 및 기초작업

변수인 'PN?', 'number', 'sum', '약수_갯수', '최댓값'을 만든다. 리스트인 '약수', '완전수'를 만들고 다음과 같이 배치한다.

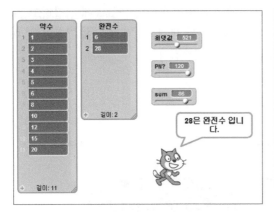 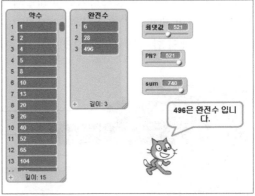

나. 명령어 스크립트 작성

지정한 '최댓값'까지 'PN?' 값을 증가시키며 'PN?'의 약수를 '약수' 리스트에 저장한다. '약수 리스트'의 값을 모두 더하여 'sum'에 저장한다. 'PN?' 값과 'sum'이 같으면 'PN?' 값을 '완전수' 리스트에 넣는다.

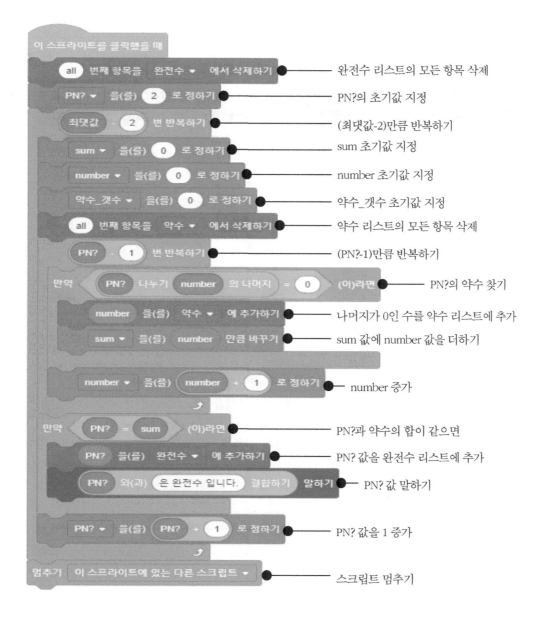

이 스프라이트를 클릭했을 때

- all 번째 항목을 완전수 ▼ 에서 삭제하기 ━━ 완전수 리스트의 모든 항목 삭제
- PN? ▼ 을(를) 2 로 정하기 ━━ PN?의 초기값 지정
- 최댓값 - 2 번 반복하기 ━━ (최댓값-2)만큼 반복하기
  - sum ▼ 을(를) 0 로 정하기 ━━ sum 초기값 지정
  - number ▼ 을(를) 0 로 정하기 ━━ number 초기값 지정
  - 약수_갯수 ▼ 을(를) 0 로 정하기 ━━ 약수_갯수 초기값 지정
  - all 번째 항목을 약수 ▼ 에서 삭제하기 ━━ 약수 리스트의 모든 항목 삭제
  - PN? - 1 번 반복하기 ━━ (PN?-1)만큼 반복하기
    - 만약 PN? 나누기 number 의 나머지 = 0 (이)라면 ━━ PN?의 약수 찾기
      - number 을(를) 약수 ▼ 에 추가하기 ━━ 나머지가 0인 수를 약수 리스트에 추가
      - sum ▼ 을(를) number 만큼 바꾸기 ━━ sum 값에 number 값을 더하기
    - number ▼ 을(를) number + 1 로 정하기 ━━ number 증가
  - 만약 PN? = sum (이)라면 ━━ PN?과 약수의 합이 같으면
    - PN? 을(를) 완전수 ▼ 에 추가하기 ━━ PN? 값을 완전수 리스트에 추가
    - PN? 와(과) 은 완전수 입니다. 결합하기 말하기 ━━ PN? 값 말하기
  - PN? ▼ 을(를) PN? + 1 로 정하기 ━━ PN? 값을 1 증가
- 멈추기 이 스프라이트에 있는 다른 스크립트 ▼ ━━ 스크립트 멈추기

6 임의의 정수 나열한 후 이진탐색으로 원하는 정수를 찾고자 한다. 삽입정렬과 이진탐색 알고리즘으로 정렬과 탐색을 수행할 수 있도록 하나의 프로젝트로 구현하라.

가. 화면 구성

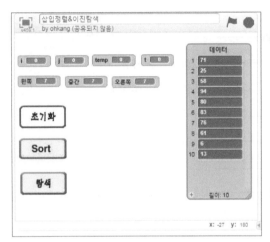 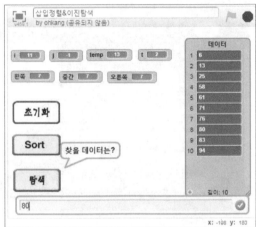

나. 기초 작업

1) 새로운 스프라이트를 추가하기 위해 [Thing] 폴더에 'button' 파일을 불러온다. 이름을 '초기화'로 만든 후 [모양] 탭에서 편집기능을 클릭한 후 초기화 버튼을 꾸며준다.
2) 위와 같은 방법으로 삽입정렬을 위한 'Sort'와 이진탐색을 위한 '탐색' 버튼을 만든다.
3) 변수 팔레트에서 삽입정렬에 필요한 변수 i, j, temp, t, '데이터_개수'를 만든다. 그리고 탐색에 필요한 변수 '왼쪽', '중간', '오른쪽', '찾을 숫자'를 만든다.
4) 정렬할 데이터를 저장하기 위한 리스트인 '데이터'를 만든다.

다. 초기화 버튼 스크립트

1) 이 버튼을 클릭하면 리스트인 '데이터'에서 모든 항목을 삭제한다.
2) 각 변수 초기화를 위해 0으로 저장한다.
3) 정렬할 데이터의 개수를 입력받고, 1~99 사이의 난수를 생성하여 리스트에 추가한다.

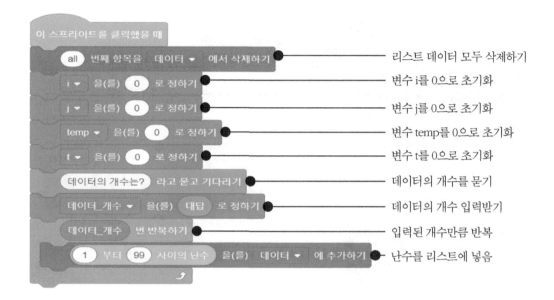

리스트 데이터 모두 삭제하기
변수 i를 0으로 초기화
변수 j를 0으로 초기화
변수 temp를 0으로 초기화
변수 t를 0으로 초기화
데이터의 개수를 묻기
데이터의 개수 입력받기
입력된 개수만큼 반복
난수를 리스트에 넣음

라. 삽입정렬 버튼 스크립트

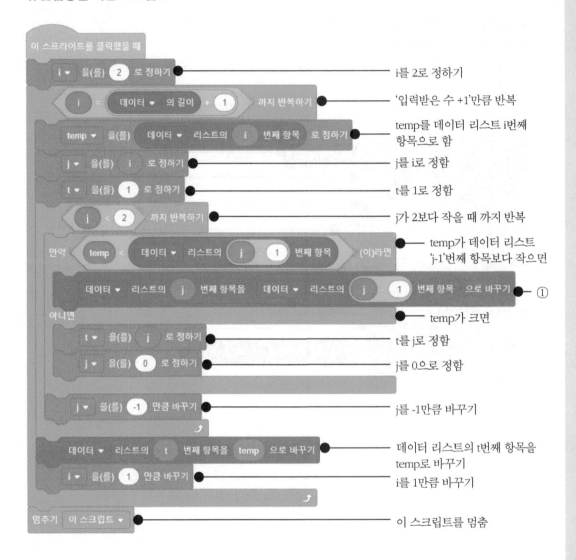

이 스프라이트를 클릭했을 때

i ▼ 을(를) 2 로 정하기 ━━━━━━ i를 2로 정하기

(i = 데이터 ▼ 의 길이 + 1) 까지 반복하기 ━━━━━━ '입력받은 수 +1'만큼 반복

temp ▼ 을(를) 데이터 ▼ 리스트의 i 번째 항목 로 정하기 ━━━━━━ temp를 데이터 리스트 i번째 항목으로 함

j ▼ 을(를) i 로 정하기 ━━━━━━ j를 i로 정함

t ▼ 을(를) 1 로 정하기 ━━━━━━ t를 1로 정함

(j < 2) 까지 반복하기 ━━━━━━ j가 2보다 작을 때 까지 반복

만약 (temp < 데이터 ▼ 리스트의 (j - 1) 번째 항목) (이)라면 ━━━━━━ temp가 데이터 리스트 'j-1'번째 항목보다 작으면

데이터 ▼ 리스트의 j 번째 항목을 데이터 ▼ 리스트의 (j - 1) 번째 항목 으로 바꾸기 ━━━━━━ ①

아니면 ━━━━━━ temp가 크면

t ▼ 을(를) j 로 정하기 ━━━━━━ t를 j로 정함

j ▼ 을(를) 0 로 정하기 ━━━━━━ j를 0으로 정함

j ▼ 을(를) -1 만큼 바꾸기 ━━━━━━ j를 -1만큼 바꾸기

데이터 ▼ 리스트의 t 번째 항목을 temp 으로 바꾸기 ━━━━━━ 데이터 리스트의 t번째 항목을 temp로 바꾸기

i ▼ 을(를) 1 만큼 바꾸기 ━━━━━━ i를 1만큼 바꾸기

멈추기 이 스크립트 ▼ ━━━━━━ 이 스크립트를 멈춤

① 앞 항목과 자리 바꾸기

마. 탐색 버튼 스크립트

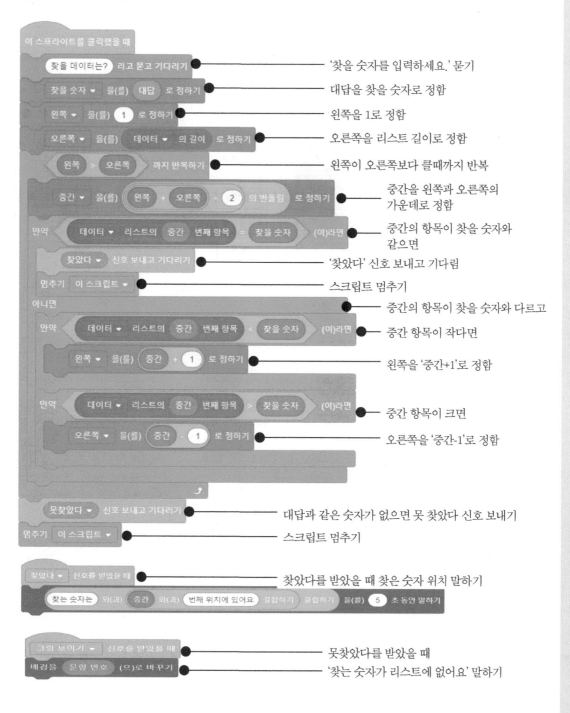

이 스프라이트를 클릭했을 때

찾을 데이터는? 라고 묻고 기다리기 ——— '찾을 숫자를 입력하세요.' 묻기

찾을 숫자 ▼ 을(를) 대답 로 정하기 ——— 대답을 찾을 숫자로 정함

왼쪽 ▼ 을(를) 1 로 정하기 ——— 왼쪽을 1로 정함

오른쪽 ▼ 을(를) 데이터 ▼ 의 길이 로 정하기 ——— 오른쪽을 리스트 길이로 정함

왼쪽 > 오른쪽 까지 반복하기 ——— 왼쪽이 오른쪽보다 클때까지 반복

중간 ▼ 을(를) 왼쪽 + 오른쪽 - 2 의 반올림 로 정하기 ——— 중간을 왼쪽과 오른쪽의 가운데로 정함

만약 데이터 ▼ 리스트의 중간 번째 항목 = 찾을 숫자 (이)라면 ——— 중간의 항목이 찾을 숫자와 같으면

찾았다 ▼ 신호 보내고 기다리기 ——— '찾았다' 신호 보내고 기다림

멈추기 이 스크립트 ▼ ——— 스크립트 멈추기

아니면 ——— 중간의 항목이 찾을 숫자와 다르고

만약 데이터 ▼ 리스트의 중간 번째 항목 < 찾을 숫자 (이)라면 ——— 중간 항목이 작다면

왼쪽 ▼ 을(를) 중간 + 1 로 정하기 ——— 왼쪽을 '중간+1'로 정함

만약 데이터 ▼ 리스트의 중간 번째 항목 > 찾을 숫자 (이)라면 ——— 중간 항목이 크면

오른쪽 ▼ 을(를) 중간 - 1 로 정하기 ——— 오른쪽을 '중간-1'로 정함

못찾았다 ▼ 신호 보내고 기다리기 ——— 대답과 같은 숫자가 없으면 못 찾았다 신호 보내기

멈추기 이 스크립트 ▼ ——— 스크립트 멈추기

찾았다 ▼ 신호를 받았을 때 ——— 찾았다를 받았을 때 찾은 숫자 위치 말하기

찾는 숫자는 와(과) 중간 와(과) 번째 위치에 있어요 결합하기 결합하기 을(를) 5 초 동안 말하기

그림 보이기 ▼ 신호를 받았을 때 ——— 못찾았다를 받았을 때

배경을 문항 번호 (으)로 바꾸기 ——— '찾는 숫자가 리스트에 없어요' 말하기

7 임의의 정수를 나열한 후 이진탐색으로 원하는 정수를 찾고자 한다. 본문에서 설명한 버블 정렬과 이진탐색 알고리즘으로 정렬과 탐색을 수행할 수 있도록 하나의 프로젝트로 구현하라.

가. 화면 구성

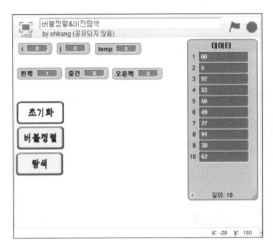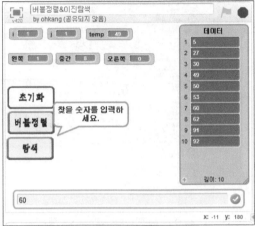

나. 기초 작업

1) 새로운 스프라이트를 추가하기 위해 [모두]-[button3]을 불러온다.
2) 스프라이트 정보 창에서 이름을 '초기화'로 만들고, [모양] 탭에서 편집 기능을 클릭한 후 초기 화 버튼을 만든다.
3) 위와 같은 방법으로 '버블정렬'과 '탐색' 버튼을 만든다.
4) 변수 팔레트에서 버블정렬에 필요한 변수 i, j, temp, '데이터_개수'를 만든다. 그리고 탐색에 필요한 변수 '왼쪽', '중간', '오른쪽', '찾을 숫자'를 만든다.
5) 정렬할 데이터를 저장하기 위한 리스트인 '데이터'를 만든다.

다. 초기화 버튼 스크립트

1) 이 버튼을 클릭하면 리스트인 '데이터'에서 모든 항목을 삭제한다.
2) 각 변수 초기화를 위해 0으로 저장한다.
3) 정렬을 위한 데이터의 개수를 입력받고, 1~99 사이의 난수를 생성하여 리스트에 추가한다.

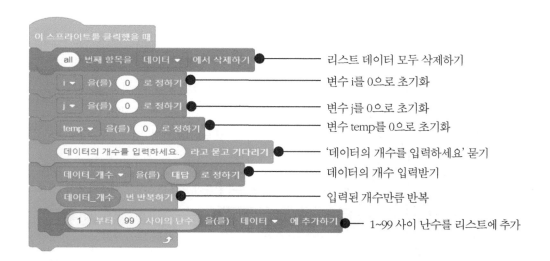

리스트 데이터 모두 삭제하기

변수 i를 0으로 초기화

변수 j를 0으로 초기화

변수 temp를 0으로 초기화

'데이터의 개수를 입력하세요' 묻기

데이터의 개수 입력받기

입력된 개수만큼 반복

1~99 사이 난수를 리스트에 추가

라. 버블정렬 버튼 스크립트

버블정렬 버튼을 클릭하면 인접한 두 개의 데이터를 비교하며, 앞쪽 데이터가 더 큰 수이면 자리를 바꾸는 정렬 스크립트를 작성한다.

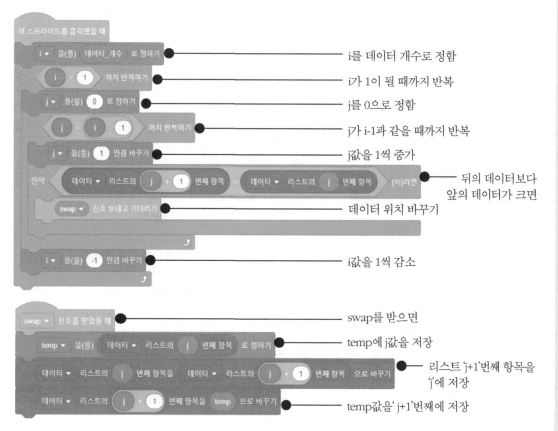

i를 데이터 개수로 정함

i가 1이 될 때까지 반복

j를 0으로 정함

j가 i-1과 같을 때까지 반복

j값을 1씩 증가

뒤의 데이터보다 앞의 데이터가 크면

데이터 위치 바꾸기

i값을 1씩 감소

swap를 받으면

temp에 j값을 저장

리스트 'j+1'번째 항목을 'j'에 저장

temp값을 'j+1'번째에 저장

마. 탐색 버튼 스크립트

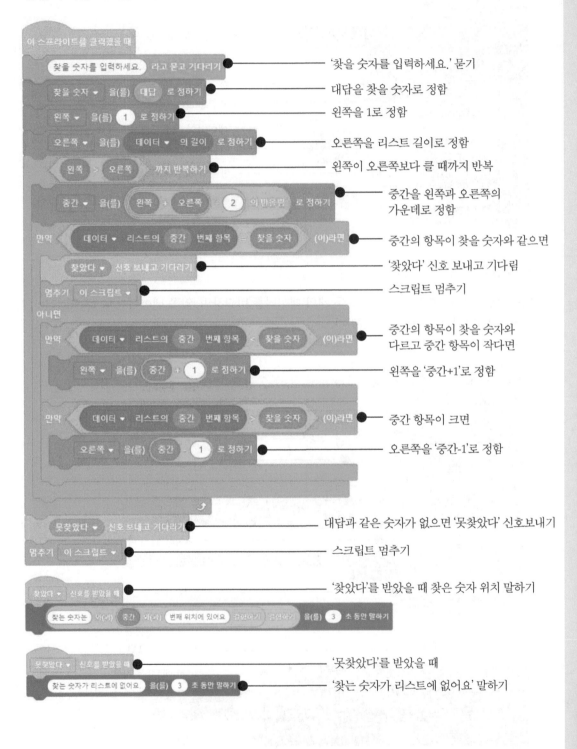

이 스프라이트를 클릭했을 때

찾을 숫자를 입력하세요. 라고 묻고 기다리기 ━ '찾을 숫자를 입력하세요.' 묻기

찾을 숫자 ▼ 을(를) 대답 로 정하기 ━ 대답을 찾을 숫자로 정함

왼쪽 ▼ 을(를) 1 로 정하기 ━ 왼쪽을 1로 정함

오른쪽 ▼ 을(를) 데이터 ▼ 의 길이 로 정하기 ━ 오른쪽을 리스트 길이로 정함

왼쪽 > 오른쪽 까지 반복하기 ━ 왼쪽이 오른쪽보다 클 때까지 반복

중간 ▼ 을(를) (왼쪽 + 오른쪽 / 2)의 반올림 로 정하기 ━ 중간을 왼쪽과 오른쪽의 가운데로 정함

만약 데이터 ▼ 리스트의 중간 번째 항목 = 찾을 숫자 (이)라면 ━ 중간의 항목이 찾을 숫자와 같으면

찾았다 ▼ 신호 보내고 기다리기 ━ '찾았다' 신호 보내고 기다림

멈추기 이 스크립트 ▼ ━ 스크립트 멈추기

아니면

만약 데이터 ▼ 리스트의 중간 번째 항목 < 찾을 숫자 (이)라면 ━ 중간의 항목이 찾을 숫자와 다르고 중간 항목이 작다면

왼쪽 ▼ 을(를) (중간 + 1) 로 정하기 ━ 왼쪽을 '중간+1'로 정함

만약 데이터 ▼ 리스트의 중간 번째 항목 > 찾을 숫자 (이)라면 ━ 중간 항목이 크면

오른쪽 ▼ 을(를) (중간 - 1) 로 정하기 ━ 오른쪽을 '중간-1'로 정함

못찾았다 ▼ 신호 보내고 기다리기 ━ 대답과 같은 숫자가 없으면 '못찾았다' 신호보내기

멈추기 이 스크립트 ▼ ━ 스크립트 멈추기

찾았다 ▼ 신호를 받았을 때 ━ '찾았다'를 받았을 때 찾은 숫자 위치 말하기

찾는 숫자는 와(과) 중간 와(과) 번째 위치에 있어요 결합하기 결합하기 을(를) 3 초 동안 말하기

못찾았다 ▼ 신호를 받았을 때 ━ '못찾았다'를 받았을 때

찾는 숫자가 리스트에 없어요. 을(를) 3 초 동안 말하기 ━ '찾는 숫자가 리스트에 없어요' 말하기

06

스크래치 확장 기능

스크래치 3.0에는 텍스트 음성 변환, 번역, 비디오 감지, LEGO Education WeDo, micor:bit 등 다양한 확장 기능이 제공된다. 이 장에서는 이들 확장 기능을 사용한 프로젝트 제작 방법을 학습한다.

스크래치 3.0에서는 텍스트 음성 변환, 번역, 비디오 감지, LEGO Education WeDo, micor:bit 등 다양한 확장 기능을 제공한다. 스크래치에서 제공하는 확장 기능을 사용하기 위해서는 편집기의 좌측 하단에 있는 [확장 기능 추가하기]를 클릭한 후 목록에서 필요한 기능을 선택하면 된다. 확장 기능을 선택하면 블록 팔레트의 하단에 아이콘이 생성된다.

확장 기능으로 제공되는 텍스트 음성 변환(TTS)을 사용하면 스크래치 프로젝트에서 텍스트를 음성으로 변환시켜 들을 수 있도록 한다. 여기서는 선택정렬과 퀴즈풀이 프로젝트에 텍스트 음성 변화 기능을 활용하도록 한다.

6.1.1 선택 정렬

가. 화면 구성 및 스프라이트 동작

프로젝트가 시작되면 다음 그림과 같은 리스트 1개와 스프라이트 2개가 나타난다. '데이터 초기화' 스프라이트를 클릭하면 정렬한 데이터 개수를 입력하라는 음성 메시지가 나온다. 숫자를 입력하면 입력한 숫자만큼 1~100의 난수가 리스트에 나타나며, 음성으로 각 숫자를 읽어 확인시켜준다. '선택 정렬' 스프라이트를 클릭하면 오름차순으로 정렬된 결과가 리스트에 나타나며, 순서대로 숫자를 읽어 정렬 결과를 확인시켜주는 음성 메시지가 나온다.

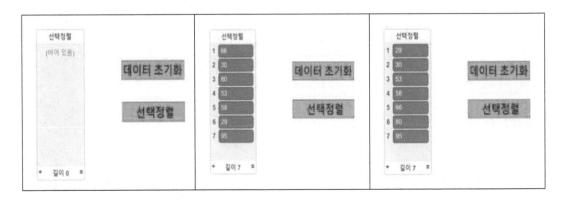

나. 기초 작업

1) '선택정렬' 리스트를 추가한다.
2) '데이터 초기화' 스프라이트를 디자인하여 추가한다.
3) '선택정렬' 스프라이트를 디자인하여 추가한다.

다. 명령어 스크립트 작성

1) 데이터 초기화 스프라이트

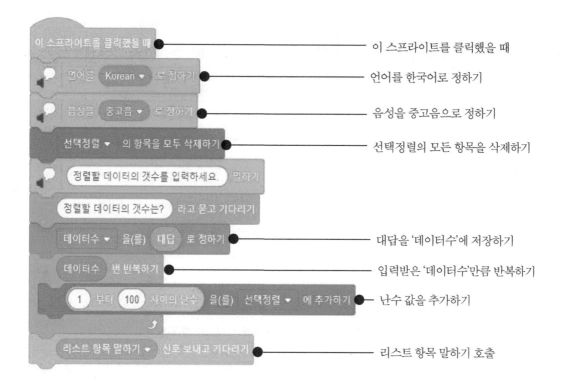

— 이 스프라이트를 클릭했을 때
— 언어를 한국어로 정하기
— 음성을 중고음으로 정하기
— 선택정렬의 모든 항목을 삭제하기
— 대답을 '데이터수'에 저장하기
— 입력받은 '데이터수'만큼 반복하기
— 난수 값을 추가하기
— 리스트 항목 말하기 호출

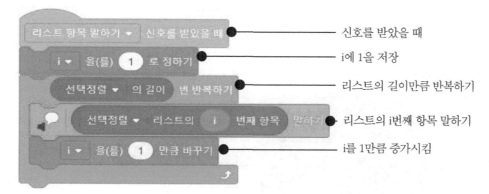

— 신호를 받았을 때
— i에 1을 저장
— 리스트의 길이만큼 반복하기
— 리스트의 i번째 항목 말하기
— i를 1만큼 증가시킴

2) 선택정렬 스프라이트

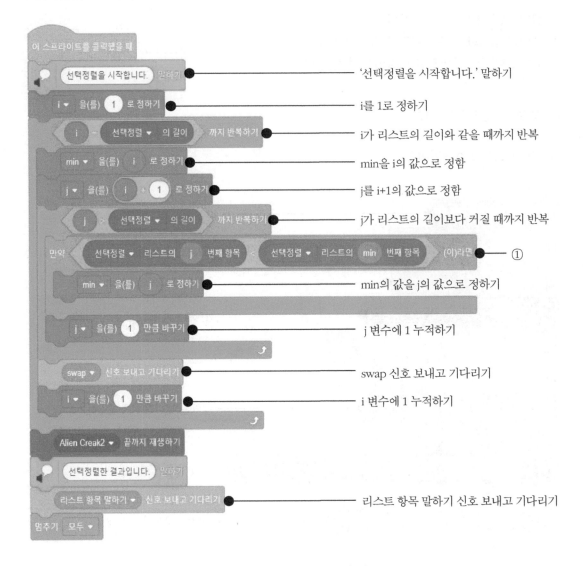

'선택정렬을 시작합니다.' 말하기

i를 1로 정하기

i가 리스트의 길이와 같을 때까지 반복

min을 i의 값으로 정함

j를 i+1의 값으로 정함

j가 리스트의 길이보다 커질 때까지 반복

①

min의 값을 j의 값으로 정하기

j 변수에 1 누적하기

swap 신호 보내고 기다리기

i 변수에 1 누적하기

리스트 항목 말하기 신호 보내고 기다리기

① 선택정렬 리스트의 j번째 항목이 min번째 항목보다 작으면 반복

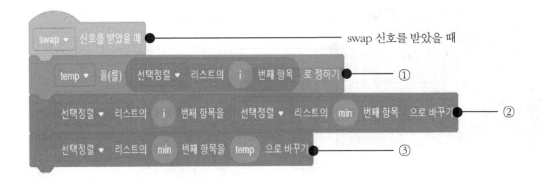

swap 신호를 받았을 때

①

②

③

① temp를 리스트의 i번째 항목으로 정하기

② 선택정렬 리스트의 i번째 항목을 min번째 항목의 값으로 바꾸기

③ 선택정렬 리스트의 min번째 항목을 temp의 값으로 바꾸기

6.1.2 알고리즘 퀴즈

가. 화면 구성 및 스프라이트 동작

알고리즘 관련 O X 퀴즈를 풀어보는 프로젝트를 작성한다. 퀴즈풀이에 대한 안내를 음성으로 들을 수 있으며, 퀴즈 문항을 텍스트 또는 음성으로 출제되도록 선택할 수 있다. 시작 버튼을 클릭하면 답변 방법, 제한시간, 사용법에 관한 간단한 안내 음성이 나온다. 출제된 문항의 내용이 맞으면 왼쪽 화살표키를 누르고, 틀리면 오른쪽 화살표키를 눌러 답한다. 문항당 답변해야 할 제한시간이 있으며, 20문항을 맞히면 프로젝트가 종료된다.

나. 기초 작업

1) 변수 추가
데이터 저장을 위해 다음과 같은 이름의 변수들을 추가한다.

- 답변대기: 출제문항에 대한 답변을 기다리는 시간 동안에 참이 된다.
- 리스트항목번호: 리스트에 저장된 문항의 항목 번호를 저장한다.
- 문제번호: 출제할 문항의 리스트 내 항목 번호를 저장한다.
- 시간: 문항 출제 후 답변시간 초과를 측정하기 위한 변수이다.
- 오답수: 출제된 전체 문항에서 오답 선택 횟수를 저장한다.
- 정답수: 출제된 전체 문항에서 정답 선택 횟수를 저장한다.
- 점수: 문항별 정답에 대해 10점으로 산정하여 점수로 저장한다.

- 음성출제: 문항 출제를 음성과 텍스트 방식 중에서 선택할 수 있도록 한다.

2) 리스트 추가

데이터 저장을 위해 다음과 같은 이름의 리스트를 추가한다.

- 문항저장소: 출제된 전체 문항을 저장한다. 프로젝트를 실행하기 전에 내용을 저장해야 한다.
- 정답저장소: 출제된 전체 문항에 대한 정답을 저장한다. 프로젝트를 실행하기 전에 내용을 저장해야 한다.
- 출제문항: 프로젝트가 실행되면 문항저장소에서 모든 문항을 읽어오며, 퀴즈를 풀이하는 중에 출제된 문항은 리스트에서 삭제한다. 따라서 중복된 문항은 출제되지 않는다.
- 정답: 프로젝트가 실행되면 정답저장소에서 모든 정답을 읽어오며, 출제된 문항의 해당 정답은 리스트에서 삭제한다.

3) 스프라이트 추가

다음과 같은 스프라이트을 추가하고, 이름을 지정한다.

4) 파일 작성

퀴즈 문항과 정답 파일을 각각 작성하여 텍스트 파일로 저장한다. 퀴즈 문항과 정답이 각각 들어있는 문항저장소와 정답저장소 파일에는 다음과 같은 형태로 내용이 저장되어있다.

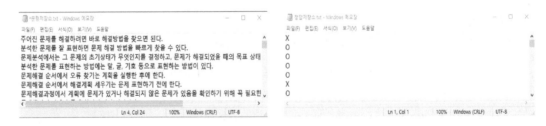

5) 리스트 초기값 설정

문항저장소와 정답저장소 리스트에 각각 퀴즈 문항과 정답을 읽어 저장한다. 이를 위해 마우스 오른쪽 버튼으로 리스트를 클릭한 후 '가져오기' 항목을 선택한다. 팝업되는 탐색기에서 '문항저장소' 파일을 찾아 오픈한다.

6) 추가 블록 선택

[확장 기능 추가하기] 에서 번역을 선택하여 블록을 추가한다.

다. 명령어 스크립트 작성

1) 펭귄 스프라이트

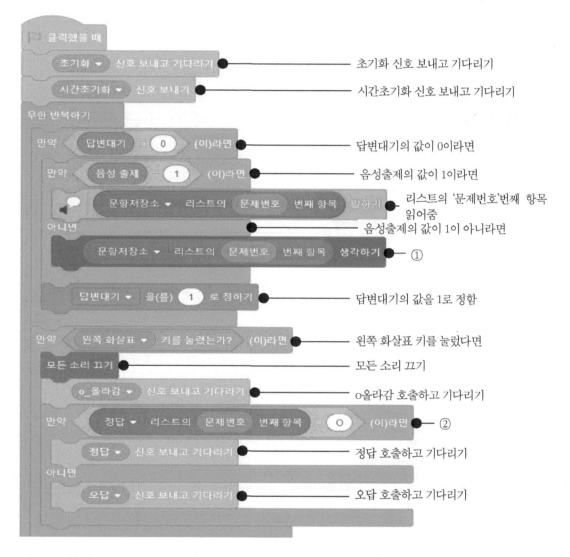

스크립트 계속 ▶

① 문항저장소 리스트의 '문제번호'번째 항목을 말풍선을 통해 보여줌

② 정답 리스트의 '문제번호'번째 항목이 O와 같아 정답을 맞춘 경우

③ 정답 리스트의 '문제번호'번째 항목이 X와 같아 정답을 맞춘 경우

스크립트 계속 ▶

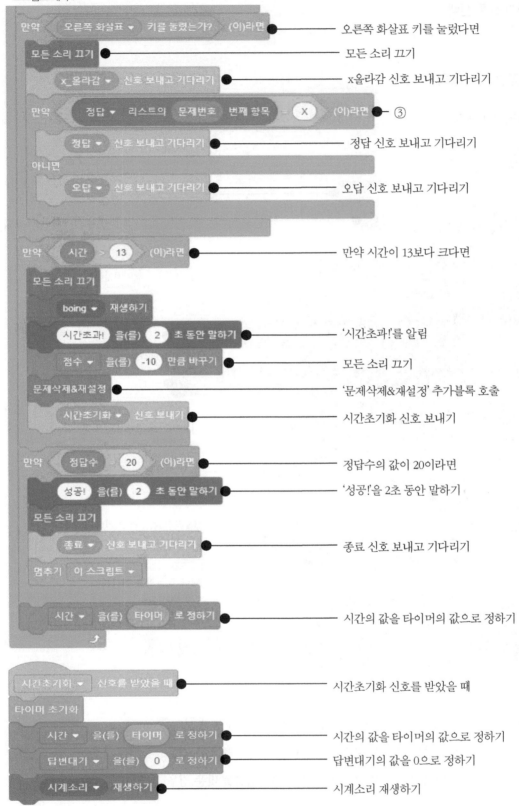

만약 〈 오른쪽 화살표 ▼ 키를 눌렀는가? 〉 (이)라면 ●————— 오른쪽 화살표 키를 눌렀다면

모든 소리 끄기 ●————— 모든 소리 끄기

x_올라감 ▼ 신호 보내고 기다리기 ●————— x올라감 신호 보내고 기다리기

만약 〈 정답 ▼ 리스트의 문제번호 번째 항목 = X 〉 (이)라면 ●— ③

정답 ▼ 신호 보내고 기다리기 ●————— 정답 신호 보내고 기다리기

아니면

오답 ▼ 신호 보내고 기다리기 ●————— 오답 신호 보내고 기다리기

만약 〈 시간 > 13 〉 (이)라면 ●————— 만약 시간이 13보다 크다면

모든 소리 끄기

boing ▼ 재생하기

시간초과! 을(를) 2 초 동안 말하기 ●————— '시간초과!'를 알림

점수 ▼ 을(를) -10 만큼 바꾸기 ●————— 모든 소리 끄기

문제삭제&재설정 ●————— '문제삭제&재설정' 추가블록 호출

시간초기화 ▼ 신호 보내기 ●————— 시간초기화 신호 보내기

만약 〈 정답수 = 20 〉 (이)라면 ●————— 정답수의 값이 20이라면

성공! 을(를) 2 초 동안 말하기 ●————— '성공!'을 2초 동안 말하기

모든 소리 끄기

종료 ▼ 신호 보내고 기다리기 ●————— 종료 신호 보내고 기다리기

멈추기 이 스크립트 ▼

시간 ▼ 을(를) 타이머 로 정하기 ●————— 시간의 값을 타이머의 값으로 정하기

시간초기화 ▼ 신호를 받았을 때 ●————— 시간초기화 신호를 받았을 때

타이머 초기화

시간 ▼ 을(를) 타이머 로 정하기 ●————— 시간의 값을 타이머의 값으로 정하기

답변대기 ▼ 을(를) 0 로 정하기 ●————— 답변대기의 값을 0으로 정하기

시계소리 ▼ 재생하기 ●————— 시계소리 재생하기

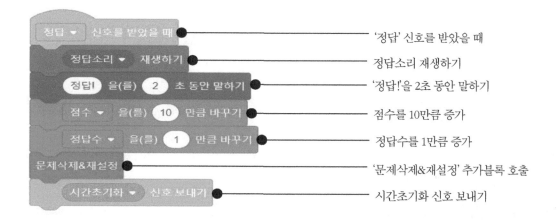

'정답' 신호를 받았을 때

정답소리 재생하기

'정답!'을 2초 동안 말하기

점수를 10만큼 증가

정답수를 1만큼 증가

'문제삭제&재설정' 추가블록 호출

시간초기화 신호 보내기

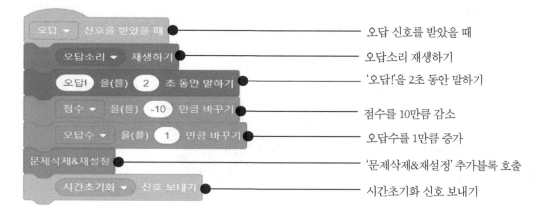

오답 신호를 받았을 때

오답소리 재생하기

'오답!'을 2초 동안 말하기

점수를 10만큼 감소

오답수를 1만큼 증가

'문제삭제&재설정' 추가블록 호출

시간초기화 신호 보내기

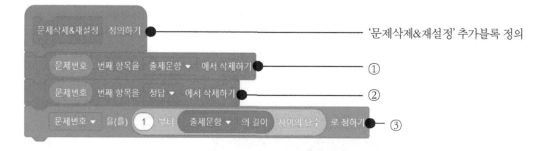

'문제삭제&재설정' 추가블록 정의

① 출제문항 리스트에서 '문제번호'번째 항목을 출제문항에서 삭제

② 정답 리스트에서 '문제번호'번째 항목을 정답에서 삭제

③ 출제문항 중 하나를 문제번호로 지정

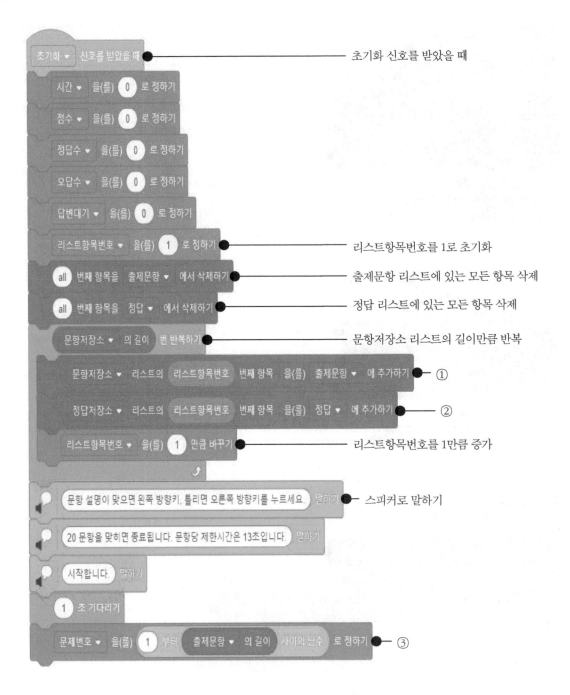

① 문항저장소 리스트의 '리스트항목번호' 번째 항목을 출제문항 리스트에 추가

② 정답저장소 리스트의 '리스트항목번호' 번째 항목을 정답 리스트에 추가

③ 1부터 '출제문항리스트의 길이' 까지의 수 중에서 난수 하나를 문제번호로 지정

2) 음성출제 스프라이트

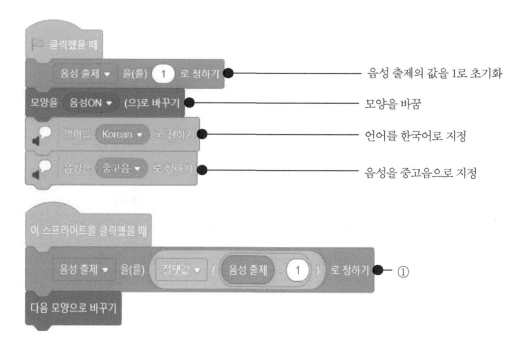

음성 출제의 값을 1로 초기화

모양을 바꿈

언어를 한국어로 지정

음성을 중고음으로 지정

① 음성출제의 값을 (음성출제-1)의 절댓값으로 지정

3) o올라감 스프라이트

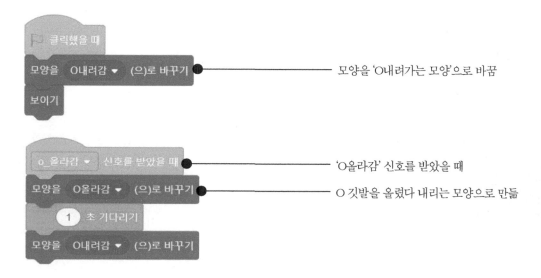

모양을 'O내려가는 모양'으로 바꿈

'O올라감' 신호를 받았을 때

O 깃발을 올렸다 내리는 모양으로 만듦

4) x올라감 스프라이트

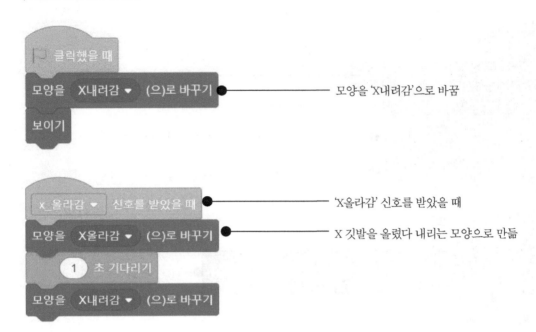

모양을 'X내려감'으로 바꿈

'X올라감' 신호를 받았을 때

X 깃발을 올렸다 내리는 모양으로 만듦

5) 성공 스프라이트

시작 버튼이 클릭되면

보이지 않게 숨기기

종료 신호를 받으면 보이게 됨

6.2 번역

가. 화면 구성 및 스프라이트 동작

스크래치에서 번역 기능을 사용하면 텍스트를 여러 가지 언어로 변환할 수 있다. 여기서는 한국어와 영어, 중국어, 독일어, 일본어를 번역할 수 있는 프로젝트를 작성한다. 프로젝트가 시작되면 언어를 번역해주는 로봇과 한국인, 외국인 스프라이트가 나타난다. 로봇은 한국인과 대화할 때는 한국어로 말하고, 외국인과 대화할 때는 외국인의 국적에 맞는 언어로 대화한다. 그리고 대화 내용을 듣고 번역하여 상대편에게 들려준다.

외국인의 국적이 미국인 경우에 번역할 언어로 영어를 선택한다. 한국인을 클릭한 후 '이름이 무엇인가요?'를 입력하면 'What is your name?'로 번역된 영어 음성 메시지가 나온다. 외국인을 클릭하면 대화 내용을 입력하라는 영문 음성 메시지가 나온다. 'What is your name?'를 입력하면 '당신의 이름은 무엇입니까?'로 번역된 한국어 음성 메시지가 나온다.

나. 기초 작업

1) 사람 스프라이트 두 개를 추가한 후 각각 이름을 한국인과 외국인으로 수정한다.
2) 로봇 스프라이트를 추가한 후 이름을 통역사로 수정한다.

다. 명령어 스크립트 작성

1) 한국인 스프라이트

'나는 한국인'을 2초 동안 생각함

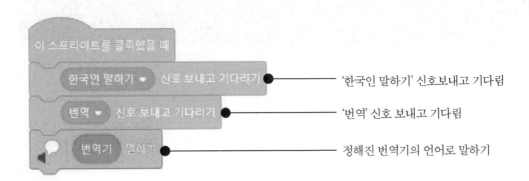

'한국인 말하기' 신호보내고 기다림

'번역' 신호 보내고 기다림

정해진 번역기의 언어로 말하기

2) 외국인 스프라이트

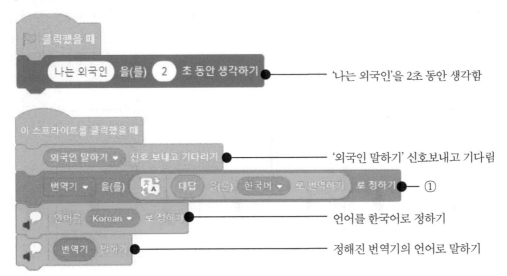

'나는 외국인'을 2초 동안 생각함

'외국인 말하기' 신호보내고 기다림

①

언어를 한국어로 정하기

정해진 번역기의 언어로 말하기

① 전달 받은 외국인의 대답을 한국어로 번역하여 번역기 변수에 저장함

3) 통역사 스프라이트

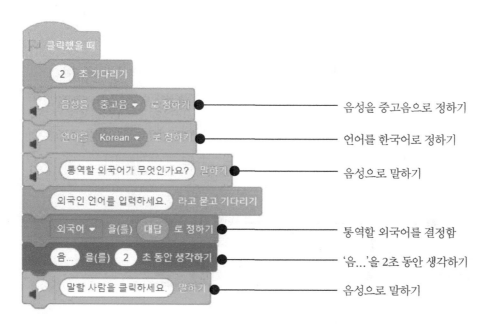

음성을 중고음으로 정하기

언어를 한국어로 정하기

음성으로 말하기

통역할 외국어를 결정함

'음...'을 2초 동안 생각하기

음성으로 말하기

'나는 통역사'를 2초 동안 생각하기

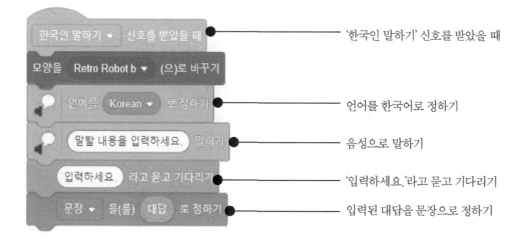

'한국인 말하기' 신호를 받았을 때

언어를 한국어로 정하기

음성으로 말하기

'입력하세요.'라고 묻고 기다리기

입력된 대답을 문장으로 정하기

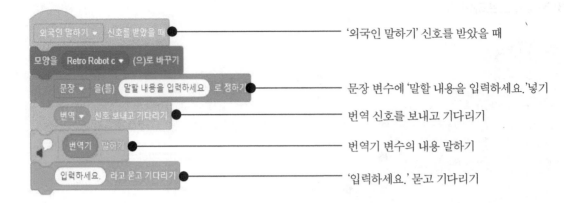

'외국인 말하기' 신호를 받았을 때

문장 변수에 '말할 내용을 입력하세요.' 넣기

번역 신호를 보내고 기다리기

번역기 변수의 내용 말하기

'입력하세요.' 묻고 기다리기

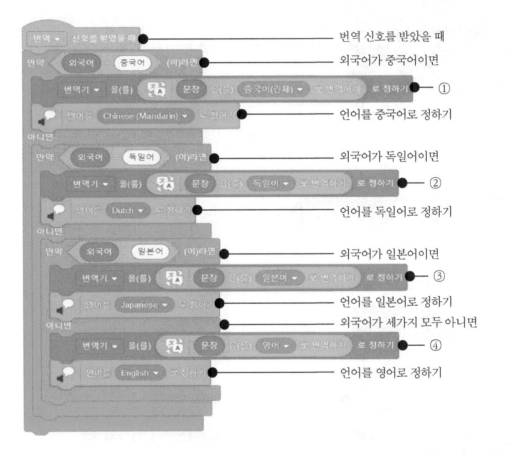

번역 신호를 받았을 때

외국어가 중국어이면

①

언어를 중국어로 정하기

외국어가 독일어이면

②

언어를 독일어로 정하기

외국어가 일본어이면

③

언어를 일본어로 정하기

외국어가 세가지 모두 아니면

④

언어를 영어로 정하기

① 받은 문장을 중국어로 번역하여 번역기 변수에 넣기

② 받은 문장을 독일어로 번역하여 번역기 변수에 넣기

③ 받은 문장을 일본어로 번역하여 번역기 변수에 넣기

④ 받은 문장을 영어로 번역하여 번역기 변수에 넣기

6.3 피지컬 컴퓨팅

6.3.1 외부 장치 연결하기

가. LEGO Education WeDo 2.0

1) 확장 기능 추가하기

스크래치 에디터를 실행한 후 왼쪽 하단에 있는 [확장 기능 추가하기] 아이콘을 클릭한다. 확장기능 선택 창에서 'LEGO WeDo Education 2.0'을 클릭한다. 다음 그림은 WeDo 제어를 위해 스크래치 에디터에 추가된 새로운 블록들을 나타낸 것이다.

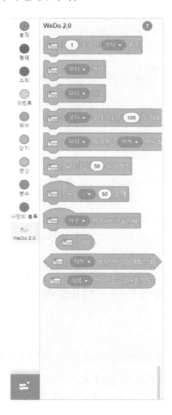

2) LEGO WeDo 2.0 연결하기

확장기능 선택 창에서 'LEGO WeDo Education 2.0'을 클릭하면 다음 그림과 같은 창이 나타난다. WeDo에 있는 버튼은 누르면 불빛이 반짝이며 통신 가능한 상태가 된다. 이 상태에서 창에 있는 '검색 시작' 버튼을 클릭하면 컴퓨터에서 블루투스 통신으로 WeDo를 검색한다.

블루투스 통신으로 WeDo를 찾을 수 없는 경우에는 다음과 같은 창이 나타난다. Scratch Link가 실행되고 있는지 확인하고, 컴퓨터에서 블루투스 기능이 지원되는지 확인해야 한다.

3) LEGO WeDo 2.0 연결 확인하기

컴퓨터에서 WeDo 검색에 실패한 경우에는 다음 내용을 확인한다.

① Scratch Link가 설치되어 있는가?
LEGO WeDo 2.0을 연결하기 위해서는 Scratch Link가 설치되어 있어야 한다. 위의 그림에서 도움말 버튼을 클릭하면 다음과 같은 Scratch Link를 다운로드할 수 있는 창이 나타난다. [바로 다운로드] 링크를 클릭하여 설치한 후 정상적으로 실행되고 있는지 확인한다.

Scratch Link는 Windows10 최신 버전에서만 설치할 수 있다. 윈도 버전이 Windows10 1709보다 적은 경우는 아래 주소를 방문하여 최신 버전으로 업그레이드해야 한다.
(www.microsoft.com/ko-kr/software-download/windows10)

② 컴퓨터가 블루투스 통신 기능을 지원하는가?
WeDo와 블루투스로 통신하기 위해서는 컴퓨터에 외부기기와 통신할 수 있는 블루투스 모듈이 설치되어 있어야 한다.
'LEGO WeDo Education 2.0'을 클릭하여 WeDo와 컴퓨터 간에 통신이 정상적으로 이루어지면 스크래치 에디터에서 스크립트를 작성하여 WeDo의 동작을 제어할 수 있다. 이를 위해 먼저 다음 그림과 같이 WeDo에 모터를 연결하고 모터를 켜는 블록을 사용한다.

나. 마이크로비트(micro:bit)

micro:bit는 간단한 코딩과 만들기를 학습할 수 있도록 디자인된 작은 회로 보드이다. 이것은 LED 디스플레이, 버튼, 움직임 센서와 같은 많은 기능을 포함하고 있다. 스크래치에 이것을 연결함으로써 디지털과 실세계의 결합을 통해 창의적인 프로젝트를 만들 수 있도록 한다.
스크래치 에디터를 실행한 후 왼쪽 하단에 있는 [확장 기능 추가하기] 아이콘을 클릭한다. 확장기능 선택 창에서 micro:bit를 클릭한다. micro:bit를 연결하기 위해서는 Scratch Link가 설치되어 실행되어야 하고, 블루투스 통신이 가능해야 한다.

1) micro:bit 연결하기

① USB 또는 배터리 팩으로 micro:bit에 전원을 공급할 수 있다.

② USB 케이블을 사용하여 micro:bit를 컴퓨터에 연결한다. 컴퓨터는 새로운 장치를 인식하고 연결 설정을 하며, 컴퓨터에 MICROBIT 폴더가 만들어진다.

③ 스크래치 'micro:bit HEX' 파일을 다운로드 한다. micro:bit 설치 도움말을 클릭하면 다운로드 받을 수 있다. 압축 파일을 풀어서 MICROBIT 폴더에 저장한다.

④ 스크래치 에디터에서 micro:bit 블록을 사용하여 스크립트를 작성한다.

⑤ 스크래치 에디터에서 장치가 동작되지 않으면 [확장 기능 추가하기]를 클릭하여 micor:bit를 추가 한다. 이어서 디바이스를 다시 검색하여 연결한 후 [편집기로 가기] 버튼을 클릭한다.

2) 블루투스 통신

PC 또는 노트북에서 블루투스 기능이 지원되지 않으면 다음과 같이 블루투스 USB 동글을 추가하여 블루투스 통신을 할 수 있다.

① 블루투스 USB 동글을 USB 포트에 연결한다.

② 설정-장치-[Bluetooth 및 기타 디바이스]를 순서대로 클릭한다.

③ [Bluetooth 및 기타 디바이스] 추가를 선택한다.

④ 디바이스 추가 창에서 Bluetooth를 클릭한다.

⑤ BBC micro:bit를 선택한다. 성공적으로 연결되면 사용할 수 있다는 메시지가 나타난다.

⑥ '기타 디바이스'에 장치가 추가되었는지 확인한다.

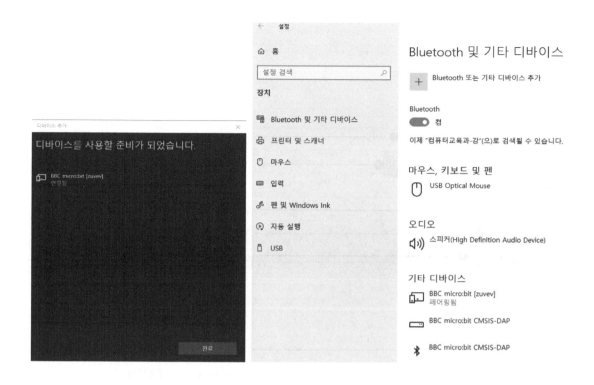

6.3.2 LEGO Education WeDo 2.0 활용하기

가. 화면 구성 및 스프라이트 동작

스크래치 무대에 코끼리 한 마리가 있으며, 스크래치에 LEGO WeDo가 연결되어 있다. 시작 버튼을 클릭하면 LEGO가 앞으로 움직이며, 전면에 장애물이 있으면 후진하고, 장애물과 일정 거리 이상 멀어지면 앞으로 이동한다. 무대의 코끼리도 일정한 속도록 이동하며, LEGO가 진행 방향을 바꾸는 경우에는 180도 회전한 후 이동한다.

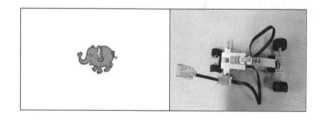

나. 기초 작업
1) 코끼리 스프라이트를 추가한다.
2) LEGO Education WeDo 2.0을 컴퓨터에 연결한다.
3) [확장 기능 추가하기]에서 LEGO Education WeDo 2.0을 선택하여 블록을 추가한다.

다. 명령어 스크립트 작성

1) 코끼리 스프라이트

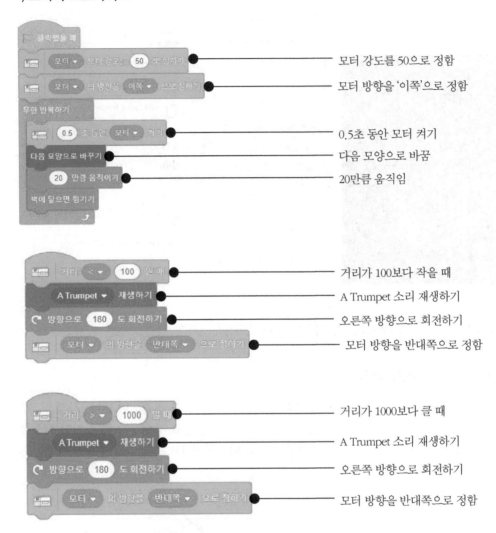

모터 강도를 50으로 정함

모터 방향을 '이쪽'으로 정함

0.5초 동안 모터 켜기

다음 모양으로 바꿈

20만큼 움직임

거리가 100보다 작을 때

A Trumpet 소리 재생하기

오른쪽 방향으로 회전하기

모터 방향을 반대쪽으로 정함

거리가 1000보다 클 때

A Trumpet 소리 재생하기

오른쪽 방향으로 회전하기

모터 방향을 반대쪽으로 정함

6.3.3 micro:bit 활용하기

가. 화면 구성 및 스프라이트 동작

스크래치 무대에 스프라이트가 있으며, micro:bit가 연결되어 있다. micro:bit의 A 버튼을 누르면 LED
에 하트 모양이 나타난다. B 버튼을 누르면 LED에 Hello!가 나타나며, 스프라이트도 Hello!를 말한다.
micro:bit 보드가 수평에서 기울어지면 스프라이트가 고양이 울음소리를 낸다. 보드를 움직이면 스프라이트는 임의의 위치로 이동하면서 모양을 바꾸고 '와우!'라는 메시지를 나타낸다.

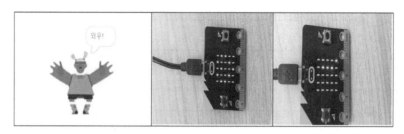

나. 기초 작업

1) 저장소에서 새로운 스프라이트를 추가하고, 이름을 마이크로로 수정한다.
2) micro:bit를 컴퓨터에 연결한다.
3) [확장 기능 추가하기]에서 micro:bit를 선택하여 블록을 추가한다.

다. 명령어 스크립트 작성

1) 마이크로 스프라이트

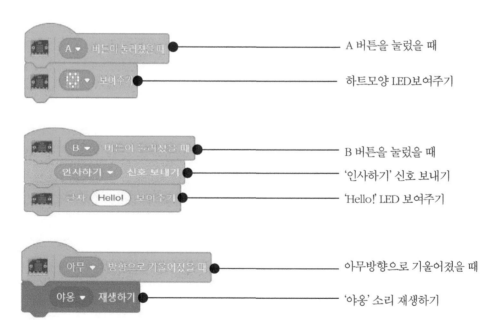

A 버튼을 눌렀을 때

하트모양 LED보여주기

B 버튼을 눌렀을 때

'인사하기' 신호 보내기

'Hello!' LED 보여주기

아무방향으로 기울어졌을 때

'야옹' 소리 재생하기

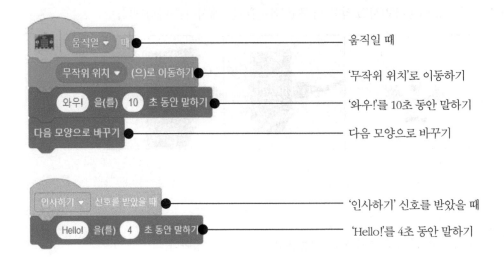

움직일 때

'무작위 위치'로 이동하기

'와우!'를 10초 동안 말하기

다음 모양으로 바꾸기

'인사하기' 신호를 받았을 때

'Hello!'를 4초 동안 말하기

실 | 습 | 문 | 제

1 [비디오 감지] 확장 기능을 사용하여 곤충을 잡는 프로젝트를 만든다.

가. 화면 구성 및 스프라이트 동작

나. 기초 작업

1) 스프라이트를 추가하고 이름을 메뚜기로 수정한다.
2) 새로운 배경을 추가한다.
3) [확장 기능 추가하기]에서 비디오 감지 기능을 선택한다.

다. 명령어 스크립트 작성

1) 메뚜기 스프라이트 스크립트

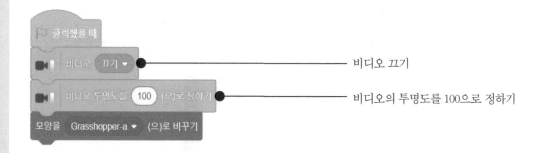

비디오 끄기

비디오의 투명도를 100으로 정하기

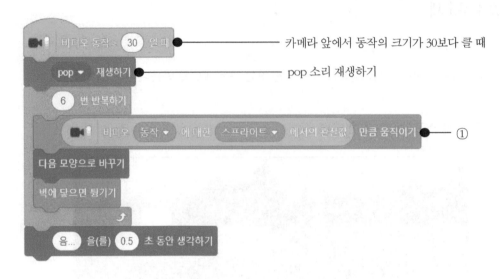

카메라 앞에서 동작의 크기가 30보다 클 때

pop 소리 재생하기

① 카메라 앞에서 일정한 동작이 일어난 만큼 스프라이트가 움직임

2 펜 확장 기능을 사용하여 리스트에 저장된 값의 좌표값을 구하고 이를 꺾은선 그래프 형태로 나타낸다.

가. 화면 구성 및 스프라이트 동작

프로젝트가 시작되면 다음 그림과 같은 리스트 3개와 스프라이트 1개가 나타난다. 데이터 리스트는 정렬할 데이터를 저장하며, x좌표와 y좌표 리스트는 데이터 리스트에 저장된 숫자의 x좌표와 y좌표를 나타낸 것이다.

시작 버튼을 클릭하면 0~360의 난수 10개를 만들어 데이터 리스트에 저장한 후 이를 버블정렬 알고리즘으로 오름차순 정렬한다. x좌표와 y좌표 리스트는 10개 숫자에 대한 x좌표와 y좌표를 저장한다. 이를 이용하여 무대의 좌측 하단에서 시작하여 각 숫자의 좌표값까지 선을 긋는다.

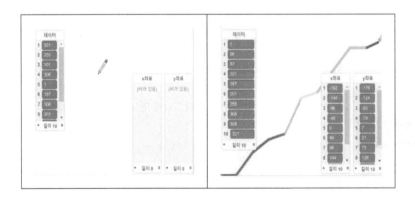

나. 기초 작업

1) 새로운 스프라이트를 추가하고, 이름을 '연필'로 수정한다.
2) 이름이 데이터, x좌표, y좌표인 리스트를 추가한다.
3) [확장 기능 추가하기]에서 펜을 선택하여 관련 블록을 추가한다.

다. 명령어 스크립트 작성

1) 연필 스프라이트

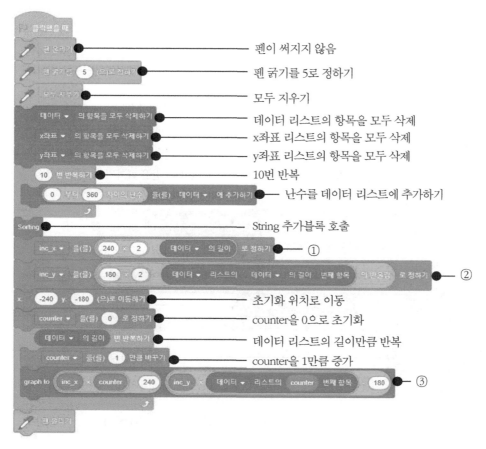

① inc_x의 값을 (240×2)÷(데이터 리스트의 길이)로 정한다.
② inc_y의 값을 (180×2)÷(데이터 리스트의 '데이터 리스트의 길이'번째 항목)을 반올림한 값으로 정한다.
③ x좌표의 값은 {(inc_x × counter) - 240}의 값이고 y좌표의 값은 {(inc_y × 데이터 리스트의 counter번째 항목) - 180}인 그래프를 그린다.

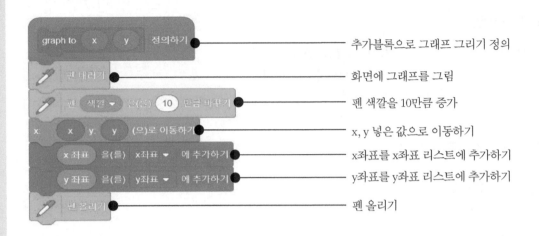

추가블록으로 그래프 그리기 정의

화면에 그래프를 그림

펜 색깔을 10만큼 증가

x, y 넣은 값으로 이동하기

x좌표를 x좌표 리스트에 추가하기

y좌표를 y좌표 리스트에 추가하기

펜 올리기

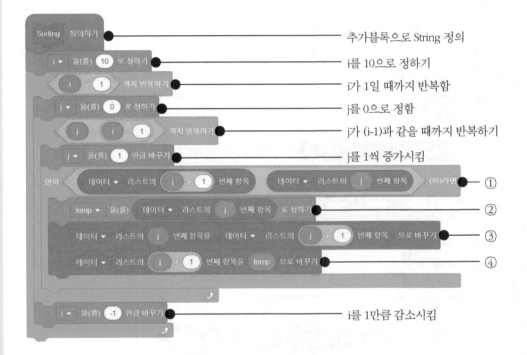

추가블록으로 String 정의

i를 10으로 정하기

i가 1일 때까지 반복함

j를 0으로 정함

j가 (i-1)과 같을 때까지 반복하기

j를 1씩 증가시킴

①

②

③

④

i를 1만큼 감소시킴

① 데이터 리스트의 (j+1)번째 항목이 j번째 항목보다 작다면 ②~④를 실행한다.

② temp에 j번째 항목 저장한다.

③ j번째 항목을 (j+1)번째 항목으로 바꾼다.

④ (j+1)번째 항목을 temp로 바꾼다.

3 마우스나 키보드의 조작이 없이 도로를 따라 이동하는 자율주행 자동차의 기능을 구현해보자.

가. 화면 구성 및 스프라이트 동작

다음 그림은 두 종류의 도로와 자동차가 주행에 성공했을 때 보여주는 화면을 나타낸 것이다. 자동차는 지정한 속도에 따라 목적지까지 이동한다. 자동차에는 센서들이 있으며, 자동차가 도로의 가장 자리에 닿으면 방향을 조정하며, 목적지를 향해 이동한다. 자동차는 이동 중에 우회전 또는 좌회전 신호를 만나면 방향을 전환하며, 장애물을 감지하면 정지하고 있다가 장애물이 없어지면 계속 주행한다. 배경 화면에는 도로의 맵이 나타나며, 1단계와 2단계로 구분하여 서로 다른 맵이 나타난다.

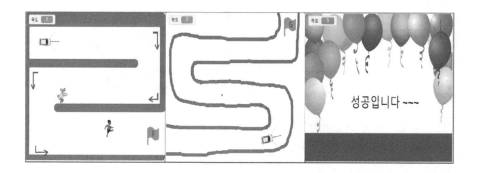

나. 기초 작업

1) 다음 그림과 같은 스프라이트들을 만들고 이름을 수정한다.

2) 무대의 배경으로 2개의 도로 맵을 디자인하여 추가하고, 주행에 성공한 경우에 나타낼 배경을 추가한다.

3) 자동차의 주행 속도를 저장할 변수인 '속도'를 추가한다.

다. 명령어 스크립트 작성

1) 자율주행차 스프라이트

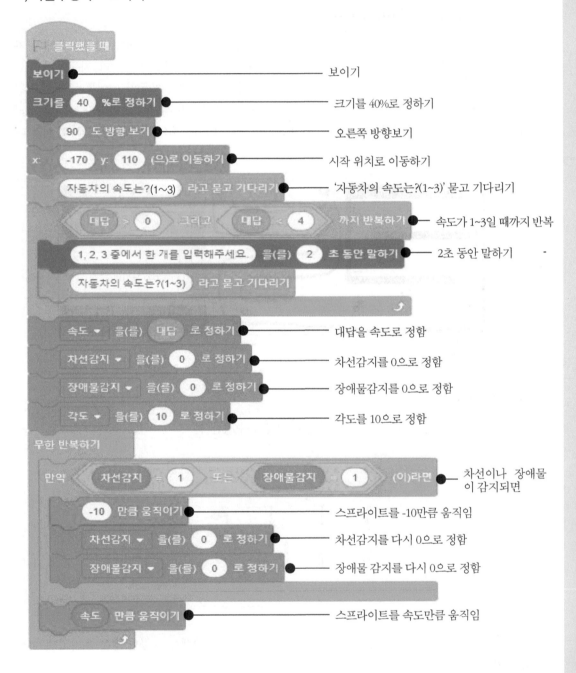

보이기	보이기
크기를 40 %로 정하기	크기를 40%로 정하기
90 도 방향 보기	오른쪽 방향보기
x: -170 y: 110 (으)로 이동하기	시작 위치로 이동하기
자동차의 속도는?(1~3) 라고 묻고 기다리기	'자동차의 속도는?(1~3)' 묻고 기다리기
대답 > 0 그리고 대답 < 4 까지 반복하기	속도가 1~3일 때까지 반복
1, 2, 3 중에서 한 개를 입력해주세요. 을(를) 2 초 동안 말하기	2초 동안 말하기
자동차의 속도는?(1~3) 라고 묻고 기다리기	
속도 ▼ 을(를) 대답 로 정하기	대답을 속도로 정함
차선감지 ▼ 을(를) 0 로 정하기	차선감지를 0으로 정함
장애물감지 ▼ 을(를) 0 로 정하기	장애물감지를 0으로 정함
각도 ▼ 을(를) 10 로 정하기	각도를 10으로 정함
무한 반복하기	
만약 차선감지 = 1 또는 장애물감지 = 1 (이)라면	차선이나 장애물이 감지되면
-10 만큼 움직이기	스프라이트를 -10만큼 움직임
차선감지 ▼ 을(를) 0 로 정하기	차선감지를 다시 0으로 정함
장애물감지 ▼ 을(를) 0 로 정하기	장애물 감지를 다시 0으로 정함
속도 만큼 움직이기	스프라이트를 속도만큼 움직임

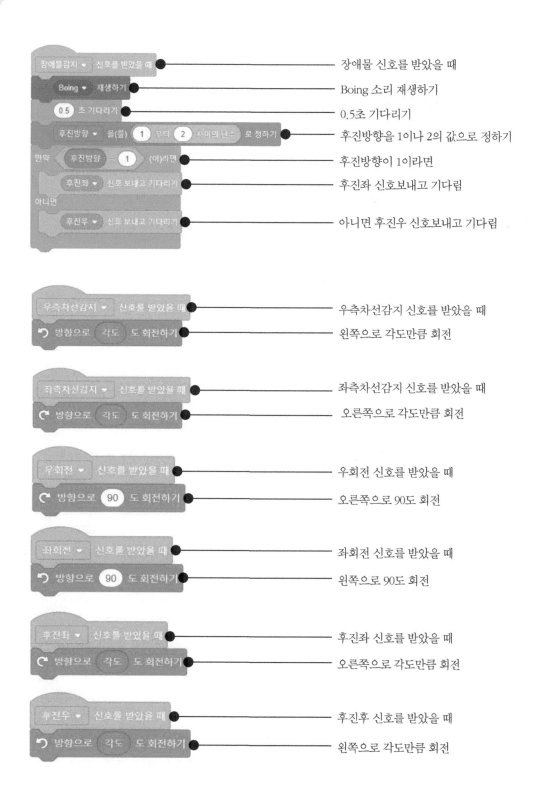

장애물 신호를 받았을 때

Boing 소리 재생하기

0.5초 기다리기

후진방향을 1이나 2의 값으로 정하기

후진방향이 1이라면

후진좌 신호보내고 기다림

아니면 후진우 신호보내고 기다림

우측차선감지 신호를 받았을 때

왼쪽으로 각도만큼 회전

좌측차선감지 신호를 받았을 때

오른쪽으로 각도만큼 회전

우회전 신호를 받았을 때

오른쪽으로 90도 회전

좌회전 신호를 받았을 때

왼쪽으로 90도 회전

후진좌 신호를 받았을 때

오른쪽으로 각도만큼 회전

후진후 신호를 받았을 때

왼쪽으로 각도만큼 회전

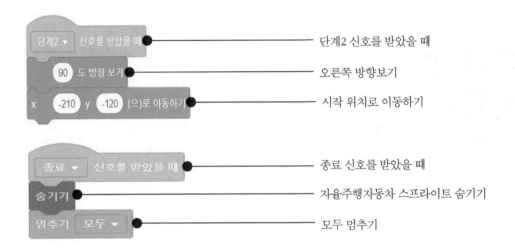

단계2 신호를 받았을 때

오른쪽 방향보기

시작 위치로 이동하기

종료 신호를 받았을 때

자율주행자동차 스프라이트 숨기기

모두 멈추기

2) 좌측차선감지센서 스프라이트

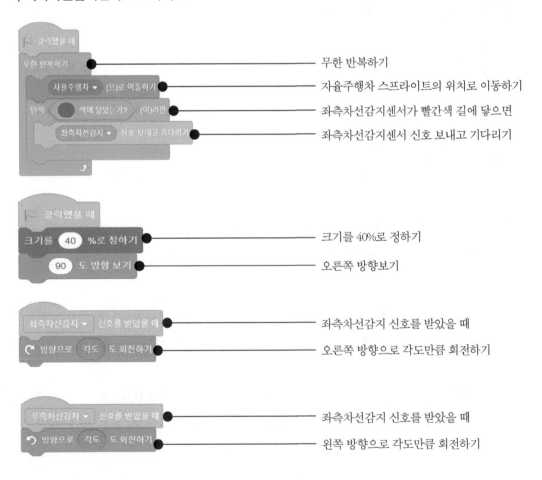

무한 반복하기

자율주행차 스프라이트의 위치로 이동하기

좌측차선감지센서가 빨간색 길에 닿으면

좌측차선감지센서 신호 보내고 기다리기

크기를 40%로 정하기

오른쪽 방향보기

좌측차선감지 신호를 받았을 때

오른쪽 방향으로 각도만큼 회전하기

좌측차선감지 신호를 받았을 때

왼쪽 방향으로 각도만큼 회전하기

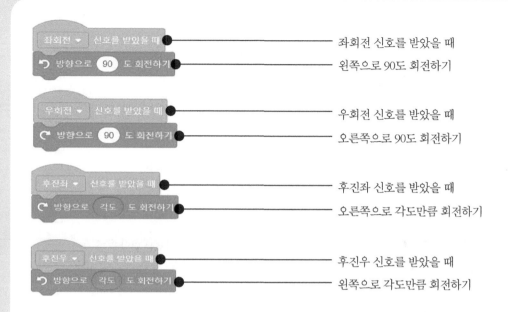

좌회전 신호를 받았을 때
왼쪽으로 90도 회전하기

우회전 신호를 받았을 때
오른쪽으로 90도 회전하기

후진좌 신호를 받았을 때
오른쪽으로 각도만큼 회전하기

후진우 신호를 받았을 때
왼쪽으로 각도만큼 회전하기

3) 장애물감지센서 스프라이트

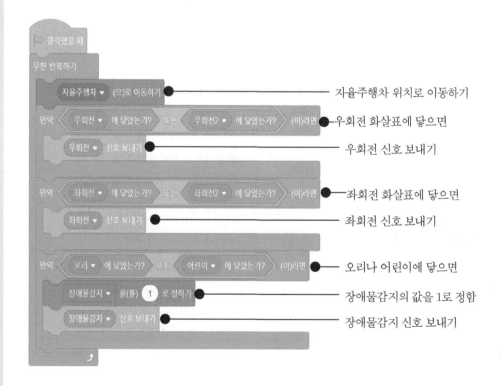

자율주행차 위치로 이동하기

우회전 화살표에 닿으면

우회전 신호 보내기

좌회전 화살표에 닿으면

좌회전 신호 보내기

오리나 어린이에 닿으면

장애물감지의 값을 1로 정함

장애물감지 신호 보내기

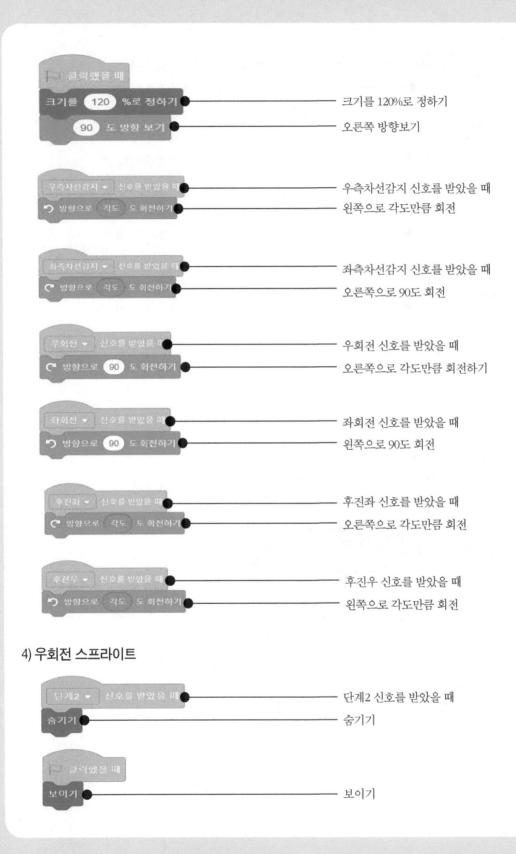

크기를 120%로 정하기

오른쪽 방향보기

우측차선감지 신호를 받았을 때

왼쪽으로 각도만큼 회전

좌측차선감지 신호를 받았을 때

오른쪽으로 90도 회전

우회전 신호를 받았을 때

오른쪽으로 각도만큼 회전하기

좌회전 신호를 받았을 때

왼쪽으로 90도 회전

후진좌 신호를 받았을 때

오른쪽으로 각도만큼 회전

후진우 신호를 받았을 때

왼쪽으로 각도만큼 회전

4) 우회전 스프라이트

단계2 신호를 받았을 때

숨기기

보이기

5) 좌회전 스프라이트

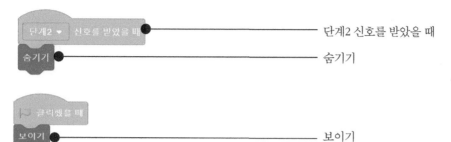

단계2 신호를 받았을 때

숨기기

보이기

6) 1차 목적지 스프라이트

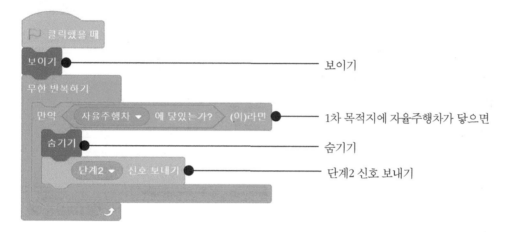

보이기

1차 목적지에 자율주행차가 닿으면

숨기기

단계2 신호 보내기

7) 결승점 스프라이트

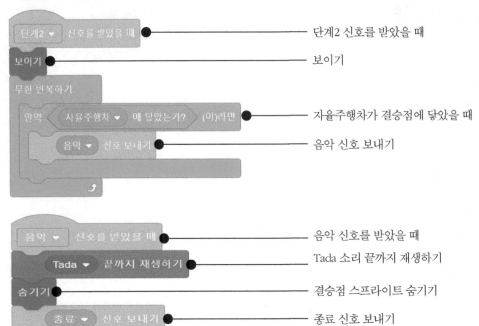

단계2 신호를 받았을 때

보이기

자율주행차가 결승점에 닿았을 때

음악 신호 보내기

음악 신호를 받았을 때

Tada 소리 끝까지 재생하기

결승점 스프라이트 숨기기

종료 신호 보내기

8) 오리 스프라이트

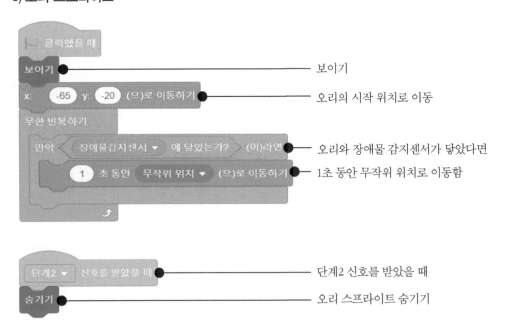

보이기

오리의 시작 위치로 이동

오리와 장애물 감지센서가 닿았다면

1초 동안 무작위 위치로 이동함

단계2 신호를 받았을 때

오리 스프라이트 숨기기

9) 어린이 스프라이트

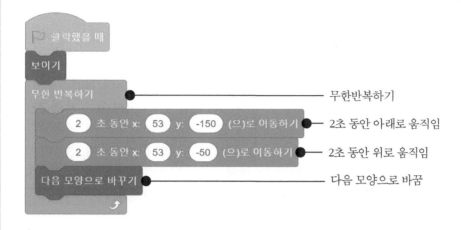

무한반복하기

2초 동안 아래로 움직임

2초 동안 위로 움직임

다음 모양으로 바꿈

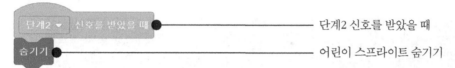

단계2 신호를 받았을 때

어린이 스프라이트 숨기기

위의 스크립트들을 참조하여 우측차선감지센서, 우회전2, 좌회전2 스프라이트의 스크립트를 작성한다.

4 키보드의 좌우 방향키를 사용하여 스프라이트를 이동시키고, 총알을 발사하여 괴물을 잡는 우주전쟁 프로젝트를 구현해보자.

가. 화면 구성 및 스프라이트 동작

시작 버튼을 클릭하면 화면 하단 중앙에 총이 있으며, 0과 5의 값을 저장한 점수와 수명 변수가 나타난다. 총은 좌우 방향키를 사용하여 좌우로 이동시킬 수 있다. 스페이스 키를 누르면 총알이 발사되며, 총알이 괴물에 닿으면 점수가 1씩 증가한다. 괴물은 총에 맞으면 사라지며, 일정한 시간이 경과된 후 무대 상단에서 아래로 다시 내려온다. 총에 괴물이 닿으면 수명이 1씩 감소되며, 수명이 0이 되면 게임이 종료된다. 괴물1과 괴물2는 화면 상단의 임의의 위치에서 바닥으로 내려오며, 괴물3은 1초 간격으로 무대에서 임의의 위치로 이동한다.

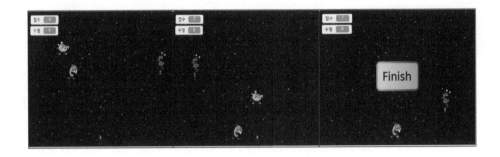

나. 기초 작업

1) 다음 그림과 같은 스프라이트들을 만들고 이름을 수정한다.

2) 무대의 배경을 추가한다.

3) 게임 점수와 종료 시점을 저장할 변수인 점수와 수명을 만든다.

다. 명령어 스크립트 작성

1) 총 스프라이트

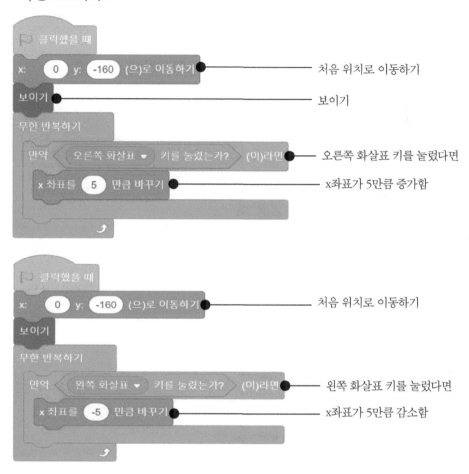

처음 위치로 이동하기

보이기

오른쪽 화살표 키를 눌렀다면

x좌표가 5만큼 증가함

처음 위치로 이동하기

왼쪽 화살표 키를 눌렀다면

x좌표가 5만큼 감소함

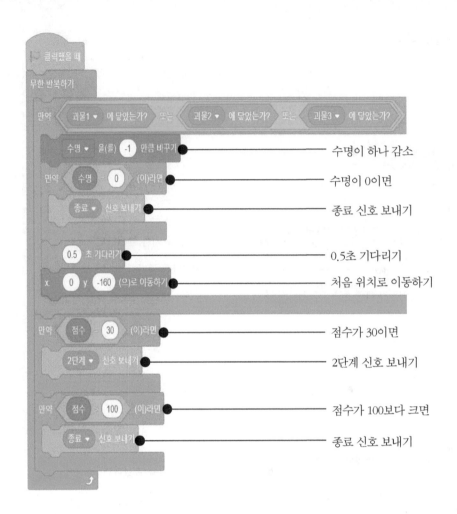

— 수명이 하나 감소

— 수명이 0이면

— 종료 신호 보내기

— 0.5초 기다리기

— 처음 위치로 이동하기

— 점수가 30이면

— 2단계 신호 보내기

— 점수가 100보다 크면

— 종료 신호 보내기

2) 총알 스프라이트

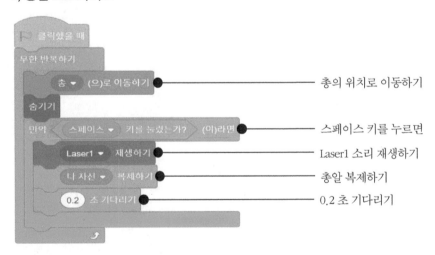

— 총의 위치로 이동하기

— 스페이스 키를 누르면

— Laser1 소리 재생하기

— 총알 복제하기

— 0.2 초 기다리기

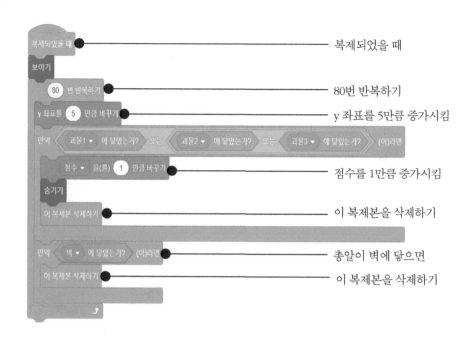

복제되었을 때

80번 반복하기

y좌표를 5만큼 증가시킴

점수를 1만큼 증가시킴

이 복제본을 삭제하기

총알이 벽에 닿으면

이 복제본을 삭제하기

3) 괴물1 스프라이트

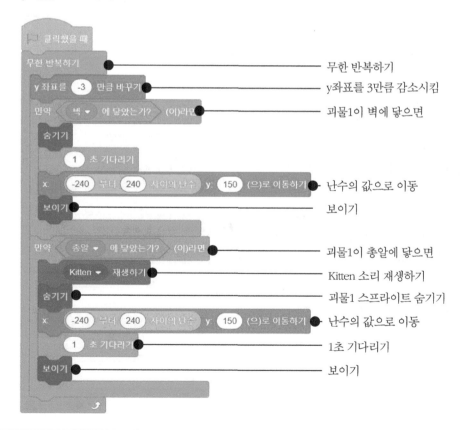

무한 반복하기

y좌표를 3만큼 감소시킴

괴물1이 벽에 닿으면

난수의 값으로 이동

보이기

괴물1이 총알에 닿으면

Kitten 소리 재생하기

괴물1 스프라이트 숨기기

난수의 값으로 이동

1초 기다리기

보이기

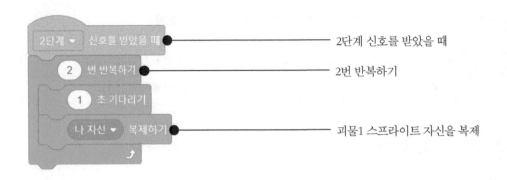

2단계 ▼ 신호를 받았을 때 ——————————— 2단계 신호를 받았을 때

2 번 반복하기 ——————————— 2번 반복하기

1 초 기다리기

나 자신 ▼ 복제하기 ——————————— 괴물1 스프라이트 자신을 복제

복제되었을 때 ——————————————— 복제되었을 때

무한 반복하기

y 좌표를 -4 만큼 바꾸기 ——————————— y 좌표를 4만큼 감소

만약 벽 ▼ 에 닿았는가? (이)라면 ——————————— 벽에 닿으면

숨기기

1 초 기다리기

x -240 부터 240 사이의 난수 y: 150 (으)로 이동하기 ——————————— 난수의 값으로 이동

보이기

만약 총알 ▼ 에 닿았는가? (이)라면 ——————————— 괴물1이 총알에 닿으면

Owl ▼ 재생하기 ——————————— Owl 소리 재생하기

숨기기

x -240 부터 240 사이의 난수 y: 150 (으)로 이동하기 ——————————— 난수의 값으로 이동

1 초 기다리기 ——————————— 1초 기다리기

보이기

4) 괴물2 스프라이트

무한 반복하기

y좌표를 3만큼 감소시킴

괴물2가 벽에 닿으면

난수의 값으로 이동

괴물2가 총알에 닿으면

Meow 소리 재생하기

괴물2 스프라이트 숨기기

난수의 값으로 이동

1초 기다리기

보이기

2단계 신호를 받았을 때

3번 반복하기

괴물2 스프라이트 자신을 복제

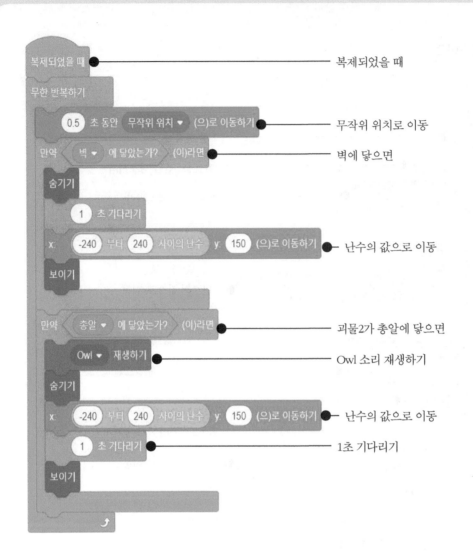

복제되었을 때 ——————————————— 복제되었을 때

무작위 위치로 이동

0.5 초 동안 무작위 위치 ▼ (으)로 이동하기 ——— 무작위 위치로 이동

만약 벽 ▼ 에 닿았는가? (이)라면 ——————— 벽에 닿으면

숨기기

1 초 기다리기

x: -240 부터 240 사이의 난수 y: 150 (으)로 이동하기 ——— 난수의 값으로 이동

보이기

만약 총알 ▼ 에 닿았는가? (이)라면 ——————— 괴물2가 총알에 닿으면

Owl ▼ 재생하기 —————————— Owl 소리 재생하기

숨기기

x: -240 부터 240 사이의 난수 y: 150 (으)로 이동하기 ——— 난수의 값으로 이동

1 초 기다리기 ————————————— 1초 기다리기

보이기

5) 괴물3 스프라이트

- ─── 무한 반복하기
- ─── 괴물3이 벽에 닿으면
- ─── 난수의 값으로 이동
- ─── 괴물3이 총알에 닿으면
- ─── Owl 소리 재생하기
- ─── 난수의 값으로 이동
- ─── 1초 기다리기

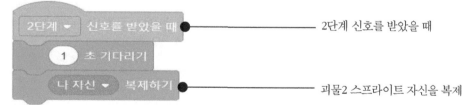

- ─── 2단계 신호를 받았을 때
- ─── 괴물2 스프라이트 자신을 복제

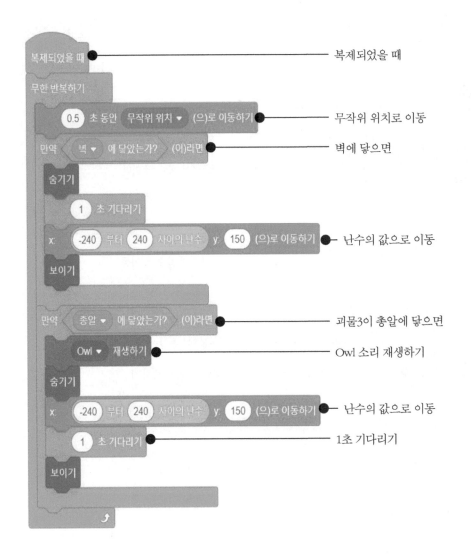

복제되었을 때 ——————————— 복제되었을 때

무한 반복하기

0.5 초 동안 무작위 위치 ▼ (으)로 이동하기 ● ——————— 무작위 위치로 이동

만약 벽 ▼ 에 달았는가? (이)라면 ● ——————— 벽에 닿으면

숨기기

1 초 기다리기

x: -240 부터 240 사이의 난수 y: 150 (으)로 이동하기 ● —— 난수의 값으로 이동

보이기

만약 총알 ▼ 에 달았는가? (이)라면 ● ——————— 괴물3이 총알에 닿으면

Owl ▼ 재생하기 ● ——————————— Owl 소리 재생하기

숨기기

x: -240 부터 240 사이의 난수 y: 150 (으)로 이동하기 ● —— 난수의 값으로 이동

1 초 기다리기 ● ————————————— 1초 기다리기

보이기

6) 종료 스프라이트

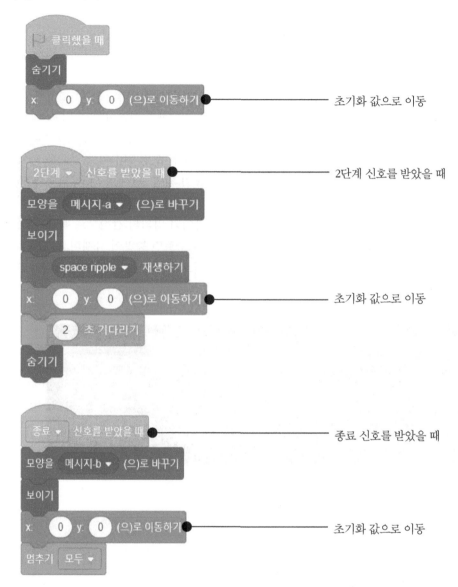

초기화 값으로 이동

2단계 신호를 받았을 때

초기화 값으로 이동

종료 신호를 받았을 때

초기화 값으로 이동

5 키보드의 상하 방향키, 단계 등을 사용하여 앞 실습에서 만든 우주전쟁 프로젝트의 기능을 추가해보자.

가. 화면 구성 및 스프라이트 동작

시작 버튼을 클릭하면 화면 하단 중앙에 폭격기가 보이며, 각각 0과 5의 값을 저장한 점수와 수명 변수가 나타난다. 폭격기는 좌우상하 방향키를 사용하여 좌우상하로 이동시킬 수 있다. 스페이스 키를 누르면 총알이 발사되며, 총알이 괴물에 닿으면 점수가 1씩 증가한다. 폭격기에 괴물이 닿으면 수명이 1씩 감소되며, 수명이 0이 되면 게임이 종료된다. 수명 변수의 초깃값은 50이며, 슬라이드 바를 사용하여 값을 변경시킬 수 있다. 점수가 20이 되면 2단계로 되고, 점수가 50이면 게임이 종료된다.

괴물은 무대에서 임의의 위치로 이동한다. 괴물은 0.2~2초 사이의 임의의 간격으로 복제가 되며, 복제본은 총알이나 스킬에 닿으면 사라진다. 스페이스키를 누르면 총알이 복제되고, 's'키를 누르면 스킬이 복제된다. 복제된 스킬은 회전하면서 무대 위쪽으로 이동한다. 단계가 올라가면 복제되는 괴물의 수가 늘어난다.

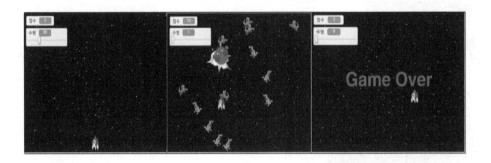

나. 기초 작업

1) 다음 그림과 같은 스프라이트들을 만들고 이름을 수정한다.

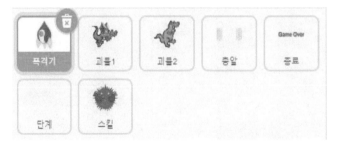

2) 무대의 배경을 추가한다.

3) 게임 점수와 종료 시점을 저장할 변수인 점수와 수명을 만든다.

다. 명령어 스크립트 작성

1) 폭격기 스프라이트

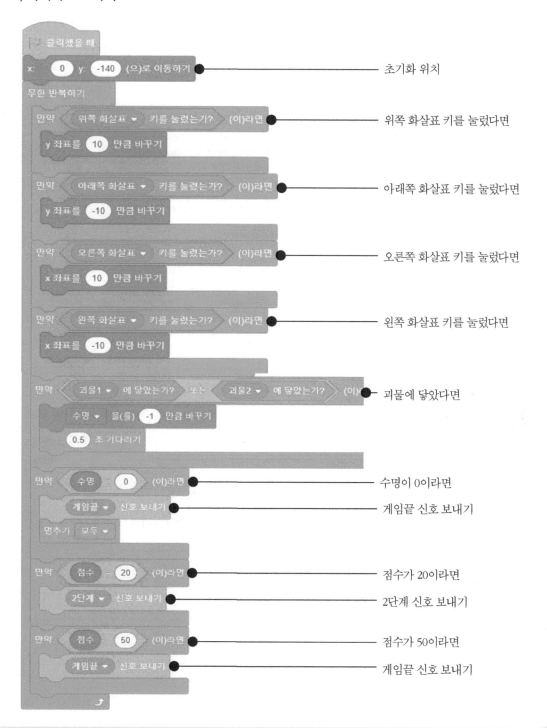

초기화 위치

위쪽 화살표 키를 눌렀다면

아래쪽 화살표 키를 눌렀다면

오른쪽 화살표 키를 눌렀다면

왼쪽 화살표 키를 눌렀다면

괴물에 닿았다면

수명이 0이라면

게임끝 신호 보내기

점수가 20이라면

2단계 신호 보내기

점수가 50이라면

게임끝 신호 보내기

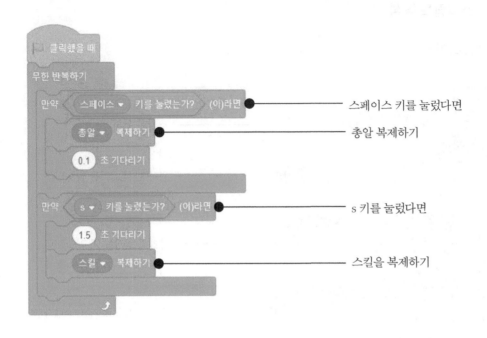

스페이스 키를 눌렀다면

총알 복제하기

s 키를 눌렀다면

스킬을 복제하기

2) 괴물1 스프라이트

점수를 0으로 초기화

(0.2~2) 사이의 난수 초 기다리기

무작위 이동

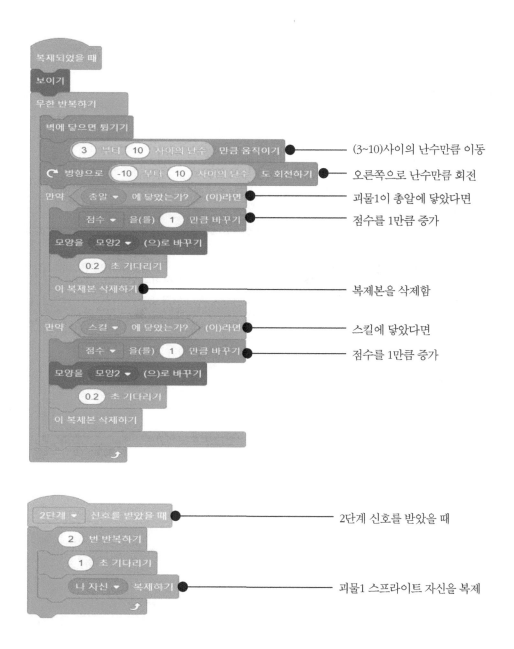

복제되었을 때

보이기

무한 반복하기

  벽에 닿으면 튕기기

  3 부터 10 사이의 난수 만큼 움직이기 ●————— (3~10)사이의 난수만큼 이동

  ↻ 방향으로 -10 부터 10 사이의 난수 도 회전하기 ●————— 오른쪽으로 난수만큼 회전

  만약 총알 ▾ 에 닿았는가? (이)라면 ●————— 괴물1이 총알에 닿았다면

    점수 ▾ 을(를) 1 만큼 바꾸기 ●————— 점수를 1만큼 증가

    모양을 모양2 ▾ (으)로 바꾸기

    0.2 초 기다리기

    이 복제본 삭제하기 ●————— 복제본을 삭제함

  만약 스킬 ▾ 에 닿았는가? (이)라면 ●————— 스킬에 닿았다면

    점수 ▾ 을(를) 1 만큼 바꾸기 ●————— 점수를 1만큼 증가

    모양을 모양2 ▾ (으)로 바꾸기

    0.2 초 기다리기

    이 복제본 삭제하기

2단계 ▾ 신호를 받았을 때 ●————— 2단계 신호를 받았을 때

  2 번 반복하기

    1 초 기다리기

    나 자신 ▾ 복제하기 ●————— 괴물1 스프라이트 자신을 복제

3) 괴물2 스프라이트

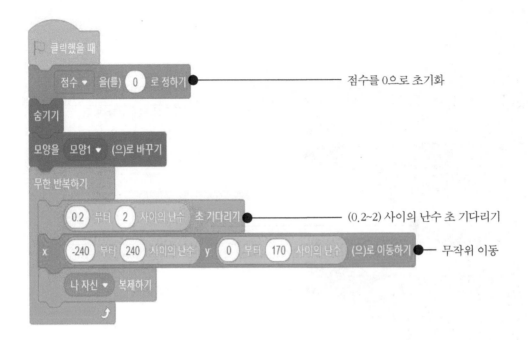

점수를 0으로 초기화

(0.2~2) 사이의 난수 초 기다리기

무작위 이동

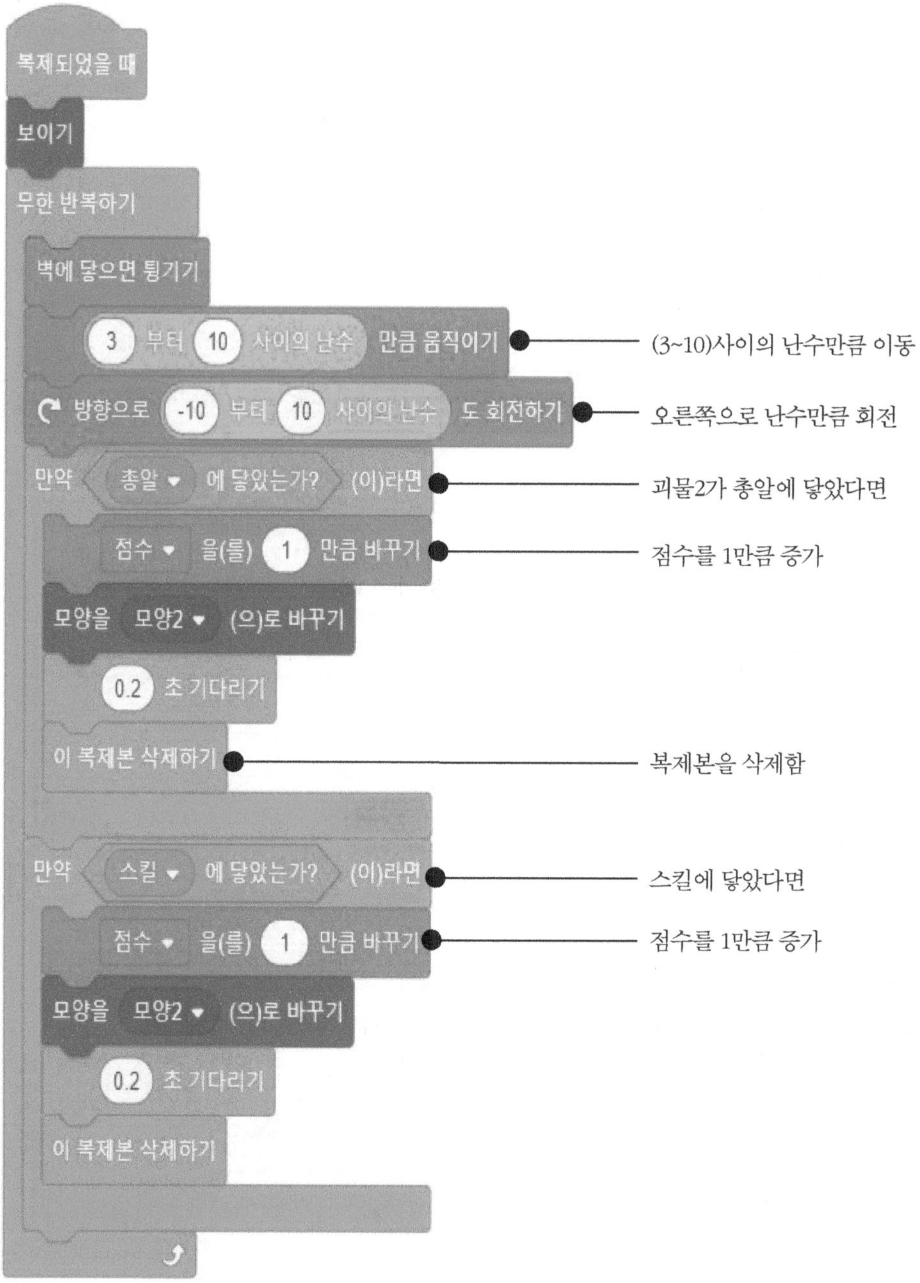

복제되었을 때

보이기

무한 반복하기

벽에 닿으면 튕기기

3 부터 10 사이의 난수 만큼 움직이기 ●————— (3~10)사이의 난수만큼 이동

방향으로 -10 부터 10 사이의 난수 도 회전하기 ●————— 오른쪽으로 난수만큼 회전

만약 총알 ▾ 에 닿았는가? (이)라면 ●————— 괴물2가 총알에 닿았다면

점수 ▾ 을(를) 1 만큼 바꾸기 ●————— 점수를 1만큼 증가

모양을 모양2 ▾ (으)로 바꾸기

0.2 초 기다리기

이 복제본 삭제하기 ●————— 복제본을 삭제함

만약 스킬 ▾ 에 닿았는가? (이)라면 ●————— 스킬에 닿았다면

점수 ▾ 을(를) 1 만큼 바꾸기 ●————— 점수를 1만큼 증가

모양을 모양2 ▾ (으)로 바꾸기

0.2 초 기다리기

이 복제본 삭제하기

4) 총알 스프라이트

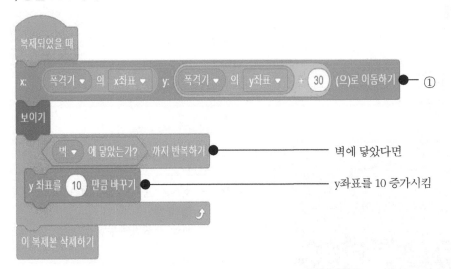

① 총알 스프라이트는 폭격기의 위치에서 y좌표가 30만큼 더해진 위치로 이동한다.

5) 종료 스프라이트

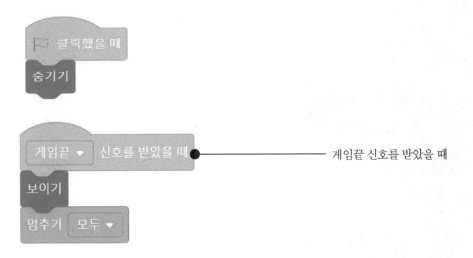

6) 단계 스프라이트

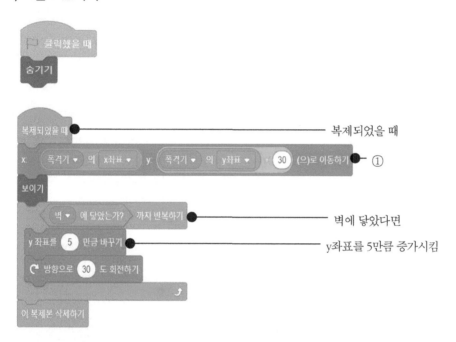

2단계 신호를 받았을 때

7) 스킬 스프라이트

복제되었을 때

① 스킬 스프라이트는 폭격기의 위치에서 y좌표가 30만큼 더해진 위치로 이동한다.

벽에 닿았다면

y좌표를 5만큼 증가시킴

① 스킬 스프라이트는 폭격기의 위치에서 y좌표가 30만큼 더해진 위치로 이동한다.

07

게임 프로그램

스크래치의 스프라이트 디자인, 멀티미디어, 애니메이션 등의 기능을 활용하면 전통적인 게임 프로그램을 쉽게 제작할 수 있다. 이 장에서는 앞에서 배운 스크래치의 다양한 기능들을 응용하여 게임 형태의 프로그램 개발을 실습한다.

7.1 미로 찾기

여기서는 주어진 맵과 스크립트를 참조하여 미로를 찾는 게임 프로젝트를 제작한다. 프로젝트에 새로운 맵을 추가하고 게임 완료시간, 스프라이트의 이동 속도 설정, 게임 난이도 등을 추가하여 단계별 게임이 가능하도록 수정할 수도 있다.

7.1.1 단순한 맵 사용

가. 화면 구성

미로를 만들기 위한 2개의 맵이 있으며, 키보드의 좌, 우, 상, 하 화살표 키를 사용하여 공 스프라이트를 출구까지 이동시키면 된다. 공이 맵의 경계선에 닿거나 장애물에 닿으면 시작 위치로 되돌아온다.

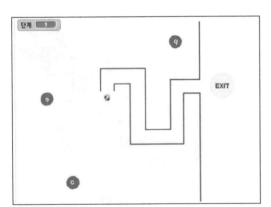
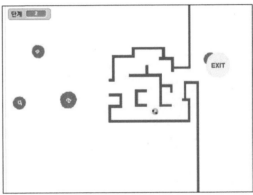

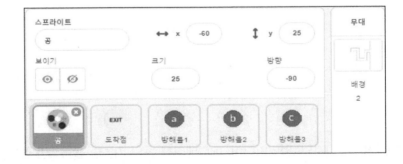

나. 스크립트 작성

1) 공 스크립트

① 키보드의 좌, 우, 상, 하 방향의 화살표 키를 누르면 공 스프라이트가 일정 거리만큼 이동하게 된다.

② 공이 맵의 경계선에 닿거나 장애물에 닿으면 시작 위치로 되돌아온다. 공이 출구에 오면 단계가 1씩 증가되고 배경이 바뀐다. 그리고 방해물1이 복제된다.

2) 방해물 스크립트

① 게임을 하는 동안 방해물1, 방해물2, 방해물3이 나타나며, 일정한 속도로 이동하면서 벽에 닿으면 튕겨져 나온다.

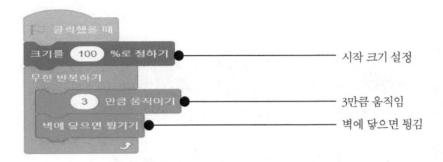

시작 크기 설정

3만큼 움직임

벽에 닿으면 튕김

② 단계가 올라갈 때 복제된 방해물1은 처음보다 크기가 커지고 이동 속도도 빨라진다.

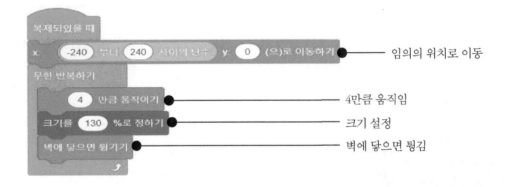

임의의 위치로 이동

4만큼 움직임

크기 설정

벽에 닿으면 튕김

7.1.2 복잡한 맵 사용

가. 화면 구성

미로를 만들기 위한 맵이 있으며, 스프라이트는 쥐(Mouse1)와 박쥐(B1~B6)의 7개가 사용된다. 키보드의 좌, 우, 상, 하 화살표 키를 사용하여 쥐 스프라이트의 움직임을 제어한다.

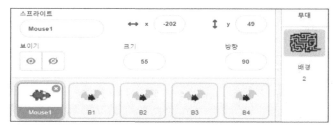

나. 스크립트 작성

1) 쥐 스프라이트

① 키보드의 좌, 우, 상, 하 방향의 화살표 키를 누르면 쥐의 방향이 바뀌고 일정 거리만큼 이동하게 된다.

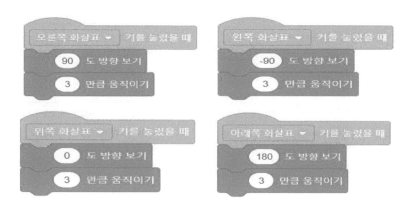

② 쥐가 검은색의 경계선의 닫거나 박쥐에 닿으면 처음 출발 위치로 되돌아온다. 빨간색이 있는
출구에 도착하면 게임이 종료된다.

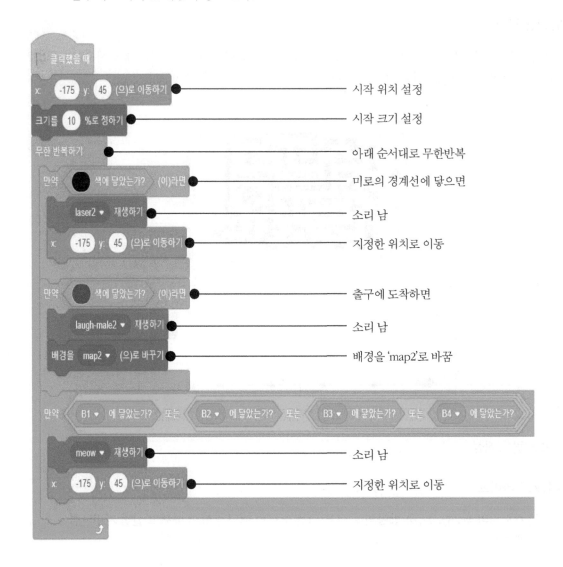

시작 위치 설정

시작 크기 설정

아래 순서대로 무한반복

미로의 경계선에 닿으면

소리 남

지정한 위치로 이동

출구에 도착하면

소리 남

배경을 'map2'로 바꿈

소리 남

지정한 위치로 이동

2) 박쥐 스프라이트

다음 스크립트는 B1과 B6 스프라이트의 동작을 나타낸 것이다. 다른 스프라이트도 이동 경로에 따라 이와 유사한 형태로 스크립트를 작성할 수 있다.

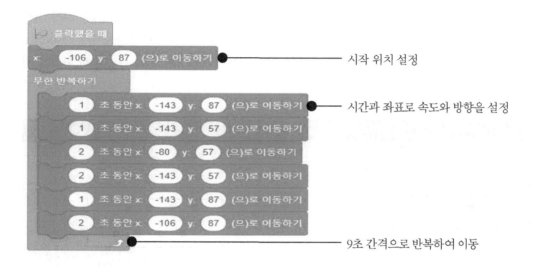

- 시작 위치 설정
- 시간과 좌표로 속도와 방향을 설정
- 9초 간격으로 반복하여 이동

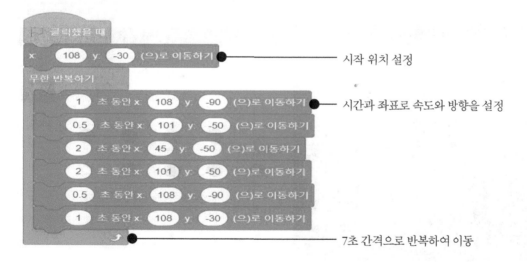

- 시작 위치 설정
- 시간과 좌표로 속도와 방향을 설정
- 7초 간격으로 반복하여 이동

7.1.3 장애물 통과하기

가. 화면 구성

상하로 움직이는 원모양의 8개 장애물 스프라이트가 들어갈 맵이 무대 배경에 나타난다. 시작 버튼을 누르면 장애물들은 일정한 지점을 반복하여 이동한다. 그리고 키보드의 방향키를 사용하여 장애물을 피해 출발지에서 도착지까지 이동시킬 공 스프라이트가 있다. 키보드의 좌, 우, 상, 하 화살표 키를 사용하여 공 스프라이트의 움직임을 제어한다.

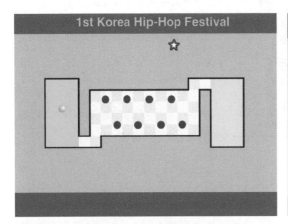

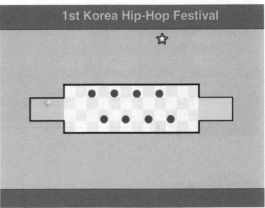

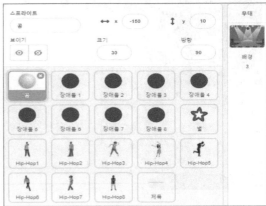

나. 기초 작업

① 상하로 움직이는 원모양의 8개 장애물 스프라이트가 들어들 두 개의 맵을 무대 배경으로 디자인한다. 그리고 무대 배경에 [음악]-[Spotlight]를 추가한다.
② 공 스프라이트와 8개의 장애물 스프라이트를 만든다. 장애물 스프라이트의 이름을 '장애물 1'~'장애물 8'로 수정한다.
③ 형태는 같고 색깔이 다른 3가지 모양의 별 스프라이트를 만든다.
④ 스프라이트 저장소의 [사람들]에서 사람 모양의 8가지 스프라이를 가져온다. 스프라이트의 이름을 'Hip-Hop1'~'Hip-Hop8'로 수정한다.

다. 스크립트 작성

1) 공 스프라이트

① 키보드의 화살표 방향키를 누르면 소리를 내며 일정한 거리만큼 이동하게 된다.

② 공이 맵의 검은색 경계선에 닿거나 장애물에 닿으면 처음 출발 위치로 되돌아온다. 첫 번째 맵에
서 하늘색이 있는 출구에 도착하면 새로운 맵이 나타나고, 두 번째 맵에서 연녹색이 있는 출구에
도착하면 배경이 바뀐다.

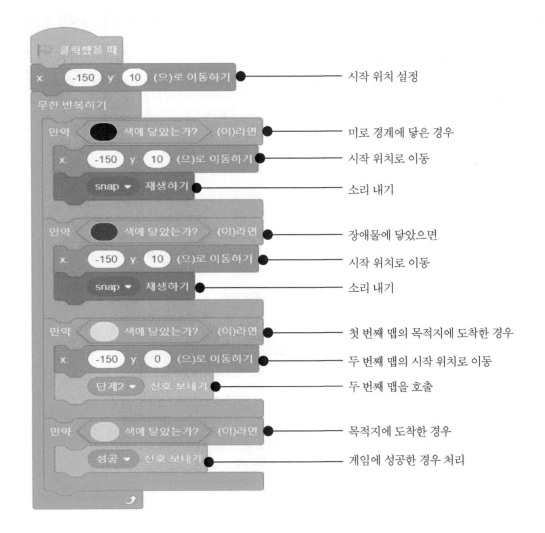

시작 위치 설정

미로 경계에 닿은 경우
시작 위치로 이동
소리 내기

장애물에 닿았으면
시작 위치로 이동
소리 내기

첫 번째 맵의 목적지에 도착한 경우
두 번째 맵의 시작 위치로 이동
두 번째 맵을 호출

목적지에 도착한 경우
게임에 성공한 경우 처리

2) 장애물 스프라이트

장애물 스프라이트는 '장애물 1'~'장애물 8'까지 8개가 있으며, 각 장애물은 지정된 위치로 반복하여 왕복 이동한다. 장애물은 첫 번째 맵보다 두 번째 맵에서 이동 속도가 빠르다. 다음 스크립트는 장애물 1과 장애물 2의 동작을 나타낸 것이다. 다른 스프라이트도 이동 경로에 따라 이와 유사한 형태로 스크립트를 작성할 수 있다.

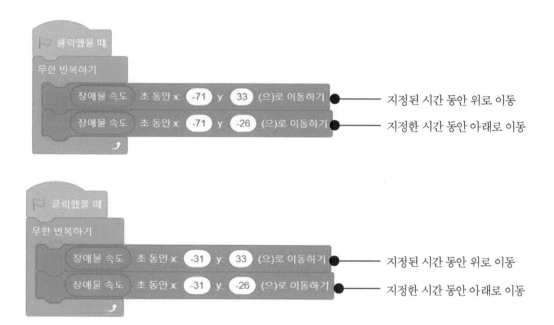

3) 별 스프라이트

두 번째 맵에서 공이 장애물을 모두 통과하여 목적지에 도착하면 게임에 성공하게 된다. 게임에 성공하면 별 스프라이트가 1000개 복제되며, 무대의 위쪽에서 아래로 떨어진다. 별의 모양은 3가지이며, 떨어지면서 반복하여 모양을 바꾼다.

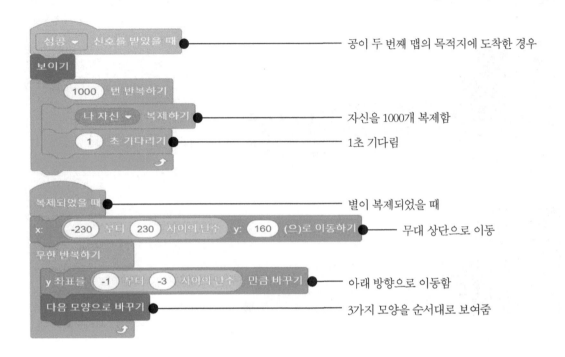

공이 두 번째 맵의 목적지에 도착한 경우

자신을 1000개 복제함

1초 기다림

별이 복제되었을 때

무대 상단으로 이동

아래 방향으로 이동함

3가지 모양을 순서대로 보여줌

4) Hip-Hop1~Hip-Hop8 스프라이트

이들 스프라이트는 게임에 성공한 경우에 모양을 바꾸면서 춤추는 동작을 하도록 한다.

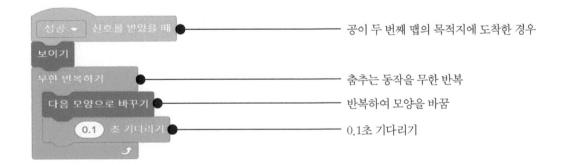

공이 두 번째 맵의 목적지에 도착한 경우

춤추는 동작을 무한 반복

반복하여 모양을 바꿈

0.1초 기다리기

5) 무대 스프라이트

무대의 모양은 맵1, 맵2, 파티의 3가지가 있다. 공이 장애물을 통과하여 목적지에 도착하면 무대의 모양이 바뀐다. 그리고 세 번째 모양인 파티에서는 음악이 나온다.

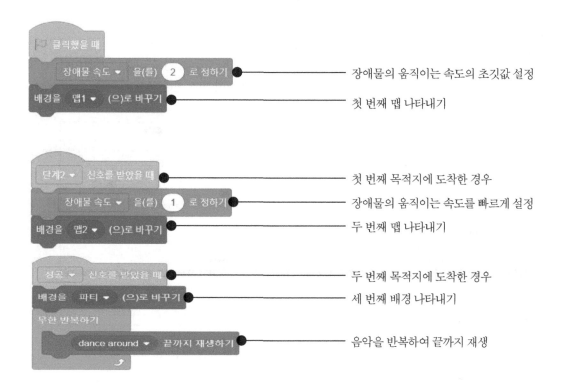

7.2 벽돌 깨기

가. 화면 구성 및 스프라이트 동작

마우스로 바를 움직여서 공의 움직임을 조정하고, 공으로 벽돌을 모두 깨면 승리하는 게임이다. 단계가 높아지면 바의 크기가 작아지고, 스페이스 키를 누르면 게임이 시작된다.

나. 기초 작업

1) 고양이 스프라이트를 삭제하고, 벽돌, 바, 공, 스페이스 키를 누르라는 문장과 '다음?', '계속?', '승리!!', '실패..' 스프라이트를 추가한다. '바' 스프라이트는 다음과 같이 단계별로 모양을 작아지게 만들어 저장한다.

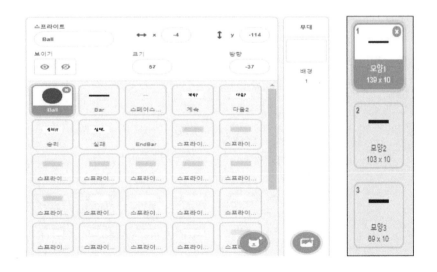

2) '게임중?', '남은 횟수', '단계', '벽돌 수', '점수'의 이름으로 변수를 추가한다.

다. 명령어 스크립트 작성

1) 벽돌 스프라이트

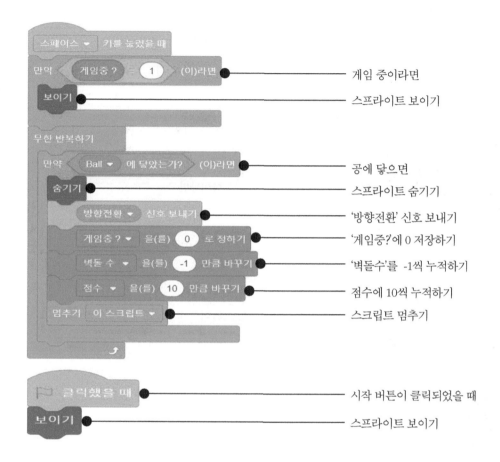

게임 중이라면

스프라이트 보이기

공에 닿으면

스프라이트 숨기기

'방향전환' 신호 보내기

'게임중?'에 0 저장하기

'벽돌수'를 -1씩 누적하기

점수에 10씩 누적하기

스크립트 멈추기

시작 버튼이 클릭되었을 때

스프라이트 보이기

2) 레벨 2부터 나타나는 벽돌 스프라이트

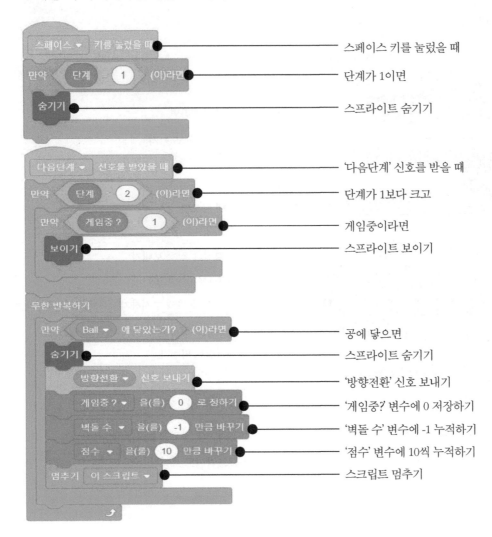

스페이스 키를 눌렀을 때	— 스페이스 키를 눌렀을 때
만약 단계 = 1 (이)라면	— 단계가 1이면
숨기기	— 스프라이트 숨기기
다음단계 신호를 받았을 때	— '다음단계' 신호를 받을 때
만약 단계 > 2 (이)라면	— 단계가 1보다 크고
만약 게임중? = 1 (이)라면	— 게임중이라면
보이기	— 스프라이트 보이기
무한 반복하기	
만약 Ball ▼ 에 닿았는가? (이)라면	— 공에 닿으면
숨기기	— 스프라이트 숨기기
방향전환 ▼ 신호 보내기	— '방향전환' 신호 보내기
게임중? ▼ 을(를) 0 로 정하기	— '게임중?' 변수에 0 저장하기
벽돌 수 ▼ 을(를) -1 만큼 바꾸기	— '벽돌 수' 변수에 -1 누적하기
점수 ▼ 을(를) 10 만큼 바꾸기	— '점수' 변수에 10씩 누적하기
멈추기 이 스크립트 ▼	— 스크립트 멈추기

3) 바 스프라이트

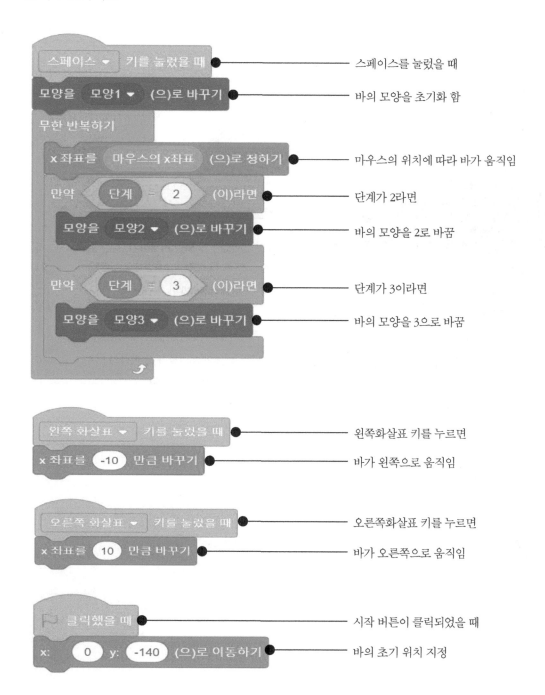

블록	설명
스페이스 ▼ 키를 눌렀을 때	스페이스를 눌렀을 때
모양을 모양1 ▼ (으)로 바꾸기	바의 모양을 초기화 함
무한 반복하기	
x 좌표를 마우스의 x좌표 (으)로 정하기	마우스의 위치에 따라 바가 움직임
만약 단계 = 2 (이)라면	단계가 2라면
모양을 모양2 ▼ (으)로 바꾸기	바의 모양을 2로 바꿈
만약 단계 = 3 (이)라면	단계가 3이라면
모양을 모양3 ▼ (으)로 바꾸기	바의 모양을 3으로 바꿈
왼쪽 화살표 ▼ 키를 눌렀을 때	왼쪽화살표 키를 누르면
x 좌표를 -10 만큼 바꾸기	바가 왼쪽으로 움직임
오른쪽 화살표 ▼ 키를 눌렀을 때	오른쪽화살표 키를 누르면
x 좌표를 10 만큼 바꾸기	바가 오른쪽으로 움직임
클릭했을 때	시작 버튼이 클릭되었을 때
x: 0 y: -140 (으)로 이동하기	바의 초기 위치 지정

4) '다음?' 스프라이트

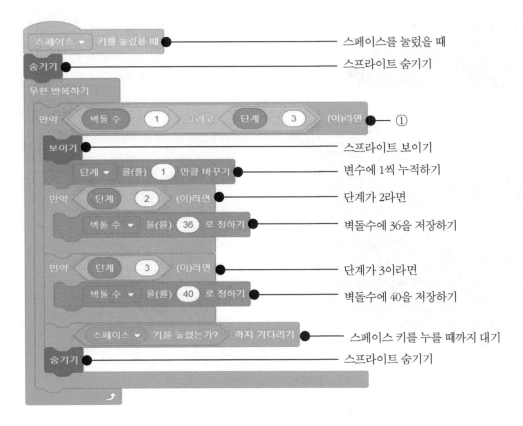

스페이스를 눌렀을 때
스프라이트 숨기기

① 벽돌수가 1보다 적고 단계가 3보다 적은 경우의 처리

스프라이트 보이기
변수에 1씩 누적하기
단계가 2라면
벽돌수에 36을 저장하기
단계가 3이라면
벽돌수에 40을 저장하기
스페이스 키를 누를 때까지 대기
스프라이트 숨기기

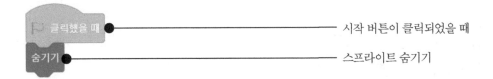

시작 버튼이 클릭되었을 때
스프라이트 숨기기

5) 공 스프라이트

스페이스 키를 눌렀을 때

-40부터 -10 사이의 난수 각도의 방향보기

단계가 1이면

7만큼씩 움직이기

단계가 2면

9만큼씩 움직이기

단계가 3이면

11만큼씩 움직이기

벽에 닿으면 튕기기

바에 닿은 경우

'180-공의 방향' 각도의 방향보기

무대의 바닥에 닿으면

남은 횟수 변수에 -1씩 누적하기

안내 호출하기

스페이스 키를 누를 때까지 대기

x:0, y:-120 쪽으로 가기

-40부터 -10사이의 난수 각도의 방향보기

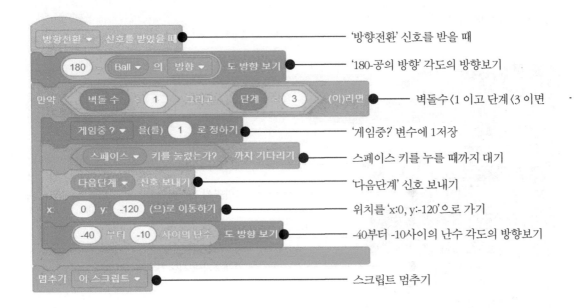

'방향전환' 신호를 받을 때

'180-공의 방향' 각도의 방향보기

벽돌수〈1 이고 단계〈3 이면

'게임중?' 변수에 1저장

스페이스 키를 누를 때까지 대기

'다음단계' 신호 보내기

위치를 'x:0, y:-120'으로 가기

-40부터 -10사이의 난수 각도의 방향보기

스크립트 멈추기

6) 'Space Key' 스프라이트

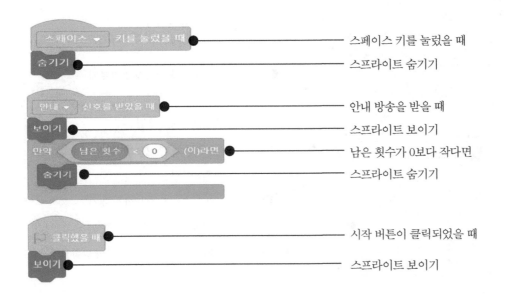

스페이스 키를 눌렀을 때

스프라이트 숨기기

안내 방송을 받을 때

스프라이트 보이기

남은 횟수가 0보다 작다면

스프라이트 숨기기

시작 버튼이 클릭되었을 때

스프라이트 보이기

7) '계속?' 스프라이트

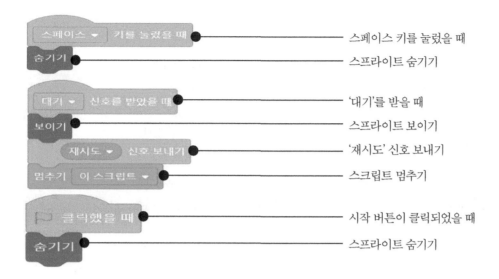

스페이스 ▼ 키를 눌렀을 때	스페이스 키를 눌렀을 때
숨기기	스프라이트 숨기기
대기 ▼ 신호를 받았을 때	'대기'를 받을 때
보이기	스프라이트 보이기
재시도 ▼ 신호 보내기	'재시도' 신호 보내기
멈추기 이 스크립트 ▼	스크립트 멈추기
▷ 클릭했을 때	시작 버튼이 클릭되었을 때
숨기기	스프라이트 숨기기

8) '승리!!' 스프라이트

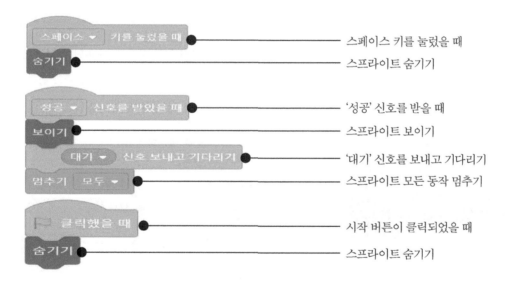

스페이스 ▼ 키를 눌렀을 때	스페이스 키를 눌렀을 때
숨기기	스프라이트 숨기기
성공 ▼ 신호를 받았을 때	'성공' 신호를 받을 때
보이기	스프라이트 보이기
대기 ▼ 신호 보내고 기다리기	'대기' 신호를 보내고 기다리기
멈추기 모두 ▼	스프라이트 모든 동작 멈추기
▷ 클릭했을 때	시작 버튼이 클릭되었을 때
숨기기	스프라이트 숨기기

9) 실패 스프라이트

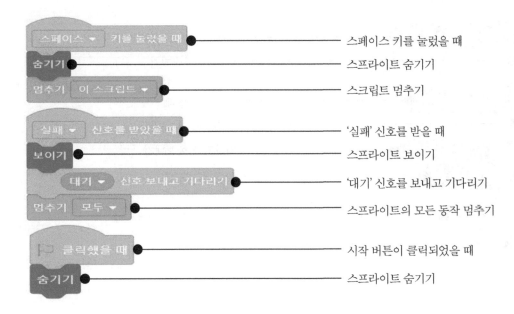

	스페이스 키를 눌렀을 때
	스프라이트 숨기기
	스크립트 멈추기
	'실패' 신호를 받을 때
	스프라이트 보이기
	'대기' 신호를 보내고 기다리기
	스프라이트의 모든 동작 멈추기
	시작 버튼이 클릭되었을 때
	스프라이트 숨기기

10) 무대 스프라이트

무대에는 프로젝트 실행을 위한 초기화 작업이나 다수의 스크립트에서 공통적으로 사용되는 기능을 스크립트로 구현하여 저장하면 편리하다.

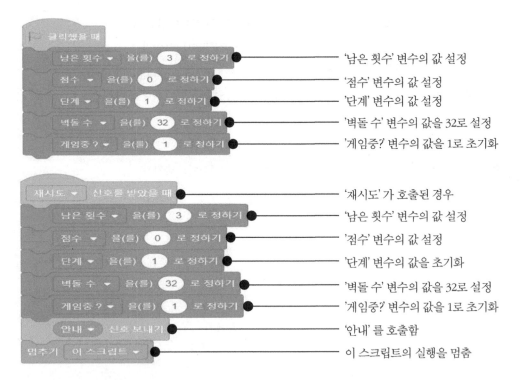

	'남은 횟수' 변수의 값 설정
	'점수' 변수의 값 설정
	'단계' 변수의 값 설정
	'벽돌 수' 변수의 값을 32로 설정
	'게임중?' 변수의 값을 1로 초기화
	'재시도'가 호출된 경우
	'남은 횟수' 변수의 값 설정
	'점수' 변수의 값 설정
	'단계' 변수의 값을 초기화
	'벽돌 수' 변수의 값을 32로 설정
	'게임중?' 변수의 값을 1로 초기화
	'안내'를 호출함
	이 스크립트의 실행을 멈춤

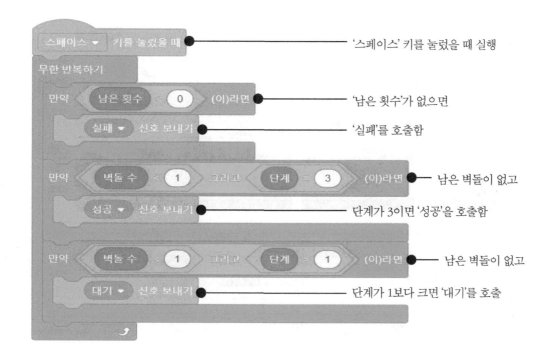

'스페이스' 키를 눌렀을 때 실행

'남은 횟수'가 없으면

'실패'를 호출함

남은 벽돌이 없고

단계가 3이면 '성공'을 호출함

남은 벽돌이 없고

단계가 1보다 크면 '대기'를 호출

7.3 파리 잡기

이번에 만들 프로젝트는 개구리를 이동시켜 파리를 잡는 게임이다. 네 마리의 파리1~파리4 스프라이트는 각각 포물선, 랜덤, cos 파형, 원 형태로 날아다닌다. 이 프로젝트에서는 스프라이트의 이동을 통해 속도의 개념과 파형의 형태를 알아본다. 나비는 등속도로 날아가며, 개구리는 가속도를 갖고 이동한다.

가. 화면 구성

프로젝트를 실행하면 개구리, 파리, 계단, 나비 등의 스프라이트가 나타난다. 스프라이들의 동작 제어를 위해 다양한 변수들이 사용된다. 다음 그림은 초기화면, 실행화면, 스프라이트 창, 게임에서 사용할 변수 목록을 나타낸 것이다.

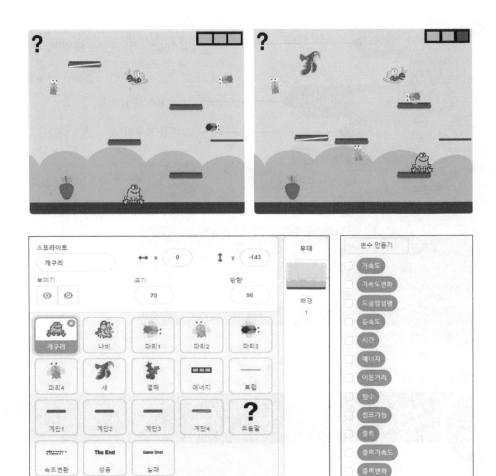

나. 기초 작업

사용되는 스프라이트의 이름은 개구리, 나비, 파리1~파리4, 새, 열매, 에너지, 트랩, 계단1~4, 도움말, 속도변환, 성공, 실패이다.

① 필요한 스프라이트와 배경을 저장소에서 가져오거나 디자인하여 만든다.
② 스크립트 제작에 사용될 변수들을 만든다. 각 스프라이트와 연관된 변수와 변수에 저장되는 값의 의미는 다음과 같다.

● 가속도: 스프라이트의 이동 시에 가속도 값을 지정할 수 있다. 개구리 스프라이트는 좌우화살표 키를 누르고 있으면 지정된 가속도 값을 가지로 이동하게 된다.
● 가속도변화: 가속도 값의 변화 정도를 지정할 수 있다. u와 d키를 사용하여 각각 가속도변화 값을 증가시키거나 감소시킬 수 있다.

- 도움말설명: 도움말의 설명 내용을 보이거나 숨긴 상태를 나타낸다.
- 등속도: 스프라이트의 이동 시에 움직이는 속도를 지정하기 위해 등속도 값을 사용한다. 나비 스프라이트는 지정된 등속도 값을 기준으로 일정하게 이동한다. f와 s키를 사용하여 각각 등속도 값을 증가시키거나 감소시킬 수 있다.
- 시간: 중력가속도로 낙하하는 스프라이트의 이동 거리를 계산할 때 사용되는 것으로 시간을 저장한다.
- 에너지: 개구리 스프라이트의 생존 상태를 나타낸다. 0~3까지의 값을 가질 수 있다.
- 이동거리: 중력가속도로 이동하는 트랩4 스프라이트의 시간에 따른 변화된 거리를 저장한다.
- 점수: 개구리가 파리를 잡은 수를 나타낸다.
- 점프가능: 개구리 스프라이트가 점프 가능한 상태인지를 나타낸다. 개구리가 지면에 닿은 상태에서만 점프가 가능하다.
- 중력: 개구리와 트랩 스프라이트의 이동 거리를 제어하는 데 사용된다.
- 중력가속도: 자유 낙하하는 스프라이트의 중력가속도 값을 저장한다. 계단4 스프라이트는 중력가속도 값을 적용하여 아래 방향으로 이동한다.
- 중력변화: 중력가속도 값의 변화 정도를 지정할 수 있다. u와 d키를 사용하여 각각 중력가속도의 변화 값을 증가시키거나 감소시킬 수 있다.

다. 스크립트 작성

1) 개구리

개구리는 오른쪽, 왼쪽, 위쪽 화살표 키를 사용하여 이동시킬 수 있다. 개구리는 가속도를 갖고 이동하며, 오른쪽이나 왼쪽 방향키를 계속 누르고 있으면 이동하는 속도가 빨라진다. 오른쪽 화살표 키를 누르면 가속도 값이 증가하고 왼쪽 화살표 키를 누르면 가속도 값이 감소한다.

가속도의 변화량은 지정할 수 있으며, 변화량은 0.80에서 0.95까지로 제한되어 있다. 개구리는 계단을 이용하여 위쪽 방향으로 이동이 가능하며, 바닥에 나타나는 열매 스프라이트를 먹으면 가장 높은 계단4의 위치로 이동한다. 개구리는 에너지가 0이 되면 게임이 종료되며, 개구리가 나비에 닿으면 에너지가 감소되고, 열매를 먹으면 증가한다.

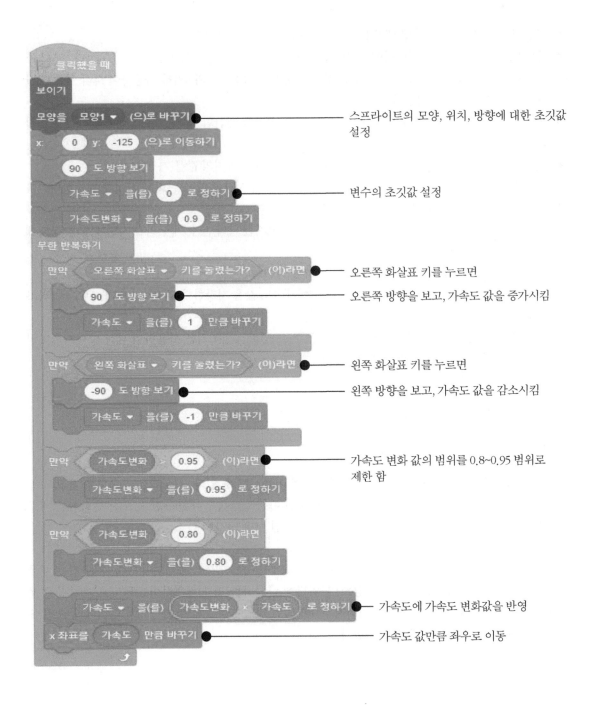

클릭했을 때

보이기

모양을 모양1 ▼ (으)로 바꾸기 ———— 스프라이트의 모양, 위치, 방향에 대한 초깃값 설정

x: 0 y: -125 (으)로 이동하기

90 도 방향 보기

가속도 ▼ 을(를) 0 로 정하기 ———— 변수의 초깃값 설정

가속도변화 ▼ 을(를) 0.9 로 정하기

무한 반복하기

만약 오른쪽 화살표 ▼ 키를 눌렀는가? (이)라면 ———— 오른쪽 화살표 키를 누르면

90 도 방향 보기 ———— 오른쪽 방향을 보고, 가속도 값을 증가시킴

가속도 ▼ 을(를) 1 만큼 바꾸기

만약 왼쪽 화살표 ▼ 키를 눌렀는가? (이)라면 ———— 왼쪽 화살표 키를 누르면

-90 도 방향 보기 ———— 왼쪽 방향을 보고, 가속도 값을 감소시킴

가속도 ▼ 을(를) -1 만큼 바꾸기

만약 가속도변화 > 0.95 (이)라면 ———— 가속도 변화 값의 범위를 0.8~0.95 범위로 제한 함

가속도변화 ▼ 을(를) 0.95 로 정하기

만약 가속도변화 < 0.80 (이)라면

가속도변화 ▼ 을(를) 0.80 로 정하기

가속도 ▼ 을(를) 가속도변화 × 가속도 로 정하기 ———— 가속도에 가속도 변화값을 반영

x 좌표를 가속도 만큼 바꾸기 ———— 가속도 값만큼 좌우로 이동

개구리는 지면이나 계단에 닿을 때까지 일정한 속도로 아래 방향으로 이동한다. 파리에 닿으면 모양이 변하면서 파리를 잡고 점수가 올라간다. 개구리가 나비에 닿으면 에너지가 감소하고 바닥으로 떨어진다. 개구리가 열매를 먹으면 에너지가 증가하고, 점프하여 계단4의 위치로 올라간다.

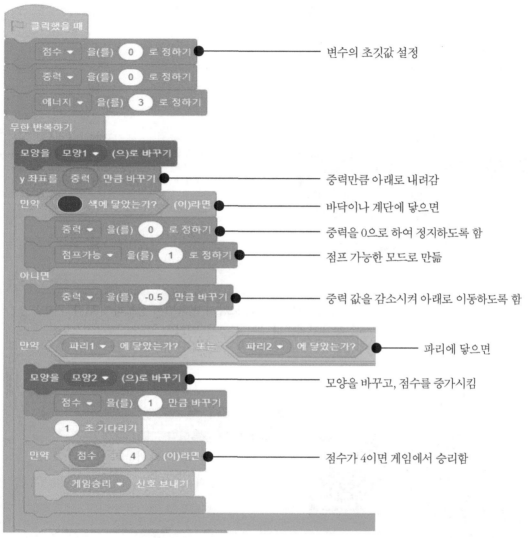

블록	설명
점수 을(를) 0 로 정하기	변수의 초깃값 설정
y 좌표를 중력 만큼 바꾸기	중력만큼 아래로 내려감
만약 ● 색에 닿았는가? (이)라면	바닥이나 계단에 닿으면
중력 을(를) 0 로 정하기	중력을 0으로 하여 정지하도록 함
점프가능 을(를) 1 로 정하기	점프 가능한 모드로 만듦
중력 을(를) -0.5 만큼 바꾸기	중력 값을 감소시켜 아래로 이동하도록 함
만약 파리1 에 닿았는가? 또는 파리2 에 닿았는가?	파리에 닿으면
모양을 모양2 (으)로 바꾸기	모양을 바꾸고, 점수를 증가시킴
만약 점수 = 4 (이)라면	점수가 4이면 게임에서 승리함

스크립트 계속 ▶

스크립트 계속 ▶

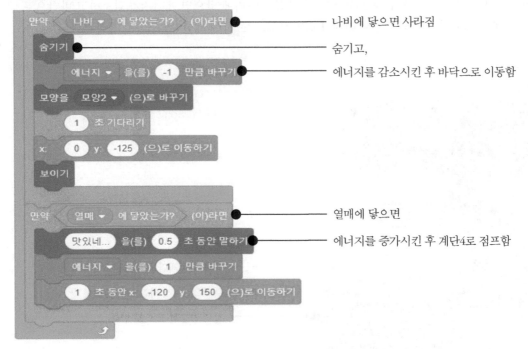

— 나비에 닿으면 사라짐

— 숨기고,

— 에너지를 감소시킨 후 바닥으로 이동함

— 열매에 닿으면

— 에너지를 증가시킨 후 계단4로 점프함

개구리가 바닥에 닿아 있을 때 위쪽 화살표 키를 누르면 모양이 변하면서 점프하게 된다. 가속도의 변화 값은 u키와 d키를 사용하여 각각 증가시키거나 감소시킬 수 있다.

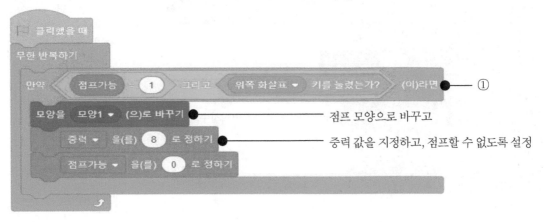

— ①

— 점프 모양으로 바꾸고

— 중력 값을 지정하고, 점프할 수 없도록 설정

① 점프할 수 있는 상태이고, 위쪽 방향키를 눌렀으면 명령어 블록 실행

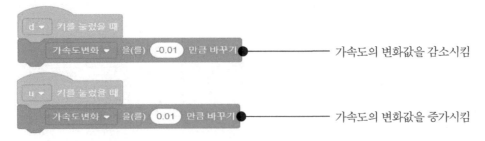

— 가속도의 변화값을 감소시킴

— 가속도의 변화값을 증가시킴

2) 나비

나비는 화면의 왼쪽 끝에서 오른쪽 끝까지 왕복하여 이동한다. 이때 나비는 날아갈 때 등속도로 이동한다. f와 s키를 사용하여 각각 등속도 값을 증가시키거나 감소시킬 수 있다. 등속도 값은 5부터 10까지로 범위를 한정하였다.

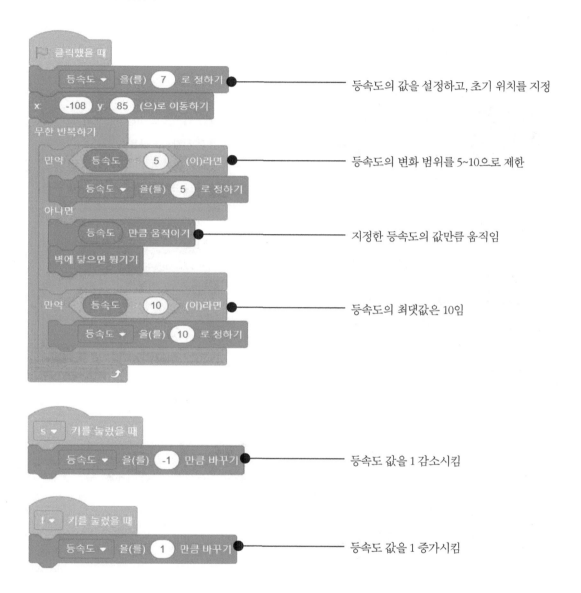

등속도의 값을 설정하고, 초기 위치를 지정

등속도의 변화 범위를 5~10으로 제한

지정한 등속도의 값만큼 움직임

등속도의 최댓값은 10임

등속도 값을 1 감소시킴

등속도 값을 1 증가시킴

3) 파리1

파리1은 2차 함수의 궤적으로 반복하여 날아다닌다. 2차 함수의 형태는 'y=ak²+bk+c'의 형태로 표현된다. 파리1 스프라이트의 스크립트에서만 사용하는 변수로 a, b, c, k, x_좌표, y_좌표가 있다. 함수에서 사용된 변수 값을 바꾸면 파리1의 날아가는 궤적을 변경할 수 있다. 먼저 a, b, c, k 변수의 값을 바꿀 수 있도록 변수를 슬라이드 형태로 화면에 나타나도록 설정한다. 프로젝트를 실행시킨 후 슬라이드 버튼을 이동시켜 변수 값을 바꾸면 파리1의 이동 형태가 달라지는 것을 볼 수 있다.

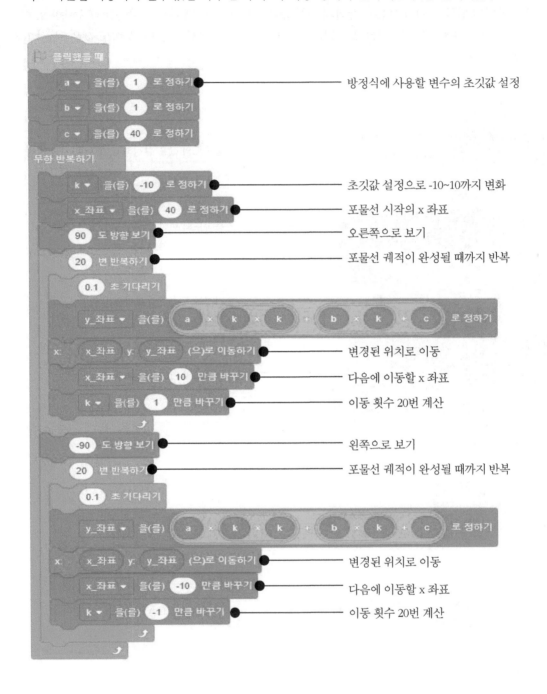

초깃값 설정으로 -10~10까지 변화 — k ▼ 을(를) -10 로 정하기

포물선 시작의 x 좌표 — x_좌표 ▼ 을(를) 40 로 정하기

오른쪽으로 보기 — 90 도 방향 보기

포물선 궤적이 완성될 때까지 반복 — 20 번 반복하기

방정식에 사용할 변수의 초깃값 설정 — a ▼ 을(를) 1 로 정하기

변경된 위치로 이동 — x: x_좌표 y: y_좌표 (으)로 이동하기

다음에 이동할 x 좌표 — x_좌표 ▼ 을(를) 10 만큼 바꾸기

이동 횟수 20번 계산 — k ▼ 을(를) 1 만큼 바꾸기

왼쪽으로 보기 — -90 도 방향 보기

포물선 궤적이 완성될 때까지 반복 — 20 번 반복하기

변경된 위치로 이동 — x: x_좌표 y: y_좌표 (으)로 이동하기

다음에 이동할 x 좌표 — x_좌표 ▼ 을(를) -10 만큼 바꾸기

이동 횟수 20번 계산 — k ▼ 을(를) -1 만큼 바꾸기

4) 파리2

파리2는 화면의 상반부에서 시작하여 화면 전체에 날아다니며, 개구리에 닿으면 화면에서 사라진다. 파리의 날아가는 모양을 표현하기 위해 현재 위치에서 좌우상하로 지정된 범위 내의 임의의 위치로 이동하고, 오른쪽 방향으로 회전을 한다.

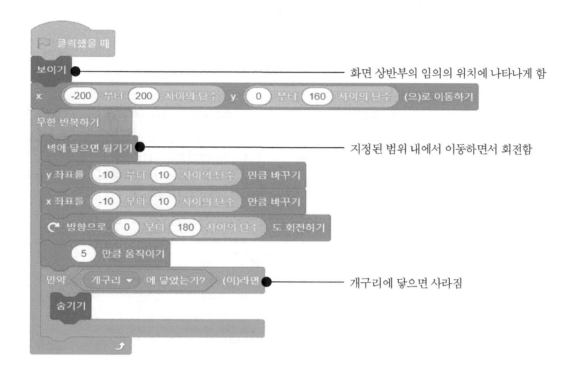

5) 파리3

파리3은 cos 파형의 형태로 화면의 좌우측 끝으로 이동하게 되며, 개구리에 닿으면 죽게 되어 화면에서 사라진다. 먼저 스크립트에서 사용할 삼각함수의 기본 개념을 간단히 설명한다. 직각삼각형을 이용한 삼각비의 정의는 아래와 같다.

$$\sin A = \frac{a}{c}$$

$$\cos A = \frac{b}{c}$$

- sin 함수 : $y = \sin x$
- 삼각함수의 최댓값, 최솟값, 주기
  - $3\sin x$는 $\sin x$ 그래프보다 최댓값과 최솟값이 3배 더 크다.
  - $\sin 3x$는 $\sin x$ 그래프보다 주기가 3배 더 빠르다. $y = \sin(kx)$이면 주기는 $2\pi/|k|$가 된다.

sin 함수	그래프
$\sin x$	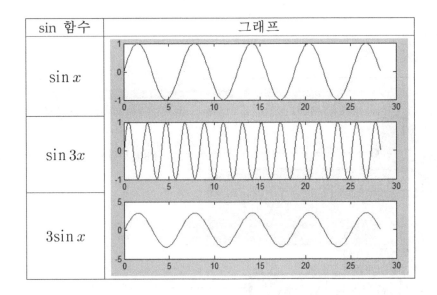
$\sin 3x$	
$3\sin x$	

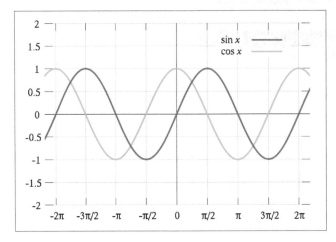

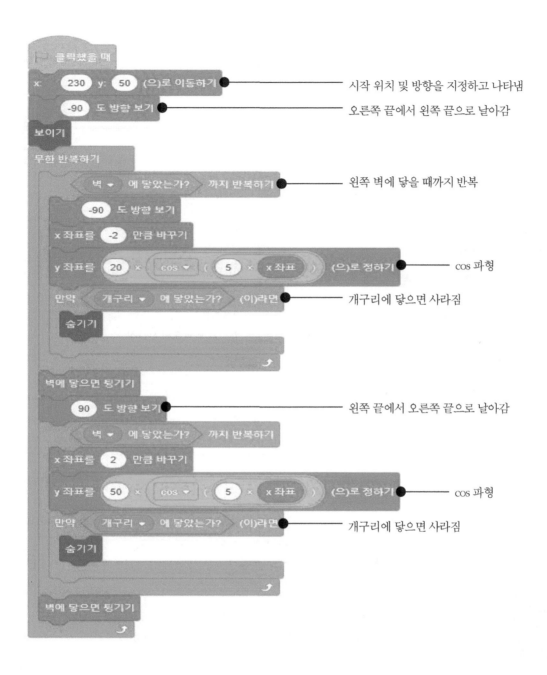

시작 위치 및 방향을 지정하고 나타냄

오른쪽 끝에서 왼쪽 끝으로 날아감

왼쪽 벽에 닿을 때까지 반복

cos 파형

개구리에 닿으면 사라짐

왼쪽 끝에서 오른쪽 끝으로 날아감

cos 파형

개구리에 닿으면 사라짐

6) 파리4

파리4는 지정된 위치로 이동한 후 원 모양의 형태로 날아다니며, 개구리에 닿으면 죽게 되어 화면에서 사라진다.

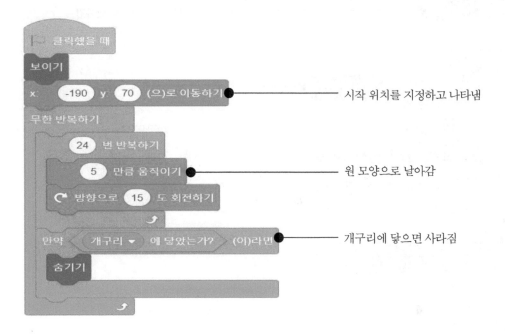

시작 위치를 지정하고 나타냄

원 모양으로 날아감

개구리에 닿으면 사라짐

7) 새

새는 10초 간격으로 계단4로 날아왔다가 날아가는 것을 반복한다.

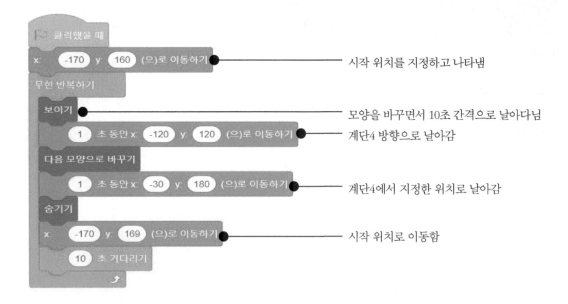

시작 위치를 지정하고 나타냄

모양을 바꾸면서 10초 간격으로 날아다님

계단4 방향으로 날아감

계단4에서 지정한 위치로 날아감

시작 위치로 이동함

8) 열매

열매 스프라이트는 일정한 위치에 10초 간격으로 나타난다. 열매는 개구리나 계단4에 닿으면 사라진다.

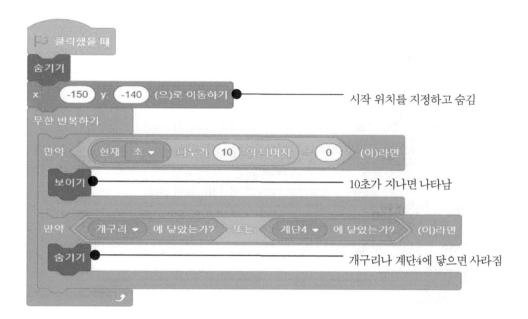

시작 위치를 지정하고 숨김

10초가 지나면 나타남

개구리나 계단4에 닿으면 사라짐

9) 에너지

에너지 스프라이트는 충전량에 따라 네 가지의 모양으로 구분되며, 충전량이 없으면 게임이 종료된다. 개구리가 열매를 먹으면 충전량이 늘어나고, 개구리가 나비에 닿으면 충전량이 감소하게 된다.

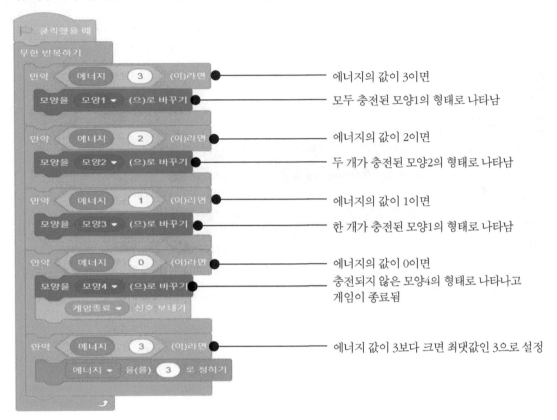

에너지의 값이 3이면

모두 충전된 모양1의 형태로 나타남

에너지의 값이 2이면

두 개가 충전된 모양2의 형태로 나타남

에너지의 값이 1이면

한 개가 충전된 모양1의 형태로 나타남

에너지의 값이 0이면

충전되지 않은 모양4의 형태로 나타나고
게임이 종료됨

에너지 값이 3보다 크면 최댓값인 3으로 설정

10) 트랩

시작 버튼을 클릭하면 트랩은 지정된 위치로 이동하게 되고, 개구리에 닿으면 바닥으로 떨어진다. 개구리에 닿은 상태에서는 변화된 중력 변수 값을 적용하여 바닥에 닿을 때까지 아래 방향으로 내려간다.

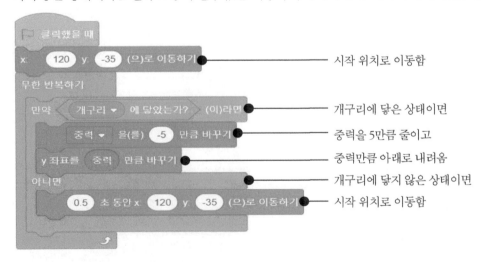

시작 위치로 이동함

개구리에 닿은 상태이면

중력을 5만큼 줄이고

중력만큼 아래로 내려옴

개구리에 닿지 않은 상태이면

시작 위치로 이동함

11) 계단4

계단4는 새에 닿으면 중력가속도를 갖고 바닥으로 떨어진다. 스프라이트가 떨어질 때 이동하는 거리는 중력가속도 계산식을 사용하며, 바닥에 닿을 때까지 아래로 이동한다.

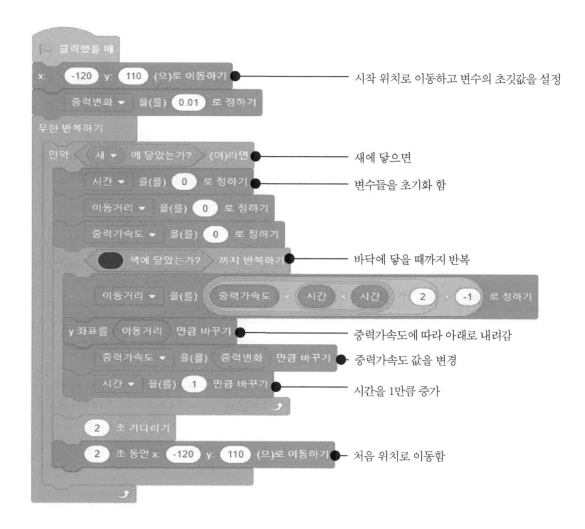

시작 위치로 이동하고 변수의 초깃값을 설정

새에 닿으면

변수들을 초기화 함

바닥에 닿을 때까지 반복

중력가속도에 따라 아래로 내려감

중력가속도 값을 변경

시간을 1만큼 증가

처음 위치로 이동함

계산4의 낙하 속도를 변경할 때는 u키와 d키를 사용하여 중력가속도의 변화 값을 증가시키거나 감소시키면 된다.

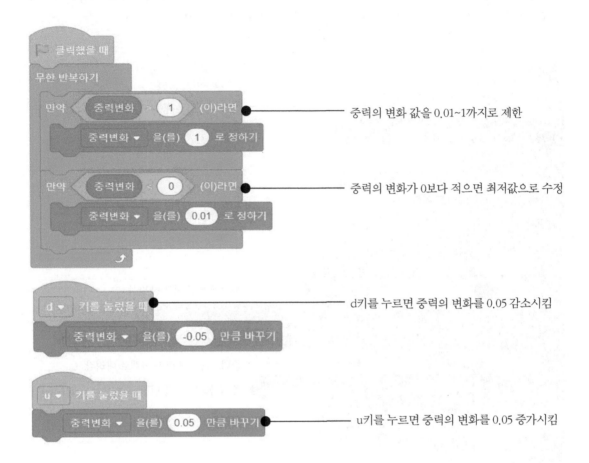

중력의 변화 값을 0.01~1까지로 제한

중력의 변화가 0보다 적으면 최저값으로 수정

d키를 누르면 중력의 변화를 0.05 감소시킴

u키를 누르면 중력의 변화를 0.05 증가시킴

12) 도움말

도움말 스프라이트를 클릭하면 등속도와 가속도의 값을 변화시킬 수 있는 키에 대한 설명이 나타난다.

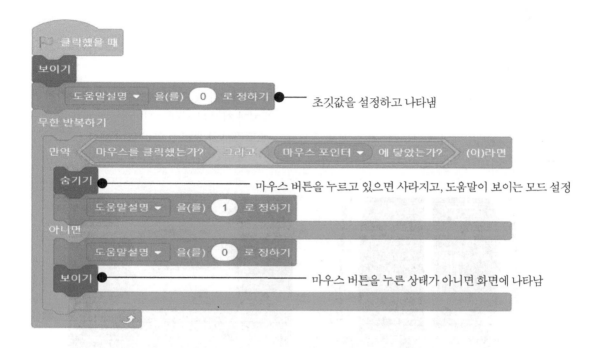

초깃값을 설정하고 나타냄

마우스 버튼을 누르고 있으면 사라지고, 도움말이 보이는 모드 설정

마우스 버튼을 누른 상태가 아니면 화면에 나타남

7.4 장애물 넘기

가. 화면 구성 및 스프라이트 동작

방향키를 사용하여 장애물과 괴물을 피해 사람의 움직임을 조정하며, 사람이 목표지점에 도착하면 승리하는 게임이다. 게임은 6개 단계로 구성되며, 각 단계에서 사람이 장애물이나 괴물, 그리고 하늘색 경계에 닿으면 단계가 중단된다. 각 단계에서 목표물에 도달하지 못하고 중단되면 해당 단계를 반복하여 다시 시작할 수 있다. 다음 그림은 게임의 시작과 끝 장면을 나타낸 것이다.

나. 기초 작업

1) 무대의 라운드별 배경화면을 만들도록 한다. 총 6라운드로 구성되어 있으며, 각 라운드는 480x360 픽셀의 크기로 다음 그림과 같이 구성된다.

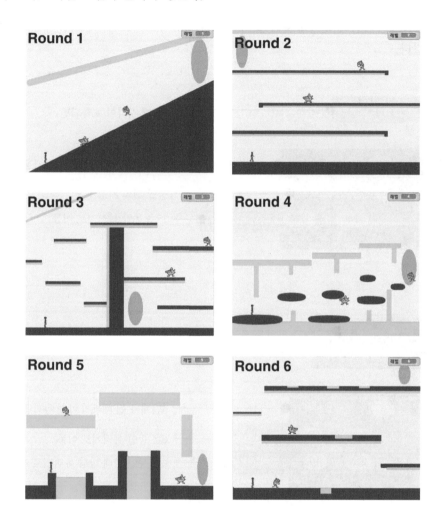

2) 저장소에서 사람과 괴물 스프라이트를 불러오고, 다음과 같은 '게임시작?'과 '계속?' 모양의 스프라이트를 만든다.

3) 게임의 단계를 나타내기 위한 변수인 레벨을 추가한다.

3. 명령어 스크립트 작성

1) 몬스터 스프라이트

몬스터 스프라이트는 게임의 레벨에 따라 움직이는 형태가 서로 다르다. 각 레벨에서 작성할 스크립트는 다음과 같다.

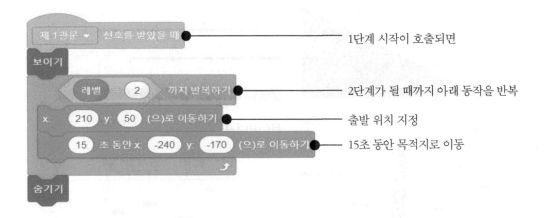

- 제 1관문 ▼ 신호를 받았을 때 — 1단계 시작이 호출되면
- 보이기
- 레벨 = 2 까지 반복하기 — 2단계가 될 때까지 아래 동작을 반복
- x: 210 y: 50 (으)로 이동하기 — 출발 위치 지정
- 15 초 동안 x: -240 y: -170 (으)로 이동하기 — 15초 동안 목적지로 이동
- 숨기기

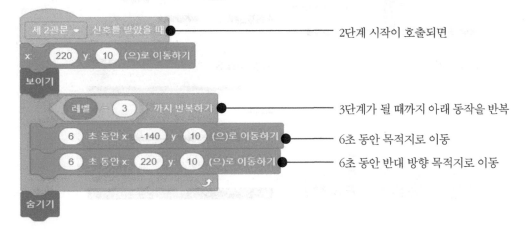

- 제 2관문 ▼ 신호를 받았을 때 — 2단계 시작이 호출되면
- x: 220 y: 10 (으)로 이동하기
- 보이기
- 레벨 = 3 까지 반복하기 — 3단계가 될 때까지 아래 동작을 반복
- 6 초 동안 x: -140 y: 10 (으)로 이동하기 — 6초 동안 목적지로 이동
- 6 초 동안 x: 220 y: 10 (으)로 이동하기 — 6초 동안 반대 방향 목적지로 이동
- 숨기기

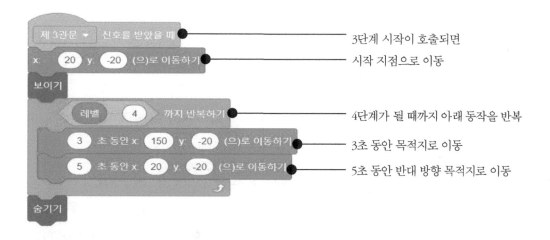

제 3관문 ▼ 신호를 받았을 때 ────── 3단계 시작이 호출되면

x: 20 y: -20 (으)로 이동하기 ────── 시작 지점으로 이동

보이기

레벨 = 4 까지 반복하기 ────── 4단계가 될 때까지 아래 동작을 반복

3 초 동안 x: 150 y: -20 (으)로 이동하기 ────── 3초 동안 목적지로 이동

5 초 동안 x: 20 y: -20 (으)로 이동하기 ────── 5초 동안 반대 방향 목적지로 이동

숨기기

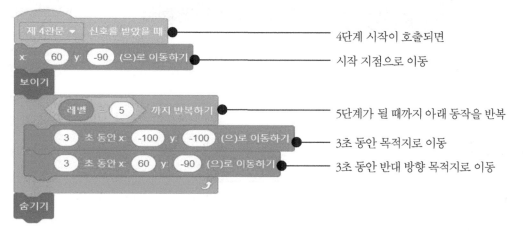

제 4관문 ▼ 신호를 받았을 때 ────── 4단계 시작이 호출되면

x: 60 y: -90 (으)로 이동하기 ────── 시작 지점으로 이동

보이기

레벨 = 5 까지 반복하기 ────── 5단계가 될 때까지 아래 동작을 반복

3 초 동안 x: -100 y: -100 (으)로 이동하기 ────── 3초 동안 목적지로 이동

3 초 동안 x: 60 y: -90 (으)로 이동하기 ────── 3초 동안 반대 방향 목적지로 이동

숨기기

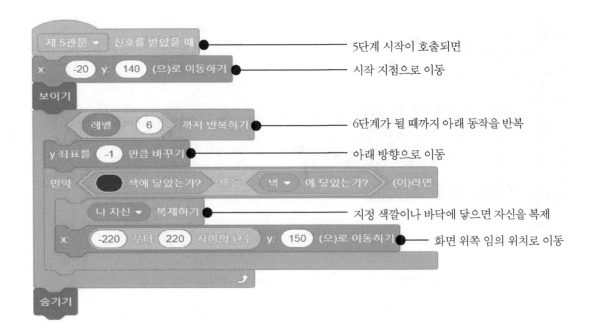

제 5관문 ▼ 신호를 받았을 때 —————— 5단계 시작이 호출되면

x: -20 y: 140 (으)로 이동하기 —————— 시작 지점으로 이동

보이기

레벨 = 6 까지 반복하기 —————— 6단계가 될 때까지 아래 동작을 반복

y 좌표를 -1 만큼 바꾸기 —————— 아래 방향으로 이동

만약 ⬤ 색에 닿았는가? 또는 벽 ▼ 에 닿았는가? (이)라면

나 자신 ▼ 복제하기 —————— 지정 색깔이나 바닥에 닿으면 자신을 복제

x: -220 부터 220 사이의 난수 y: 150 (으)로 이동하기 —————— 화면 위쪽 임의 위치로 이동

숨기기

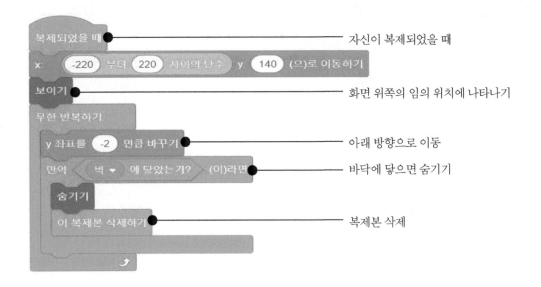

복제되었을 때 —————— 자신이 복제되었을 때

x: -220 부터 220 사이의 난수 y: 140 (으)로 이동하기

보이기 —————— 화면 위쪽의 임의 위치에 나타나기

무한 반복하기

y 좌표를 -2 만큼 바꾸기 —————— 아래 방향으로 이동

만약 벽 ▼ 에 닿았는가? (이)라면 —————— 바닥에 닿으면 숨기기

숨기기

이 복제본 삭제하기 —————— 복제본 삭제

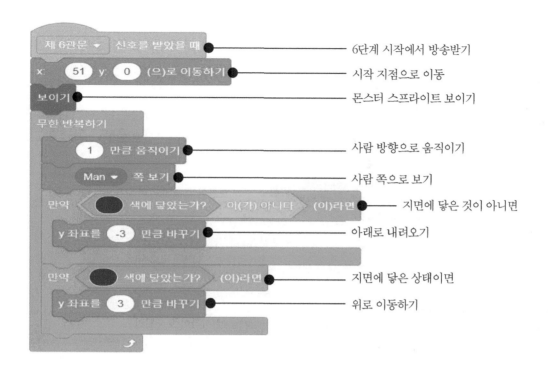

제 6관문 ▼ 신호를 받았을 때 ──────────── 6단계 시작에서 방송받기

x: 51 y: 0 (으)로 이동하기 ──────────── 시작 지점으로 이동

보이기 ──────────── 몬스터 스프라이트 보이기

무한 반복하기

　　1 만큼 움직이기 ──────────── 사람 방향으로 움직이기

　　Man ▼ 쪽 보기 ──────────── 사람 쪽으로 보기

　만약 　● 색에 닿았는가? 이(가) 아니다 (이)라면 ──────────── 지면에 닿은 것이 아니면

　　y 좌표를 -3 만큼 바꾸기 ──────────── 아래로 내려오기

　만약 　● 색에 닿았는가? (이)라면 ──────────── 지면에 닿은 상태이면

　　y 좌표를 3 만큼 바꾸기 ──────────── 위로 이동하기

2) 몬스터2 스프라이트

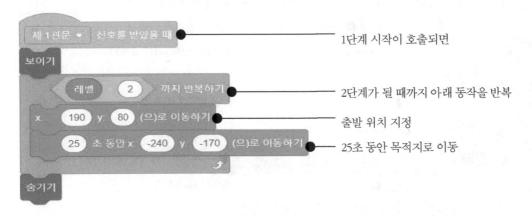

1단계 시작이 호출되면

2단계가 될 때까지 아래 동작을 반복

출발 위치 지정

25초 동안 목적지로 이동

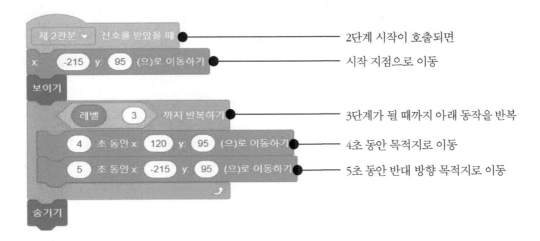

2단계 시작이 호출되면

시작 지점으로 이동

3단계가 될 때까지 아래 동작을 반복

4초 동안 목적지로 이동

5초 동안 반대 방향 목적지로 이동

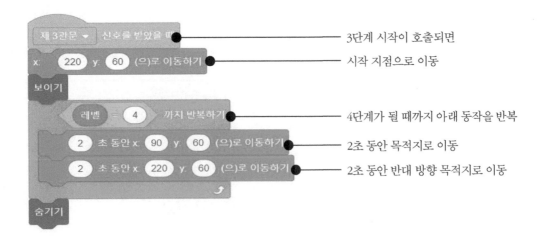

3단계 시작이 호출되면

시작 지점으로 이동

4단계가 될 때까지 아래 동작을 반복

2초 동안 목적지로 이동

2초 동안 반대 방향 목적지로 이동

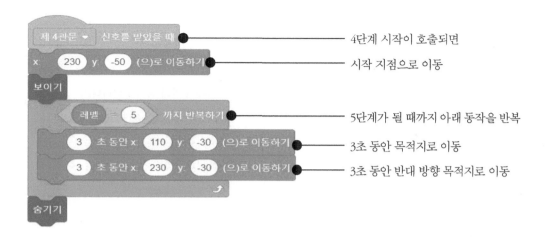

제4관문 ▾ 신호를 받았을 때 ———————————— 4단계 시작이 호출되면

x 230 y -50 (으)로 이동하기 ———————————— 시작 지점으로 이동

보이기

레벨 = 5 까지 반복하기 ———————————— 5단계가 될 때까지 아래 동작을 반복

3 초 동안 x 110 y -30 (으)로 이동하기 ———————————— 3초 동안 목적지로 이동

3 초 동안 x 230 y -30 (으)로 이동하기 ———————————— 3초 동안 반대 방향 목적지로 이동

숨기기

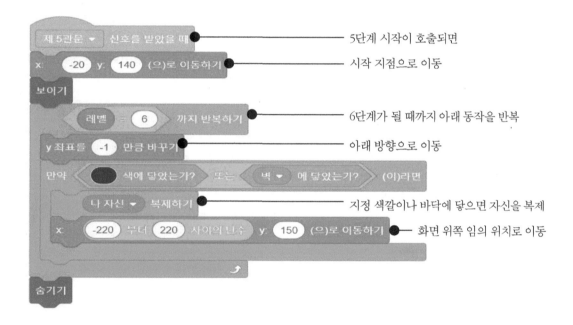

제5관문 ▾ 신호를 받았을 때 ———————————— 5단계 시작이 호출되면

x: -20 y: 140 (으)로 이동하기 ———————————— 시작 지점으로 이동

보이기

레벨 = 6 까지 반복하기 ———————————— 6단계가 될 때까지 아래 동작을 반복

y 좌표를 -1 만큼 바꾸기 ———————————— 아래 방향으로 이동

만약 ⬤ 색에 닿았는가? 또는 벽 ▾ 에 닿았는가? (이)라면

나 자신 ▾ 복제하기 ———————————— 지정 색깔이나 바닥에 닿으면 자신을 복제

x: -220 부터 220 사이의 난수 y: 150 (으)로 이동하기 ———————————— 화면 위쪽 임의 위치로 이동

숨기기

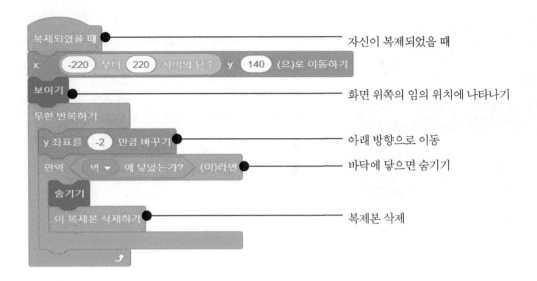

몬스터2는 몬스터1과 동일한 형태로 움직이므로 몬스터2 스프라이트의 6관문 스크립트는 몬스터1과
동일하다.

3) 게임시작? 스프라이트

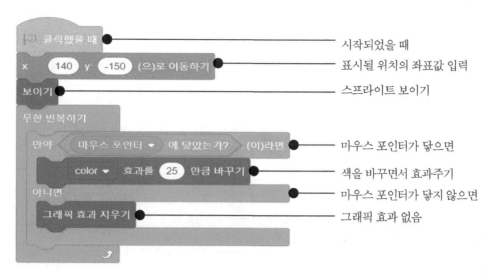

시작되었을 때
표시될 위치의 좌표값 입력
스프라이트 보이기
마우스 포인터가 닿으면
색을 바꾸면서 효과주기
마우스 포인터가 닿지 않으면
그래픽 효과 없음

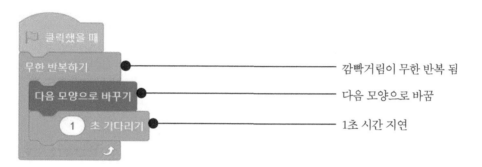

깜빡거림이 무한 반복 됨
다음 모양으로 바꿈
1초 시간 지연

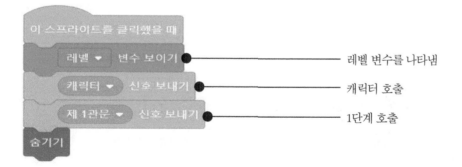

레벨 변수를 나타냄
캐릭터 호출
1단계 호출

4) 무대 스프라이트

아래 스크립트들을 작성하고, 이를 참조하여 4관문~6관문에 대한 스크립트를 작성한다.

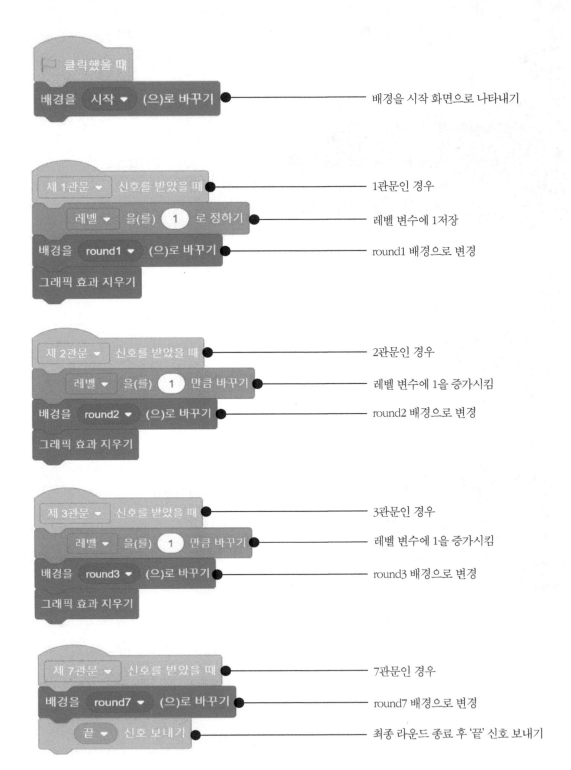

배경을 시작 화면으로 나타내기

1관문인 경우

레벨 변수에 1저장

round1 배경으로 변경

2관문인 경우

레벨 변수에 1을 증가시킴

round2 배경으로 변경

3관문인 경우

레벨 변수에 1을 증가시킴

round3 배경으로 변경

7관문인 경우

round7 배경으로 변경

최종 라운드 종료 후 '끝' 신호 보내기

5) Man 스프라이트

게임시작 클릭 시 신호를 받음

오른쪽 화살표 키를 클릭 시

움직이는 효과를 주기 위한 모양 변경

오른쪽 방향보기

오른쪽으로 3만큼 움직이기

왼쪽 화살표 키를 클릭 시

움직이는 효과를 주기 위한 모양 변경

왼쪽 방향보기

왼쪽으로 3만큼 움직이기

위쪽 클릭 시

점프 시 모양을 멈추기 한 모양으로 고정

waterDrop 소리내기

점프를 위한 반복문으로 y좌표 변경

지면이나 계단 위가 아닌 경우

갈색에 닿지 않으면 y좌표 -3씩 내려가기

지면이나 계단 위인 경우

갈색에 닿으면 y좌표 3만큼 올라가기

하늘색에 닿으면 죽는 문장

캐릭터가 죽을 때 pop 소리내기

죽을 때 모양을 고정

1초 기다리기

죽으면 캐릭터 숨기기

죽으면 다시시작 방송하기

스크립트 계속 ▶

스크립트 계속 ▶

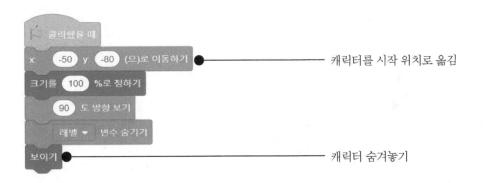

만약 〈 몬스터 ▾ 에 닿았는가? 또는 몬스터2 ▾ 에 닿았는가? 〉 (이)라면 ● —— 몬스터에게 닿으면
　　Pop ▾ 재생하기 ● —— 캐릭터가 죽을 때 pop소리내기
　모양을 모양2 ▾ (으)로 바꾸기 ● —— 죽을 때 모양을 고정
　　1 초 기다리기 ● —— 1초 기다리기
　숨기기 ● —— 죽으면 캐릭터 숨기기
　　다시시작 ▾ 신호 보내기 ● —— 죽으면 다시시작 신호 보내기

클릭했을 때
x -50 y -80 (으)로 이동하기 ● —— 캐릭터를 시작 위치로 옮김
크기를 100 %로 정하기
　90 도 방향 보기
　레벨 ▾ 변수 숨기기
보이기 ● —— 캐릭터 숨겨놓기

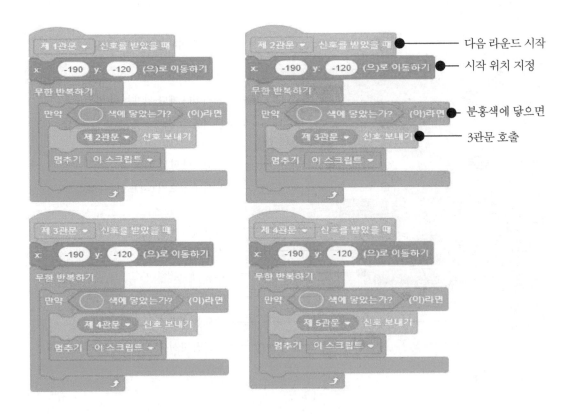

제 1관문 ▾ 신호를 받았을 때
x -190 y -120 (으)로 이동하기
무한 반복하기
　만약 〈 ◯ 색에 닿았는가? 〉 (이)라면
　　제 2관문 ▾ 신호 보내기
　　멈추기 이 스크립트 ▾

제 2관문 ▾ 신호를 받았을 때 ● —— 다음 라운드 시작
x -190 y -120 (으)로 이동하기 ● —— 시작 위치 지정
무한 반복하기
　만약 〈 ◯ 색에 닿았는가? 〉 (이)라면 ● —— 분홍색에 닿으면
　　제 3관문 ▾ 신호 보내기 ● —— 3관문 호출
　　멈추기 이 스크립트 ▾

제 3관문 ▾ 신호를 받았을 때
x -190 y -120 (으)로 이동하기
무한 반복하기
　만약 〈 ◯ 색에 닿았는가? 〉 (이)라면
　　제 4관문 ▾ 신호 보내기
　　멈추기 이 스크립트 ▾

제 4관문 ▾ 신호를 받았을 때
x -190 y -120 (으)로 이동하기
무한 반복하기
　만약 〈 ◯ 색에 닿았는가? 〉 (이)라면
　　제 5관문 ▾ 신호 보내기
　　멈추기 이 스크립트 ▾

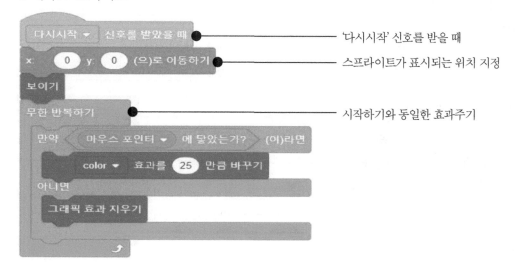

제 5관문 ▼ 신호를 받았을 때

x: -190 y: -120 (으)로 이동하기

무한 반복하기

만약 ( ) 색에 닿았는가? (이)라면

제 6관문 ▼ 신호 보내기

멈추기 이 스크립트 ▼

제 6관문 ▼ 신호를 받았을 때

x: -190 y: -120 (으)로 이동하기

무한 반복하기

만약 ( ) 색에 닿았는가? (이)라면

제 7관문 ▼ 신호 보내기

멈추기 이 스크립트 ▼

끝 ▼ 신호를 받았을 때 ●──── 최종 라운드가 종료되었을 때

레벨 ▼ 변수 숨기기

보이기

x: -130 y: -80 (으)로 이동하기

크기를 100 %로 정하기

clapping ▼ 끝까지 재생하기

축하해!! 성공이야! 을(를) 3 초 동안 말하기 ●──── 끝을 알리는 도움말 나타내기

멈추기 모두 ▼

6) 계속? 스프라이트

다시시작 ▼ 신호를 받았을 때 ●──── '다시시작' 신호를 받을 때

x: 0 y: 0 (으)로 이동하기 ●──── 스프라이트가 표시되는 위치 지정

보이기

무한 반복하기 ●──── 시작하기와 동일한 효과주기

만약 마우스 포인터 ▼ 에 닿았는가? (이)라면

color ▼ 효과를 25 만큼 바꾸기

아니면

그래픽 효과 지우기

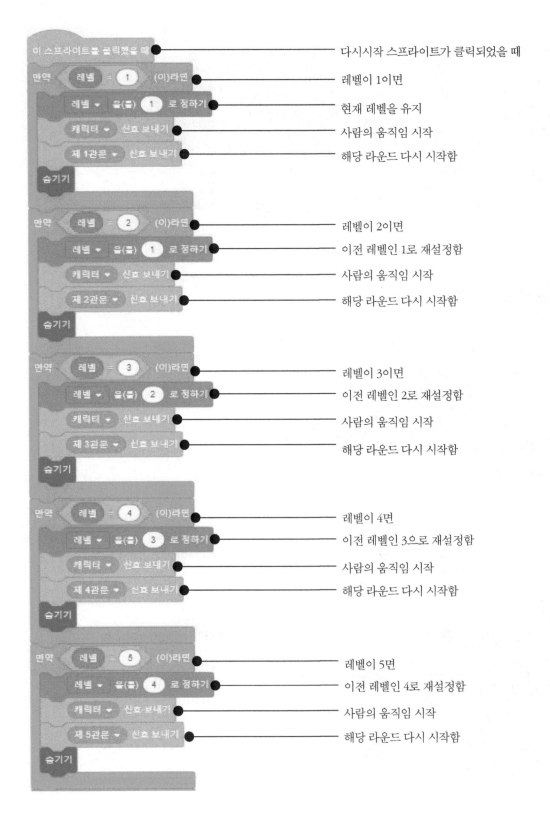

이 스프라이트를 클릭했을 때 ──────── 다시시작 스프라이트가 클릭되었을 때

만약 〈 레벨 = 1 〉 (이)라면 ──────── 레벨이 1이면

　레벨 ▼ 을(를) 1 로 정하기 ──────── 현재 레벨을 유지

　캐릭터 ▼ 신호 보내기 ──────── 사람의 움직임 시작

　제 1관문 ▼ 신호 보내기 ──────── 해당 라운드 다시 시작함

숨기기

만약 〈 레벨 = 2 〉 (이)라면 ──────── 레벨이 2이면

　레벨 ▼ 을(를) 1 로 정하기 ──────── 이전 레벨인 1로 재설정함

　캐릭터 ▼ 신호 보내기 ──────── 사람의 움직임 시작

　제 2관문 ▼ 신호 보내기 ──────── 해당 라운드 다시 시작함

숨기기

만약 〈 레벨 = 3 〉 (이)라면 ──────── 레벨이 3이면

　레벨 ▼ 을(를) 2 로 정하기 ──────── 이전 레벨인 2로 재설정함

　캐릭터 ▼ 신호 보내기 ──────── 사람의 움직임 시작

　제 3관문 ▼ 신호 보내기 ──────── 해당 라운드 다시 시작함

숨기기

만약 〈 레벨 = 4 〉 (이)라면 ──────── 레벨이 4면

　레벨 ▼ 을(를) 3 로 정하기 ──────── 이전 레벨인 3으로 재설정함

　캐릭터 ▼ 신호 보내기 ──────── 사람의 움직임 시작

　제 4관문 ▼ 신호 보내기 ──────── 해당 라운드 다시 시작함

숨기기

만약 〈 레벨 = 5 〉 (이)라면 ──────── 레벨이 5면

　레벨 ▼ 을(를) 4 로 정하기 ──────── 이전 레벨인 4로 재설정함

　캐릭터 ▼ 신호 보내기 ──────── 사람의 움직임 시작

　제 5관문 ▼ 신호 보내기 ──────── 해당 라운드 다시 시작함

숨기기

스크립트 계속 ▶

스크립트 계속 ▶

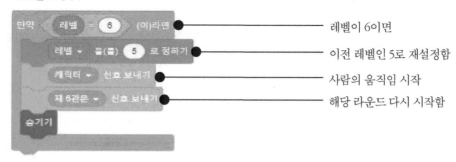

레벨이 6이면

이전 레벨인 5로 재설정함

사람의 움직임 시작

해당 라운드 다시 시작함

7.5 메이플스토리

과거에 게임은 어린이나 청소년들이 주로 하는 것으로 인식되었다. 그러나 PC가 발달하면서 다양한 아이디어의 구현이 가능해지고, 장르의 확장으로 인하여 게임 프로그램의 사용 연령층이 확장되었다. 또한 급속한 인터넷의 발전으로 인하여 다양한 온라인 게임도 등장하였다.

PC의 발전으로 우수한 하드웨어 환경에서 프로그래밍이 가능하게 되었으며, 향상된 게임 기능을 구현하기 위하여 다양한 API와 언어들을 사용하게 되었다. 일반적으로 게임에서는 많은 연산과 다양한 하드웨어를 이용하게 된다. 따라서 게임의 발전은 하드웨어와 프로그래밍 기술의 발전에 가장 큰 영향을 미치는 요인 중 하나가 되고 있다.

스크래치는 그래픽 환경을 통해 컴퓨터 프로그래밍에 관한 지식과 기술 습득을 목적으로 설계된 프로그래밍 언어 및 환경이다. 또한 게임 프로그램은 다양한 그래픽 및 멀티미디어 기능을 요구한다. 여기서 개발할 프로젝트는 스크래치를 이용하여 메이플스토리 게임을 변형하여 구현한다. 메이플스토리는 위젯 스튜디오에서 제작하고 넥슨에서 서비스하는 것으로, 세계 최초의 2D 사이드 스크롤 방식 온라인 게임이다.

7.5.1 게임 설계

메이플스토리 게임은 아바타가 움직이면서 몬스터를 공격한다. 몬스터에 닿으면 Hp가 떨어지고 Hp가 모두 없어지면 게임이 종료된다. 몬스터에 닿기 전에 공격하여 몬스터를 죽이면 Ex가 쌓이고 레벨이 높아지면 공격력을 올릴 수 있는 스킬을 향상시킬 수 있다.

여기서 구현할 메이플스토리 게임의 진행 과정과 게임에서 사용할 스프라이트는 다음과 같다.
① 플레이어의 아바타가 나타난다.
② 전투를 통하여 보상과 경험치를 획득한다.
③ 경험치가 일정량이 되면 레벨이 올라가고 더욱 강해진다.
④ 전투에서 실패하면 게임은 종료된다.

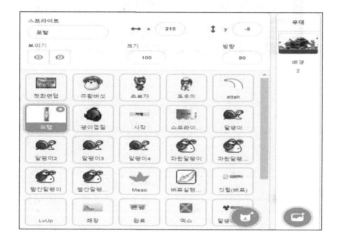

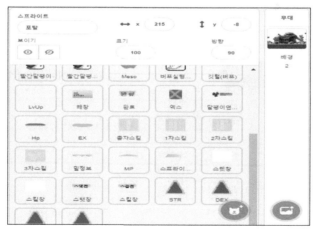

가. 시작 화면 및 스프라이트 동작

시작화면 내의 '시작' 버튼을 클릭하면 게임이 실행된다. 아래의 버섯모양 캐릭터의 경우 적절한 애니메이션 기능을 구현하여 움직이는 모습을 연출한다.

1) 시작 화면 스크립트

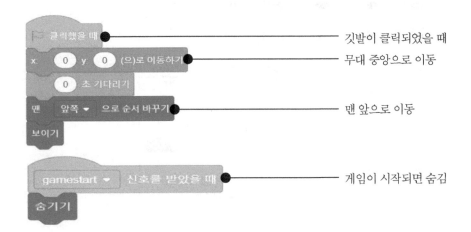

깃발이 클릭되었을 때

무대 중앙으로 이동

맨 앞으로 이동

게임이 시작되면 숨김

2) 버섯 스크립트

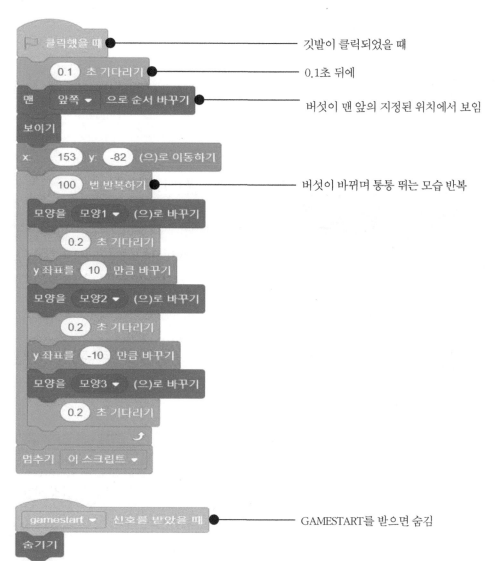

깃발이 클릭되었을 때

0.1초 뒤에

버섯이 맨 앞의 지정된 위치에서 보임

버섯이 바뀌며 통통 뛰는 모습 반복

GAMESTART를 받으면 숨김

3) 시작 버튼 스크립트

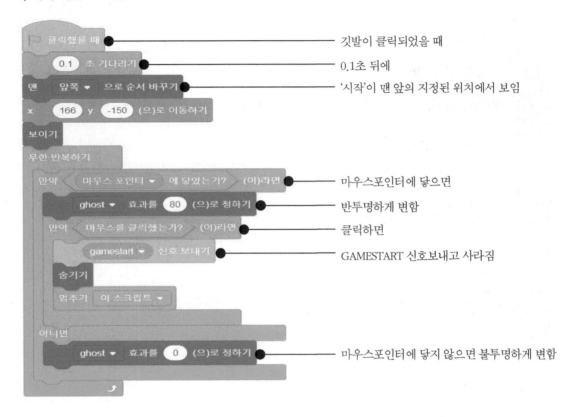

깃발이 클릭되었을 때

0.1초 뒤에

'시작'이 맨 앞의 지정된 위치에서 보임

마우스포인터에 닿으면

반투명하게 변함

클릭하면

GAMESTART 신호보내고 사라짐

마우스포인터에 닿지 않으면 불투명하게 변함

나. 진행 화면

시작 버튼을 누른 후의 장면으로, 플레이어는 아바타를 조작하여 게임을 하게 된다. 화면 상단의 스텟창과 스킬창을 클릭하여 포인트를 주어 아바타를 강화시킬 수 있다. 몬스터는 전멸 후 일정 시간이 지나면 재등장하게 된다. 게임이 끝날 때까지 자신의 신기록에 도전할 수 있다.

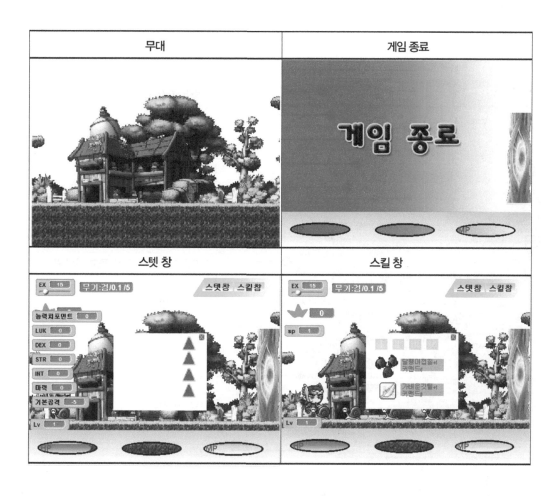

1) 무대 스크립트

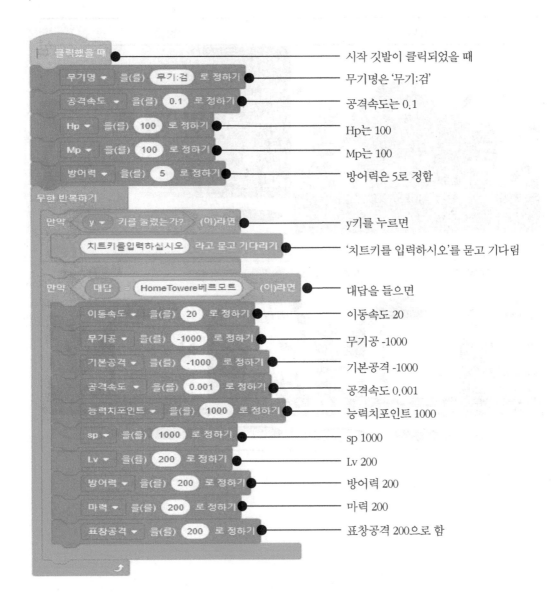

시작 깃발이 클릭되었을 때

무기명은 '무기:검'

공격속도는 0.1

Hp는 100

Mp는 100

방어력은 5로 정함

y키를 누르면

'치트키를 입력하시오'를 묻고 기다림

대답을 들으면

이동속도 20

무기공 -1000

기본공격 -1000

공격속도 0.001

능력치포인트 1000

sp 1000

Lv 200

방어력 200

마력 200

표창공격 200으로 함

2) 스텟 창 스크립트

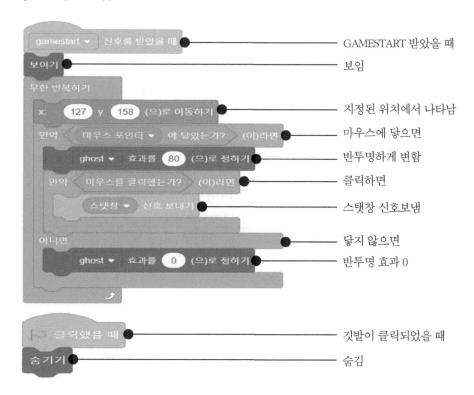

GAMESTART 받았을 때

보임

지정된 위치에서 나타남

마우스에 닿으면

반투명하게 변함

클릭하면

스텟창 신호보냄

닿지 않으면

반투명 효과 0

깃발이 클릭되었을 때

숨김

3) 스킬 창 스크립트

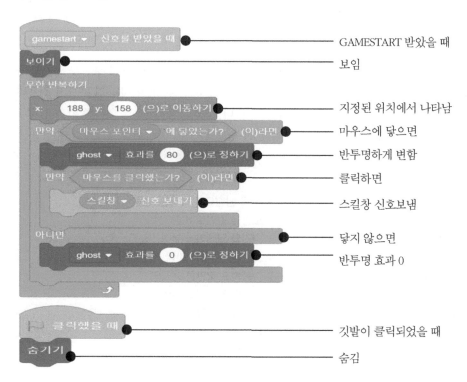

GAMESTART 받았을 때

보임

지정된 위치에서 나타남

마우스에 닿으면

반투명하게 변함

클릭하면

스킬창 신호보냄

닿지 않으면

반투명 효과 0

깃발이 클릭되었을 때

숨김

4) 종료 화면 스크립트

정지 버튼을 누르거나 게임이 끝났을 때 나타나는 화면이다.

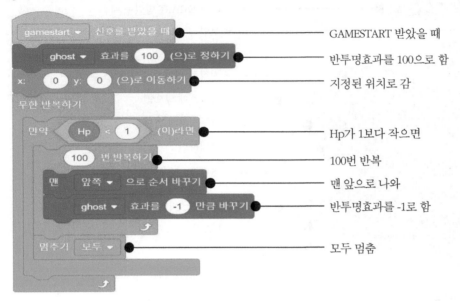

GAMESTART 받았을 때
반투명효과를 100으로 함
지정된 위치로 감
Hp가 1보다 작으면
100번 반복
맨 앞으로 나와
반투명효과를 -1로 함
모두 멈춤

7.5.2 게임 구현

가. 초보자 스프라이트

이 게임은 2D 횡 스크롤 게임이므로 이동은 왼쪽과 오른쪽만 있으면 된다. 따라서 무한루프를 이용하여 키 입력을 확인하며, 왼쪽과 오른쪽의 입력 여부만 계속 확인하면 된다. 아바타인 초보자 스프라이터의 걸어가는 애니메이션은 3개의 모양으로 이루어져 있다. 그리고 왼쪽 또는 오른쪽 키가 입력된 경우 아래와 같이 동작한다. 각 경우에 처음에 바라보는 방향만 바꾸어주면 된다.

왼쪽 방향키	오른쪽 방향키
① -90도 방향으로 바라본 다음	① 90도 방향으로 바라본 다음
② 모양을 걷기로 바꿈	② 모양을 걷기로 바꿈
③ 약간의 딜레이를 부여	③ 약간의 딜레이를 부여
④ 모양을 걷기2로 바꿈	④ 모양을 걷기2로 바꿈
⑤ 이동속도 값만큼 움직임	⑤ 이동속도 값만큼 움직임
⑥ 약간의 딜레이를 부여	⑥ 약간의 딜레이를 부여
⑦ 모양을 걷기3으로 바꿈	⑦ 모양을 걷기3으로 바꿈
⑧ 이동속도 값만큼 움직임	⑧ 이동속도 값만큼 움직임
⑨ 약간의 딜레이를 부여	⑨ 약간의 딜레이를 부여

최종적으로 두 개의 과정을 무한루프를 통하여 계속 반복하면서 키의 입력을 확인하게 되면 아바타의 이동 알고리즘을 완성할 수 있다. 아바타는 기본공격과 스킬을 사용할 수 있으며, 이것의 구현은 두 단계로 가능하다. 첫째, 만일 공격키나 스킬키를 입력받으면 공격 애니메이션을 취한다. 즉, 스킬이 발동하거나 공격하는 모션을 취한다. 둘째, 스킬이 닿거나 공격모션에 닿으면 공격력만큼 달팽이 체력이 감소하게 되고, 1보다 작은 경우에 죽고 사라진다. 다음 스크립트는 이들 기능을 작성한 것이다.

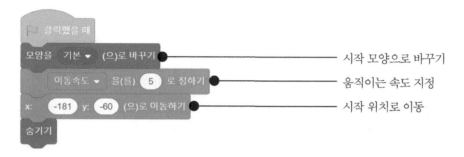

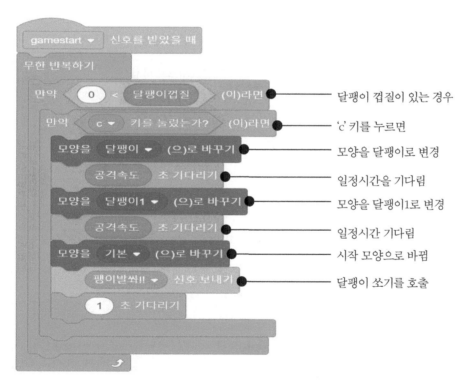

블록	설명
gamestart ▼ 신호를 받았을 때	
초보자 ▼ 신호 보내기 ●	초보자 호출
모양을 모양1 ▼ (으)로 바꾸기 ●	모양을 변경하고 보이기
보이기	
무한 반복하기	
만약 오른쪽 화살표 ▼ 키를 눌렀는가? (이)라면 ●	오른쪽 화살표가 눌리면
90 도 방향 보기 ●	오른쪽 방향을 봄
모양을 걷기 ▼ (으)로 바꾸기 ●	걷기 모양으로 바뀜
0.05 초 기다리기 ●	0.05초 뒤에
이동속도 만큼 움직이기 ●	이동속도만큼 움직임
모양을 걷기2 ▼ (으)로 바꾸기 ●	걷기2 모양으로 바뀜
0.05 초 기다리기 ●	0.05초 기다림
이동속도 만큼 움직이기 ●	이동속도만큼 움직임
모양을 걷기3 ▼ (으)로 바꾸기 ●	걷기3 모양으로 바뀜
0.05 초 기다리기 ●	0.05초 기다림
모양을 기본 ▼ (으)로 바꾸기 ●	시작 모양으로 바뀜

스크립트 계속 ▶

스크립트 계속 ▶

만약 〈 왼쪽 화살표 ▼ 키를 눌렀는가? 〉 (이)라면 ——— 왼쪽 화살표가 눌리면

　　-90 도 방향 보기 ——— 왼쪽 방향을 봄

모양을 걷기 ▼ (으)로 바꾸기 ——— 걷기 모양으로 바뀜

　　0.05 초 기다리기 ——— 0.05초 뒤에

모양을 걷기2 ▼ (으)로 바꾸기 ——— 걷기2 모양으로 바뀜

　　이동속도 만큼 움직이기 ——— 이동속도만큼 움직임

　　0.05 초 기다리기 ——— 0.05초 기다림

모양을 걷기3 ▼ (으)로 바꾸기 ——— 걷기3 모양으로 바뀜

　　이동속도 만큼 움직이기 ——— 이동속도만큼 움직임

　　0.05 초 기다리기 ——— 0.05초 기다림

모양을 기본 ▼ (으)로 바꾸기 ——— 시작 모양으로 바뀜

만약 〈 x ▼ 키를 눌렀는가? 〉 (이)라면 ——— 'x' 키를 눌렀으면

모양을 첫기본공격 ▼ (으)로 바꾸기 ——— 공격 모양으로 변경

　　공격속도 초 기다리기 ——— 일정시간 기다림

　　attak ▼ 신호 보내기 ——— 공격하기 호출

모양을 기본공격 ▼ (으)로 바꾸기 ——— 시작 모양으로 바뀜

　　공격속도 × 2 초 기다리기 ——— 일정시간 기다림

모양을 기본 ▼ (으)로 바꾸기 ——— 시작 모양으로 바뀜

나. 달팽이 스프라이트

게임에서 적으로 등장하는 달팽이의 이동방식은 키를 입력받는 것이 아니라 항상 아바타의 방향으로 보는 것으로만 바꿔주면 된다.

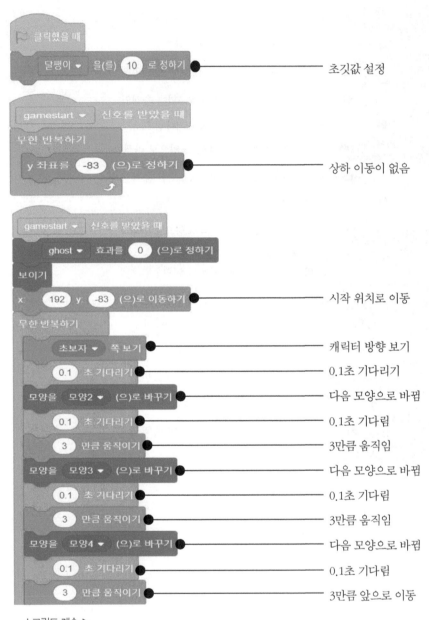

초깃값 설정

상하 이동이 없음

시작 위치로 이동

캐릭터 방향 보기
0.1초 기다리기
다음 모양으로 바뀜
0.1초 기다림
3만큼 움직임
다음 모양으로 바뀜
0.1초 기다림
3만큼 움직임
다음 모양으로 바뀜
0.1초 기다림
3만큼 앞으로 이동

스크립트 계속 ▶

스크립트 계속 ▶

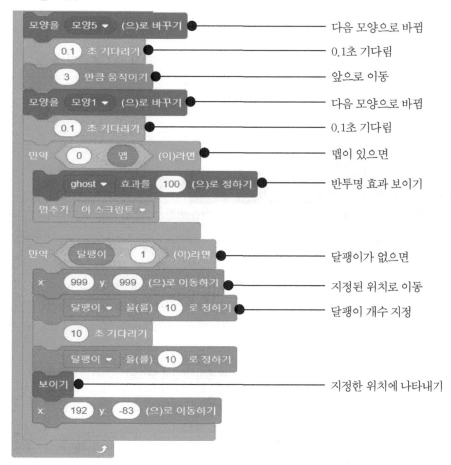

모양을 모양5 ▼ (으)로 바꾸기 ——————— 다음 모양으로 바뀜

0.1 초 기다리기 ——————— 0.1초 기다림

3 만큼 움직이기 ——————— 앞으로 이동

모양을 모양1 ▼ (으)로 바꾸기 ——————— 다음 모양으로 바뀜

0.1 초 기다리기 ——————— 0.1초 기다림

만약 0 < 맵 (이)라면 ——————— 맵이 있으면

ghost ▼ 효과를 100 (으)로 정하기 ——————— 반투명 효과 보이기

멈추기 이 스크립트 ▼

만약 달팽이 < 1 (이)라면 ——————— 달팽이가 없으면

x: 999 y: 999 (으)로 이동하기 ——————— 지정된 위치로 이동

달팽이 ▼ 을(를) 10 로 정하기 ——————— 달팽이 개수 지정

10 초 기다리기

달팽이 ▼ 을(를) 10 로 정하기

보이기 ——————— 지정한 위치에 나타내기

x: 192 y: -83 (으)로 이동하기

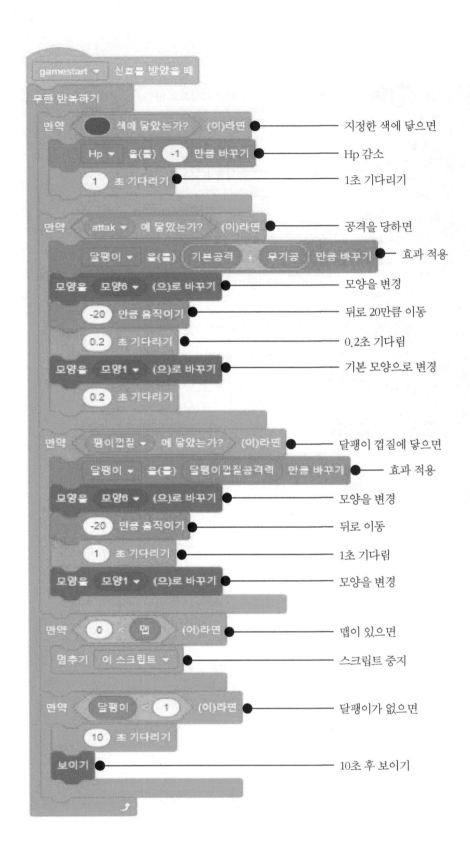

gamestart ▼ 신호를 받았을 때

무한 반복하기

만약 ⬤ 색에 닿았는가? (이)라면 ━━━ 지정한 색에 닿으면

　　Hp ▼ 을(를) -1 만큼 바꾸기 ━━━ Hp 감소

　　1 초 기다리기 ━━━ 1초 기다리기

만약 attak ▼ 에 닿았는가? (이)라면 ━━━ 공격을 당하면

　　달팽이 ▼ 을(를) 기본공격 + 무기공 만큼 바꾸기 ━━━ 효과 적용

　　모양을 모양6 ▼ (으)로 바꾸기 ━━━ 모양을 변경

　　-20 만큼 움직이기 ━━━ 뒤로 20만큼 이동

　　0.2 초 기다리기 ━━━ 0.2초 기다림

　　모양을 모양1 ▼ (으)로 바꾸기 ━━━ 기본 모양으로 변경

　　0.2 초 기다리기

만약 펑이껍질 ▼ 에 닿았는가? (이)라면 ━━━ 달팽이 껍질에 닿으면

　　달팽이 ▼ 을(를) 달팽이껍질공격력 만큼 바꾸기 ━━━ 효과 적용

　　모양을 모양6 ▼ (으)로 바꾸기 ━━━ 모양을 변경

　　-20 만큼 움직이기 ━━━ 뒤로 이동

　　1 초 기다리기 ━━━ 1초 기다림

　　모양을 모양1 ▼ (으)로 바꾸기 ━━━ 모양을 변경

만약 0 < 멥 (이)라면 ━━━ 맵이 있으면

　　멈추기 이 스크립트 ▼ ━━━ 스크립트 중지

만약 달팽이 < 1 (이)라면 ━━━ 달팽이가 없으면

　　10 초 기다리기

　　보이기 ━━━ 10초 후 보이기

다. 맵의 이동

처음의 맵에서 일정 수준이 되면 난이도 조정을 위하여 다른 맵으로 이동할 수 있게 한다. 이러한 이벤트는 포탈 스프라이트를 이용하여 처리한다. 실제로 맵을 변경할 수도 있으나, 이 게임에서는 출연하는 달팽이 종류를 바꾸는 방식으로 구현한다.

① 아바타를 포탈까지 움직인다.
② 화살표 위쪽 키를 누른다.
③ 새로운 달팽이가 출연한다.

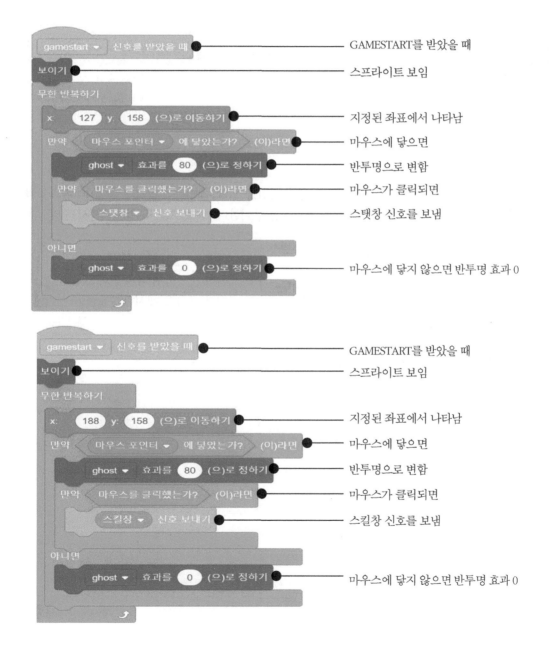

GAMESTART를 받았을 때
스프라이트 보임
지정된 좌표에서 나타남
마우스에 닿으면
반투명으로 변함
마우스가 클릭되면
스탯창 신호를 보냄
마우스에 닿지 않으면 반투명 효과 0

GAMESTART를 받았을 때
스프라이트 보임
지정된 좌표에서 나타남
마우스에 닿으면
반투명으로 변함
마우스가 클릭되면
스킬창 신호를 보냄
마우스에 닿지 않으면 반투명 효과 0

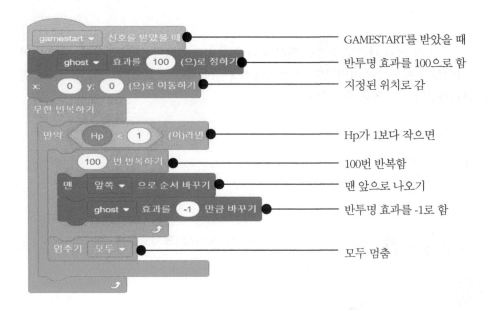

GAMESTART를 받았을 때

반투명 효과를 100으로 함

지정된 위치로 감

Hp가 1보다 작으면

100번 반복함

맨 앞으로 나오기

반투명 효과를 -1로 함

모두 멈춤

라. 퀘스트의 부여

게임에는 일반적으로 플레이에 흥미를 더해주거나 게임을 쉽게 풀어나가게 도움을 주는 퀘스트가 존재한다. 따라서 이 게임에도 레벨5 달성 시 퀘스트를 부여한다. 퀘스트를 부여하는 순서는 다음과 같다.

① 퀘스트 도우미를 클릭한다. 이때 클릭이 가능하다는 것을 표시하기 위하여 색의 변화를 줄 수 있다.
② 클릭하면 퀘스트 대화상자를 표시하면서 퀘스트 달성의 조건과 보상을 제시한다.
③ 퀘스트를 달성했을 경우에는 보상한다.

ⓐ 퀘스트 도우미의 클릭이 가능함을 표시해주며, 클릭 시 대화상자를 호출하는 스크립트를 만든다.

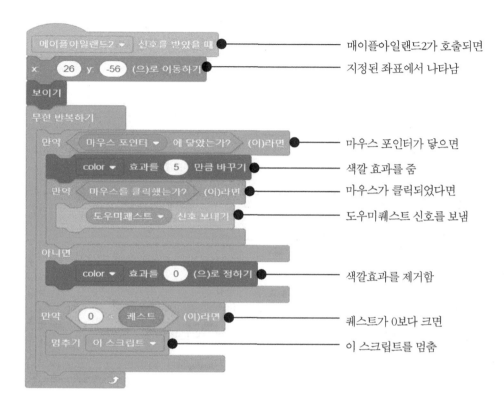

메이플아일랜드2 ▼ 신호를 받았을 때	매이플아일랜드2가 호출되면
x 26 y -56 (으)로 이동하기	지정된 좌표에서 나타남
보이기	
무한 반복하기	
만약 마우스 포인터 ▼ 에 닿았는가? (이)라면	마우스 포인터가 닿으면
color ▼ 효과를 5 만큼 바꾸기	색깔 효과를 줌
만약 마우스를 클릭했는가? (이)라면	마우스가 클릭되었다면
도우미퀘스트 ▼ 신호 보내기	도우미퀘스트 신호를 보냄
아니면	
color ▼ 효과를 0 (으)로 정하기	색깔효과를 제거함
만약 0 < 퀘스트 (이)라면	퀘스트가 0보다 크면
멈추기 이 스크립트 ▼	이 스크립트를 멈춤

ⓑ 퀘스트 도우미 클릭 시 나타나는 대화상자는 아래와 같다.

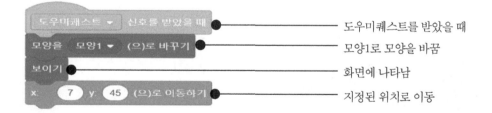

도우미퀘스트 ▼ 신호를 받았을 때	도우미퀘스트를 받았을 때
모양을 모양1 ▼ (으)로 바꾸기	모양1로 모양을 바꿈
보이기	화면에 나타남
x 7 y 45 (으)로 이동하기	지정된 위치로 이동

ⓒ 퀘스트 달성 시, 처리할 내용을 구현한 스크립트의 구성이다.

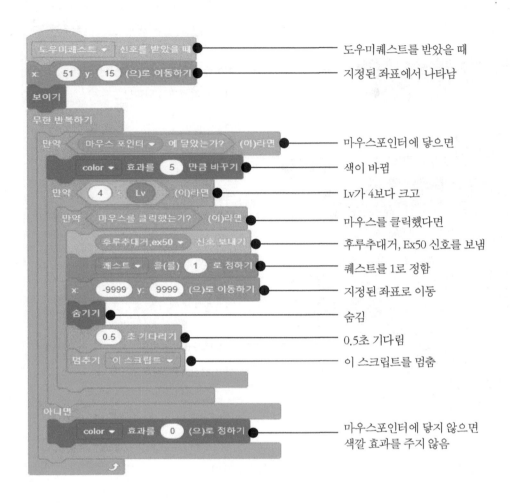

도우미퀘스트를 받았을 때
지정된 좌표에서 나타남

마우스포인터에 닿으면
색이 바뀜
Lv가 4보다 크고
마우스를 클릭했다면
후루추대거, Ex50 신호를 보냄
퀘스트를 1로 정함
지정된 좌표로 이동
숨김
0.5초 기다림
이 스크립트를 멈춤

마우스포인터에 닿지 않으면
색깔 효과를 주지 않음

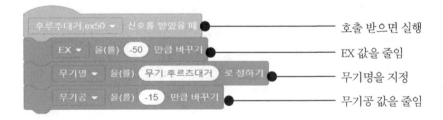

호출 받으면 실행
EX 값을 줄임
무기명을 지정
무기공 값을 줄임

마. ATTACK 스프라이트

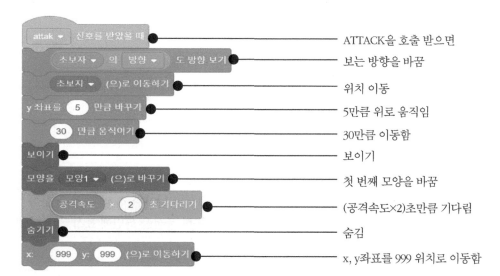

블록	설명
attak ▼ 신호를 받았을 때	ATTACK을 호출 받으면
초보자 ▼ 의 방향 ▼ 도 방향 보기	보는 방향을 바꿈
초보자 ▼ (으)로 이동하기	위치 이동
y 좌표를 5 만큼 바꾸기	5만큼 위로 움직임
30 만큼 움직이기	30만큼 이동함
보이기	보이기
모양을 모양1 ▼ (으)로 바꾸기	첫 번째 모양을 바꿈
공격속도 × 2 초 기다리기	(공격속도×2)초만큼 기다림
숨기기	숨김
x: 999 y: 999 (으)로 이동하기	x, y좌표를 999 위치로 이동함

⚑ 클릭했을 때
숨기기

실 | 습 | 문 | 제

1 다음에 설명된 스프라이트와 스크립트를 참조하여 게임 프로젝트를 제작한다. 여기서 작성할 프로그램은 사격을 하여 풍선을 맞추는 게임 형태의 프로젝트이다.

가. 프로젝트 설명

왼쪽/오른쪽 화살표 키를 사용하여 총을 상하로 움직일 수 있으며, 스페이스 키를 누르면 총알이 발사된다. 전체 풍선의 수는 33개이며, 무대의 아래쪽에서 위쪽으로 날아 올라간다. 총을 쏘아 날아가는 풍선을 맞추면 맞춘 숫자가 하나씩 증가하고, 맞추지 못한 풍선을 화면에 표시된다. 다음 그림은 프로젝트가 실행되고 있는 장면을 나타낸 것이다.

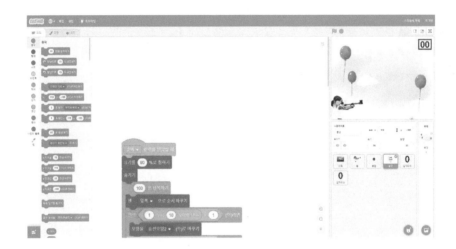

1) 프로젝트 구성

(1) 무대

다음 그림은 무대의 배경을 나타낸 것이다. 오른쪽 위의 사각형은 총을 쏘아 맞춘 풍선의 개수를 표시할 위치이다.

(2) 스프라이트

프로젝트에서 사용할 스프라이트는 시작 화면, 총, 총알, 풍선, 십자리수, 일자리수가 있으며, 하나의 스프라이트가 2개 이상의 모양을 갖기도 한다. 프로젝트에서 사용되는 스프라이트의 이름, 모양, 모양의 이름은 다음과 같다.

이름	시작	
모양		
모양 이름	경기장1	경기장2

이름	총	총알
모양		
모양 이름	총	총알

이름	풍선		
모양			
모양 이름	풍선모양1	풍선모양2	풍선모양3

이름	십자리수	일자리수
모양	**0 … 3**	**0 … 9**
모양 이름	zero … three	zero … nine

2) 스크립트 작성

(1) 무대 스프라이트의 스크립트

① ⚑을 클릭하면 무대 스프라이트는 '준비' 신호를 보내고 기다린다. '준비'를 받은 시작, 총, 풍
   선, 일자리수, 십자리수 스프라이트는 프로젝트 실행을 위한 초기화 작업을 수행한다.
② 시작 스프라이트가 클릭되면 '배경음악'을 호출하게 되고 무대 스프라이트는 이것을 받아 프
   로젝트가 종료될 때까지 배경음악을 재생한다.

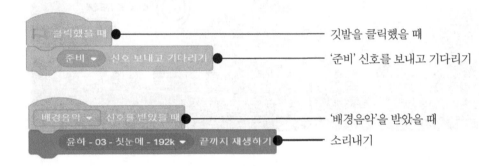

- 깃발을 클릭했을 때
- '준비' 신호를 보내고 기다리기

- '배경음악'을 받았을 때
- 소리내기

(2) 시작 스프라이트의 스크립트

① ⚑이 클릭되면 시작 스프라이트는 경기장1과 경기장2 모양을 교대로 나타낸다.

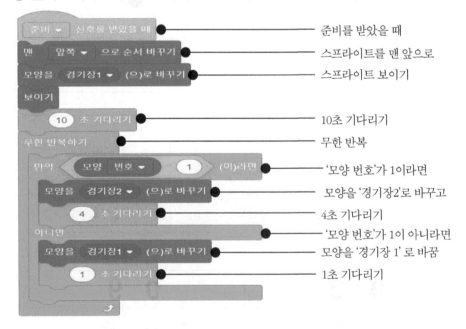

- 준비를 받았을 때
- 스프라이트를 맨 앞으로
- 스프라이트 보이기
- 10초 기다리기
- 무한 반복
- '모양 번호'가 1이라면
- 모양을 '경기장2'로 바꾸고
- 4초 기다리기
- '모양 번호'가 1이 아니라면
- 모양을 '경기장 1'로 바꿈
- 1초 기다리기

② 이 스프라이트가 클릭되면 스프라이트를 숨기며, 배경음악을 호출하고, 게임이 실행될 수 있
　도록 시작을 호출한다.

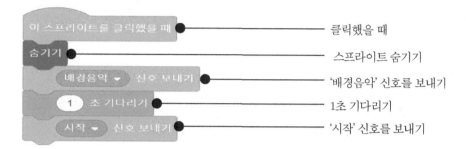

이 스프라이트를 클릭했을 때 ──── 클릭했을 때
숨기기 ──── 스프라이트 숨기기
배경음악 ▼ 신호 보내기 ──── '배경음악' 신호를 보내기
1 초 기다리기 ──── 1초 기다리기
시작 ▼ 신호 보내기 ──── '시작' 신호를 보내기

③ 게임이 끝나고 이 스프라이트가 종료를 받으면 'target' 모양으로 형태가 바뀌며, 반투명 형태
　로 서서히 이미지가 사라진다.

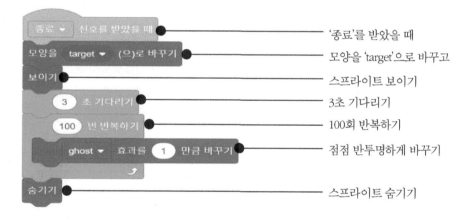

종료 ▼ 신호를 받았을 때 ──── '종료'를 받았을 때
모양을 target ▼ (으)로 바꾸기 ──── 모양을 'target'으로 바꾸고
보이기 ──── 스프라이트 보이기
3 초 기다리기 ──── 3초 기다리기
100 번 반복하기 ──── 100회 반복하기
ghost ▼ 효과를 1 만큼 바꾸기 ──── 점점 반투명하게 바꾸기
숨기기 ──── 스프라이트 숨기기

(3) 총 스프라이트의 스크립트

① 시작 버튼이 클릭되면 총 스프라이트는 방향을 90도, 위치를 시작위치로 이동한다.
② 오른쪽 화살표 키를 입력하면 오른쪽 방향으로 4도씩 회전하며, 100도보다 크면 정지한다.
③ 왼쪽 화살표 키를 입력하면 왼쪽 방향으로 4도씩 회전하며, 40도보다 적으면 정지한다.

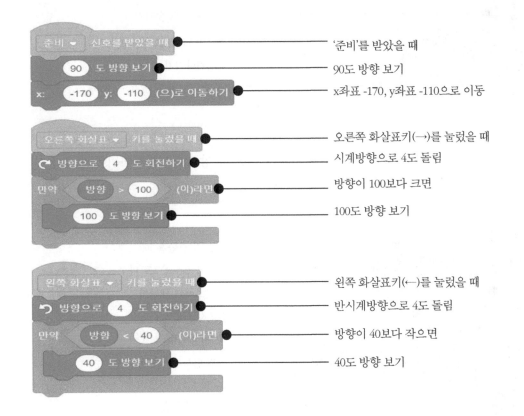

'준비'를 받았을 때
90도 방향 보기
x좌표 -170, y좌표 -110으로 이동

오른쪽 화살표키(→)를 눌렀을 때
시계방향으로 4도 돌림
방향이 100보다 크면
100도 방향 보기

왼쪽 화살표키(←)를 눌렀을 때
반시계방향으로 4도 돌림
방향이 40보다 작으면
40도 방향 보기

(4) 총알 스프라이트의 스크립트

① ⚑이 클릭되면 총알 스프라이트는 이동할 거리의 초깃값을 좌표로 설정한다.

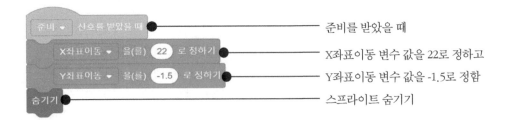

준비를 받았을 때
X좌표이동 변수 값을 22로 정하고
Y좌표이동 변수 값을 -1.5로 정함
스프라이트 숨기기

② 스페이스 키를 누르면 먼저 총의 각도를 참조하여 총알의 시작 위치를 계산한다. 총알은 무대의 경계에 닿을 때까지 오른쪽으로 포물선을 그리면서 날아간다.

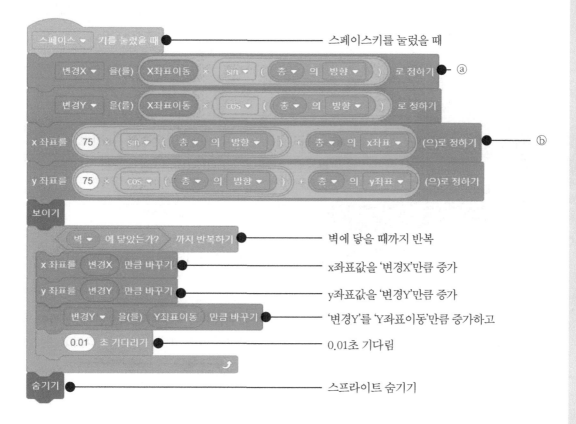

스페이스키를 눌렀을 때
ⓐ 총알의 이동거리 sin, cos 함수 적용
ⓑ 총알의 위치인 (x, y) 좌표
벽에 닿을 때까지 반복
x좌표값을 '변경X'만큼 증가
y좌표값을 '변경Y'만큼 증가
'변경Y'를 'Y좌표이동'만큼 증가하고
0.01초 기다림
스프라이트 숨기기

ⓐ 총알의 이동거리 sin, cos 함수 적용
ⓑ 총알의 위치인 (x, y) 좌표

(5) 풍선 스프라이트의 스크립트

① 시작 버튼이 클릭되면 풍선 스프라이트는 풍선모양을 기본모양으로 하고, 위치의 초깃값을 설정한 후 숨겨진다. 명중하지 못한 풍선을 나타낼 변수, 풍선이 총알에 맞았는지를 나타내기 위한 변수의 초깃값을 설정한다.

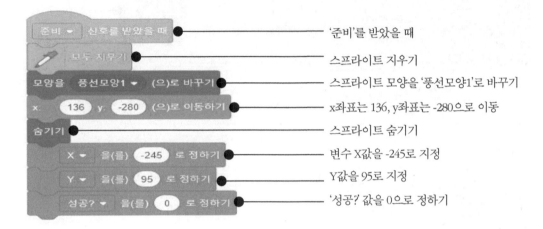

- '준비'를 받았을 때
- 스프라이트 지우기
- 스프라이트 모양을 '풍선모양1'로 바꾸기
- x좌표는 136, y좌표는 -280으로 이동
- 스프라이트 숨기기
- 변수 X값을 -245로 지정
- Y값을 95로 지정
- '성공?' 값을 0으로 정하기

② 풍선 스프라이트가 시작을 받으면 무대의 하단에서 위쪽으로 풍선이 날아오른다. 풍선이 날아오르는 동안 총알에 닿으면 소리가 나고 풍선의 모양이 터진 형태로 바뀐다. 그리고 적중에 대한 숫자가 증가하도록 적중수증가를 호출한다.

③ 풍선이 날아오르는 동안 총알에 맞지 않은 경우에는 무대의 좌측에 풍선모양을 나타낸다.

④ 새로운 풍선의 출발 위치를 임의로 하기 위하여 X좌표를 랜덤한 수로 지정한다. 33개의 풍선이 나타날 때까지 위의 과정을 반복한다.

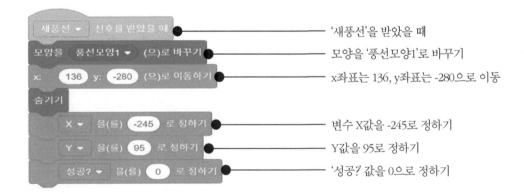

- '새풍선'을 받았을 때
- 모양을 '풍선모양1'로 바꾸기
- x좌표는 136, y좌표는 -280으로 이동
- 변수 X값을 -245로 정하기
- Y값을 95로 정하기
- '성공?' 값을 0으로 정하기

⑤ 총알이 명중되지 않아 풍선 스프라이트가 '새풍선'을 받으면 무대의 왼편에 풍선모양을 표시한다. 풍선은 한 행에 5개씩 나타나며, 각 풍선을 나타내기 위해 (x, y) 좌표를 계산한다.

'시작'을 받았을 때
33번 반복
스프라이트 보이기
y가 150보다 클 때까지 반복
'풍선위치'를 0.02만큼 증가
y좌표를 '풍선위치'만큼 증가
'총알'에 닿았다면
'성공?'을 1로 정하기
pop 소리내기
모양을 '풍선모양2'로 바꾸기
1초 기다리기
모양을 '풍선모양3'으로 바꾸기
'적중수증가' 신호를 보내기

'성공?'이 0이라면
'새풍선' 신호를 보내고 기다림

스프라이트 숨기기
모양을 '풍선모양1'로 바꾸기
'풍선위치'를 0으로 정하기
ⓐ
'성공?'을 0으로
0.2초 기다리기

'종료' 신호를 보내기

ⓐ x좌표는 -60~220, y좌표는 -190으로 이동

(6) 일자리수 스프라이트의 스크립트

① 시작 버튼이 클릭되면 무대 오른쪽 상단의 지정된 위치에 0을 나타낸다.
② 총알이 풍선을 명중시킨 경우에는 이 스프라이트 값을 1씩 증가시킨다. 이 스프라이트가 9인 상태에서 풍선이 명중되면 10의 자리수를 1 증가시킬 수 있도록 자리수올림을 호출한다.

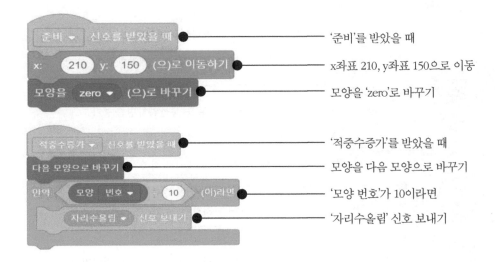

- '준비'를 받았을 때
- x좌표 210, y좌표 150으로 이동
- 모양을 'zero'로 바꾸기

- '적중수증가'를 받았을 때
- 모양을 다음 모양으로 바꾸기
- '모양 번호'가 10이라면
- '자리수올림' 신호 보내기

(7) 십자리수 스프라이트의 스크립트

① 시작 버튼이 클릭되면 무대 오른쪽 상단의 지정된 위치에 0을 나타낸다. 총알이 풍선을 명중시켜 자리수올림을 받으면 이 스프라이트 값을 1씩 증가시킨다.

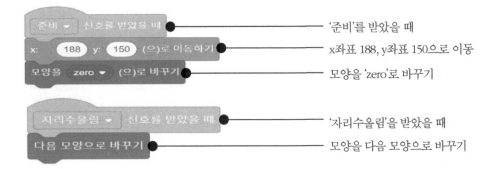

- '준비'를 받았을 때
- x좌표 188, y좌표 150으로 이동
- 모양을 'zero'로 바꾸기

- '자리수올림'을 받았을 때
- 모양을 다음 모양으로 바꾸기

2 다음 그림과 스크립트를 참조하여 앞에서 작성한 프로젝트에 기능을 추가하라.

1) 추가 기능

100개의 풍선이 랜덤하게 위에서 아래로 떨어진다. 이들 중 일부 풍선은 터뜨려진 모양이 나타난다. 복제 명령 블록을 사용하여 한 개의 풍선 스프라이트를 100번 복사하고 100개가 나타나도록 한다.

2) 실행 화면

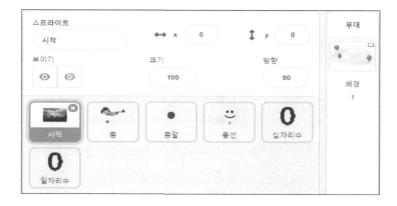

3) 풍선 스프라이트의 스크립트

(1) 복제 기능 수행

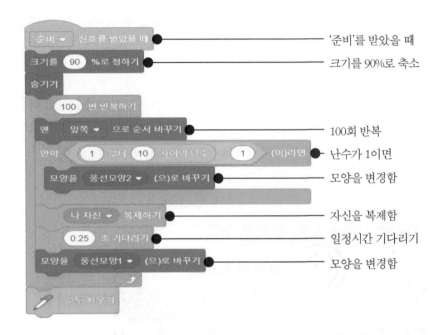

'준비'를 받았을 때

크기를 90%로 축소

100회 반복

난수가 1이면

모양을 변경함

자신을 복제함

일정시간 기다리기

모양을 변경함

(2) 복제된 스프라이트 제어하기

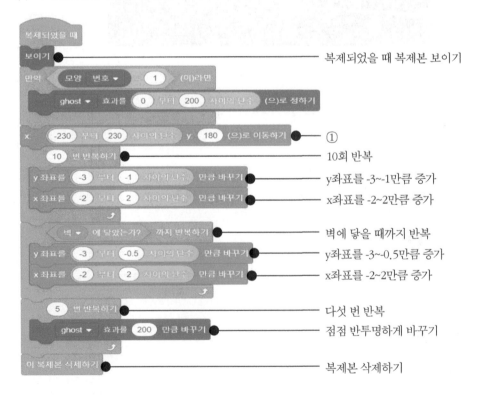

복제되었을 때 복제본 보이기

①

10회 반복

y좌표를 -3~-1만큼 증가

x좌표를 -2~2만큼 증가

벽에 닿을 때까지 반복

y좌표를 -3~-0.5만큼 증가

x좌표를 -2~2만큼 증가

다섯 번 반복

점점 반투명하게 바꾸기

복제본 삭제하기

① x좌표는 -230~230, y좌표는 180으로 이동

3 다음 설명과 스크립트를 참조하여 미로를 찾는 게임을 구현하라.

게임은 3단계로 구성되며, 각 단계에서는 서로 다른 맵과 장애물이 나타난다. 4개의 화살표 키들을 사용하여 스프라이트를 이동시킬 수 있으며, 목표 지점에 도달하면 다음 단계로 전환된다. 게임에서 사용되는 스프라이트의 종류는 다음 그림과 같다.

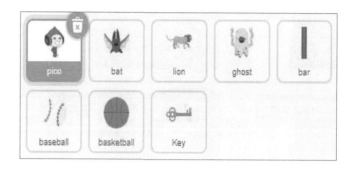

가. 화면 구성

게임에서 각 단계별로 다음과 같은 3개의 맵을 사용한다. 화살표 키를 사용하여 pico 스프라이트를 열쇠가 있는 지점까지 이동시키면 다음 단계로 넘어간다.

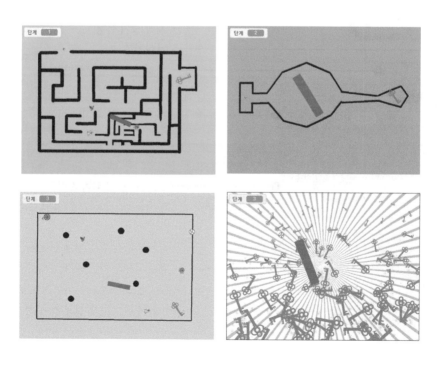

나. 스크립트 작성

1) pico 스프라이트

① 좌, 우, 상, 하 화살표 키 입력에 대한 스프라이트의 이동은 다음과 같다.

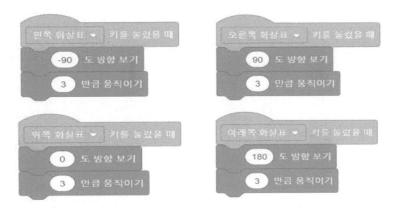

② 다음과 같이 단계 1에서 pico 스프라이트의 동작을 제어한다.

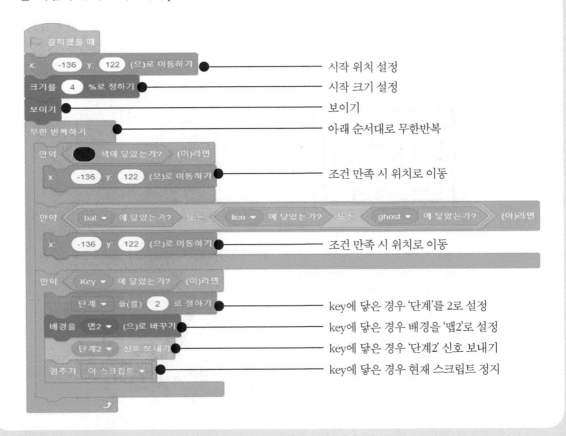

시작 위치 설정
시작 크기 설정
보이기
아래 순서대로 무한반복

조건 만족 시 위치로 이동

조건 만족 시 위치로 이동

key에 닿은 경우 '단계'를 2로 설정
key에 닿은 경우 배경을 '맵2'로 설정
key에 닿은 경우 '단계2' 신호 보내기
key에 닿은 경우 현재 스크립트 정지

③ 다음과 같이 단계 2에서 pico 스프라이트의 동작을 제어한다.

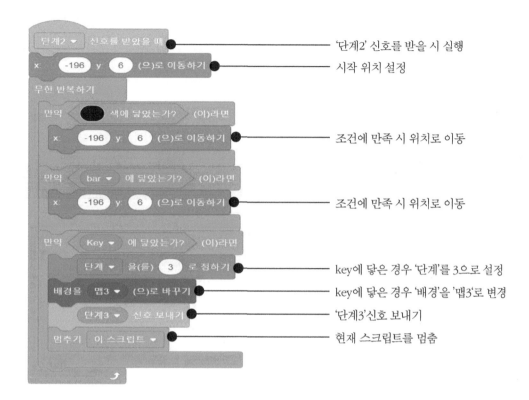

'단계2' 신호를 받을 시 실행

시작 위치 설정

조건에 만족 시 위치로 이동

조건에 만족 시 위치로 이동

key에 닿은 경우 '단계'를 3으로 설정

key에 닿은 경우 '배경'을 '맵3'로 변경

'단계3'신호 보내기

현재 스크립트를 멈춤

④ 다음과 같이 단계 3에서 pico 스프라이트의 동작은 다음과 같다.

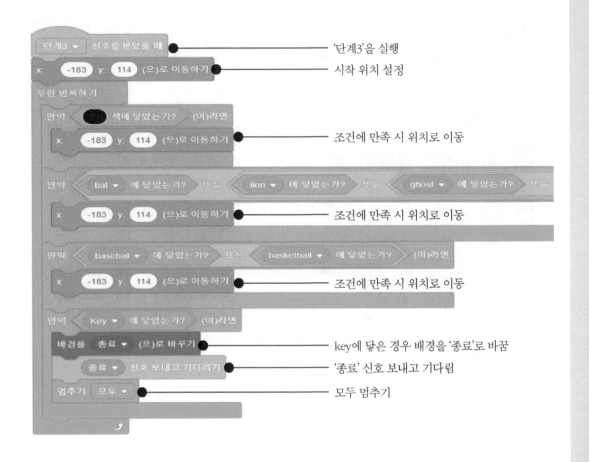

'단계3'을 실행

시작 위치 설정

조건에 만족 시 위치로 이동

조건에 만족 시 위치로 이동

조건에 만족 시 위치로 이동

key에 닿은 경우 배경을 '종료'로 바꿈

'종료' 신호 보내고 기다림

모두 멈추기

2) bat 스프라이트

① bat 스프라이트는 단계1과 단계3에서 다음 스크립트에 따라 이동한다.

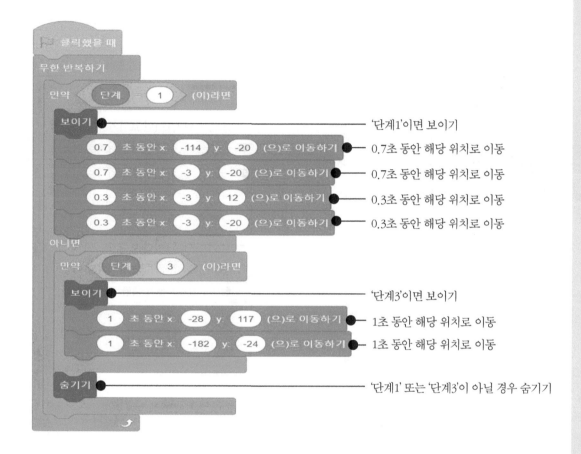

‘단계1’이면 보이기

0.7초 동안 해당 위치로 이동

0.7초 동안 해당 위치로 이동

0.3초 동안 해당 위치로 이동

0.3초 동안 해당 위치로 이동

‘단계3’이면 보이기

1초 동안 해당 위치로 이동

1초 동안 해당 위치로 이동

‘단계1’ 또는 ‘단계3’이 아닐 경우 숨기기

3) lion 스프라이트

① lion 스프라이트는 단계1과 단계3에서 다음 스크립트에 따라 이동한다.

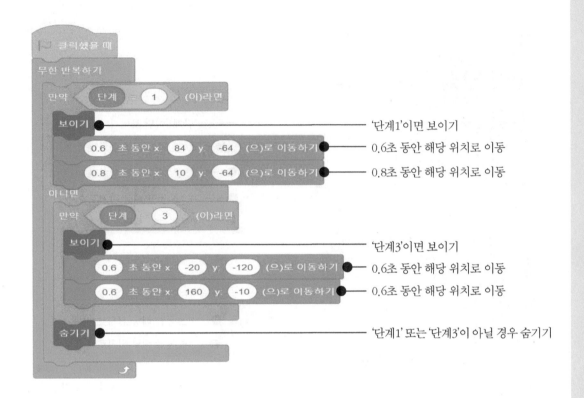

- '단계1'이면 보이기
- 0.6초 동안 해당 위치로 이동
- 0.8초 동안 해당 위치로 이동

- '단계3'이면 보이기
- 0.6초 동안 해당 위치로 이동
- 0.6초 동안 해당 위치로 이동

- '단계1' 또는 '단계3'이 아닐 경우 숨기기

4) ghost 스프라이트

① ghost 스프라이트는 단계1과 단계3에서 다음 스크립트에 따라 이동한다.

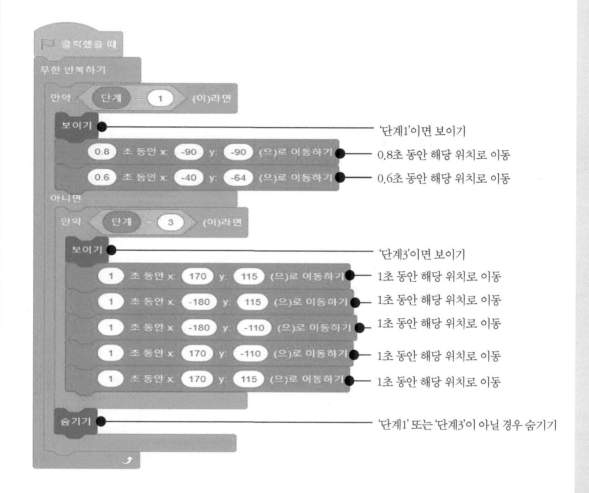

'단계1'이면 보이기

0.8초 동안 해당 위치로 이동

0.6초 동안 해당 위치로 이동

'단계3'이면 보이기

1초 동안 해당 위치로 이동

1초 동안 해당 위치로 이동

1초 동안 해당 위치로 이동

1초 동안 해당 위치로 이동

1초 동안 해당 위치로 이동

'단계1' 또는 '단계3'이 아닐 경우 숨기기

5) bar 스프라이트

① bar 스프라이트는 단계2와 단계3에서 다음 스크립트에 따라 이동한다.

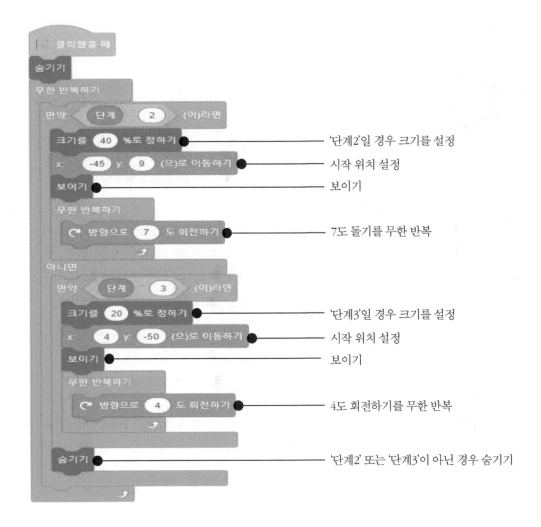

- '단계2'일 경우 크기를 설정
- 시작 위치 설정
- 보이기
- 7도 돌기를 무한 반복
- '단계3'일 경우 크기를 설정
- 시작 위치 설정
- 보이기
- 4도 회전하기를 무한 반복
- '단계2' 또는 '단계3'이 아닌 경우 숨기기

6) baseball 스프라이트

① baseball 스프라이트는 단계3에서 무한 반복하여 움직이며, 벽에 닿으면 튕겨난다.

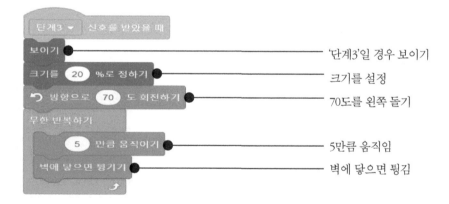

보이기	'단계3'일 경우 보이기
크기를 20 %로 정하기	크기를 설정
방향으로 30 도 회전하기	30도를 오른쪽 돌기
5 만큼 움직이기	5만큼 움직임
벽에 닿으면 튕기기	벽에 닿으면 튕김

7) basketball 스프라이트

① basketball 스프라이트는 단계3에서 무한 반복하여 움직이며, 벽에 닿으면 튕겨난다.

보이기	'단계3'일 경우 보이기
크기를 20 %로 정하기	크기를 설정
방향으로 70 도 회전하기	70도를 왼쪽 돌기
5 만큼 움직이기	5만큼 움직임
벽에 닿으면 튕기기	벽에 닿으면 튕김

8) key 스프라이트

① 다음 스크립트는 목표 지점에 해당하는 key 스프라이트의 움직임을 나타낸 것이다.

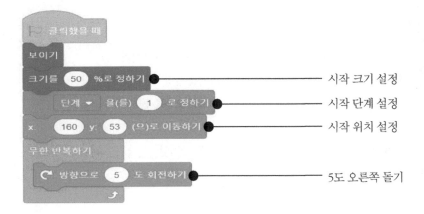

시작 크기 설정

시작 단계 설정

시작 위치 설정

5도 오른쪽 돌기

② 단계가 바뀌면 변경된 맵에 따라 key 스프라이트의 위치가 변경된다.

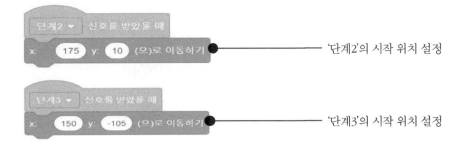

'단계2'의 시작 위치 설정

'단계3'의 시작 위치 설정

③ 게임이 종료되면 key 스프라이트가 무한 복제되어 스테이지의 상단에서 하단으로 떨어져 내려온다. key 스프라이트는 아래로 떨어지면서 크기가 커지고 회전을 한다.

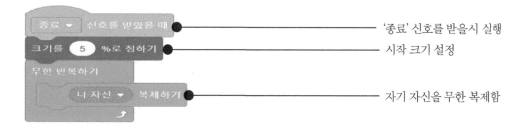

'종료' 신호를 받을시 실행
시작 크기 설정
자기 자신을 무한 복제함

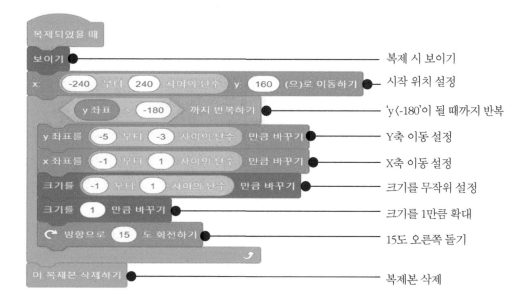

복제 시 보이기
시작 위치 설정
'y〈-180'이 될 때까지 반복
Y축 이동 설정
X축 이동 설정
크기를 무작위 설정
크기를 1만큼 확대
15도 오른쪽 돌기
복제본 삭제

9) 배경 스크립트

① 게임을 시작할 때 단계1에서 사용되는 맵1을 배경으로 나타낸다.

배경을 '맵1'로 바꿈

〈개정판〉 코딩 교육의 첫 걸음 스크래치 프로그래밍

개정 1판 1쇄 발행 2020년 03월 02일
개정 1판 2쇄 발행 2024년 08월 30일
저   자 강오한
발 행 인 이범만
발 행 처 **21세기사** (제406-00015호)
        경기도 파주시 산남로 72-16 (10882)
        Tel. 031-942-7861   Fax. 031-942-7864
        E-mail : 21cbook@naver.com
        Home-page : www.21cbook.co.kr
        ISBN 978-89-8468-757-8

정가 25,000원